Tasia Walter
Sina Wischerhoff

Das Skript
Deliktsrecht
Schuldrecht Besonderer Teil

Tasia Walter
Sina Wischerhoff

Das Skript

Deliktsrecht

Schuldrecht Besonderer Teil

AchSo! Verlag
im Programm der Bund-Verlagsgruppe

Bibliografische Information der Deutschen Bibliothek
Die Deutsche Bibliothek verzeichnet diese Publikation in der Deutschen Nationalbibliografie; detaillierte bibliografische Daten sind im Internet über http://dnb.ddb.de abrufbar.

Umschlag: Neil McBeath, Stuttgart
Druck: Druckhaus »Thomas Müntzer« GmbH, Bad Langensalza
Printed in Germany 2006
ISBN 3-7663-1248-0

www.achso.de

Vorwort

Dieses Studienbuch ergänzt die Reihe »Das Skript« um einen weiteren Band und befasst sich mit dem **Deliktsrecht**. Die vorliegende Darstellung der unerlaubten Handlungen vermittelt dem Anfänger die für seine universitäre Ausbildung nötigen Kenntnisse der Materie. Sie ist zudem so konzeptioniert, dass sie neben dem Erlernen der Grundkenntnisse für die fortgeschrittenen Studierenden der Vertiefung und Wiederholung des Lernstoffes dient.

Im Vordergrund der Ausführungen stehen die deliktsrechtlichen Anspruchsgrundlagen – und dort insbesondere der Grundtatbestand des § 823 Abs. 1 BGB. Wenn die Systematik dieses Tatbestandes sorgfältig erlernt ist, fällt das Verstehen der übrigen Tatbestände des Deliktsrechts deutlich leichter; sie orientieren sich nämlich im Regelfall an der Struktur des § 823 Abs. 1 BGB.

Die auch zum Deliktsrecht gehörenden Tatbestände der Gefährdungshaftung sowie typische deliktsrechtliche Bereiche außerhalb des BGB, wie etwa die Produkt- und Straßenverkehrshaftung, werden – ihrer Bedeutung im Rahmen der unsiversitären Ausbildung entsprechend – ebenfalls ausführlich behandelt.

Zur Konkretisierung und Veranschaulichung wurden zahlreiche Beispielsfälle mit Lösungsvorschlägen eingearbeitet, die die jeweils vorher beschriebene Thematik betreffen. Der studentische Leser soll nicht mit unlösbar langen Fällen und Problemen überfrachtet werden, sondern vielmehr ist die Darstellung so gewählt, dass die Probleme des Deliktsrechts einzeln erläutert werden und so in den Klausuren erkannt und dann auch bewältigt werden können. Schließlich wird die Erfassung des Lernstoffs durch Zusammenfassungen, Prüfungsschemata, hervorgehobene Hinweise und Klausurtipps erleichtert.

Unser Dank gebührt all denjenigen, die es uns durch ihre Unterstützung ermöglicht haben, dieses Skript zu schreiben.

Gießen, im März 2006

Tasia Walter

Sina Wischerhoff

Inhaltsverzeichnis

Kapitel 1: Einführung in das Deliktsrecht

Das Deliktsrecht umfasst die §§ 823-853 BGB und wird auch als das »Recht der Unerlaubten Handlung« bezeichnet. Es dient zum Schutz des Einzelnen gegenüber widerrechtlichen Eingriffen in seinen Rechtskreis (*Palandt/Sprau* Einf. vor § 823 BGB Rz. 1). Geklärt wird die Frage, ob eine Person für einen Schaden ersatzpflichtig gemacht werden kann, den ein anderer durch das Verhalten des Schädigers erleidet. Diese Schadensersatzpflicht wird unabhängig vom Bestehen einer vertraglichen Beziehung zwischen Geschädigtem und Schädiger ausgelöst. Sinn und Zweck des Deliktsrechts ist es also, eine **Schadenswiedergutmachung** herbeizuführen (*Brox/Walker* SR BT § 40 Rz. 1). Die §§ 823 ff. BGB beinhalten die Voraussetzungen für eine solche deliktische Haftung. Liegen die Voraussetzungen einer deliktischen Anspruchsgrundlage vor, wird ein **gesetzliches Schuldverhältnis** begründet. Die Vorschriften des Deliktsrechts können in **verschuldensabhängige** und **verschuldensunabhängige** Anspruchsgrundlagen unterteilt werden, wobei der Grundtyp die Haftung aus verschuldetem Unrecht darstellt, insbesondere § 823 Abs. 1 BGB (*Larenz/Canaris* II/2 § 76 I 2).

A. Verschuldensabhängige Haftung – Das Verschuldensprinzip

Haftung bedeutet das Einstehenmüssen für eine Handlung mit der Konsequenz, dass aus dem eigenen Vermögen die im fremden Vermögen entstandenen Schäden zu reparieren sind (*Peifer* SR § 2 Rz. 8).

Anspruchsgrund ist, dass der Schuldner (der Schädiger) etwas Unerlaubtes (also Verbotenes, Rechtwidriges) getan hat. Zu dem unerlaubten Handeln des Schädigers muss jedoch nach dem das BGB beherrschenden Verschuldensprinzip ein Verschulden hinzutreten (*Medicus* SR II Rz. 736). Somit haftet der Schädiger nur für rechtswidriges und schuldhaftes Verhalten. Grundsätzlich muss das Verschulden dem Schädiger nachgewiesen werden. Die Gewährung von Schadensersatz ist demnach nur bei vorsätzlicher oder fahrlässiger Verwirklichung des haftungsbegründenden Tatbestands möglich. Eine Unterfallgruppe dazu bildet die Haftung aus **vermutetem Verschulden**. Hierbei wird zunächst vom Verschulden ausgegangen, dem Ersatzpflichtigen aber der **Gegenbeweis** ermöglicht (*Fuchs* DR 3. Kap. A). Konsequenz daraus ist, dass der Schädiger immer dann haftet, wenn er sich nicht exkulpieren kann.

Exkulpation bedeutet, den Nachweis zu erbringen, dass der Haftungstatbestand nicht durch eigenes Verschulden herbeigeführt wurde (*Esser/Weyers* SR II/2 § 54 I.).

B. Verschuldensunabhängige Haftung – Gefährdungshaftung

Die Gruppe der verschuldensunabhängigen Ansprüche bilden die so genannte **Gefährdungshaftung** (§ 833 BGB und zahlreiche Normen aus Sondergesetzen) und die **Zufalls- und Billigkeitshaftung** (nach § 848 BGB bzw. § 829 BGB). Der Gefährdungshaftung liegt der Gedanke zugrunde, dass der Inhaber einer gefährlichen Sache zwar eine erlaubte Tätigkeit ausführt, er aber für die von der Sache ausgehenden Gefahren **unabhängig** von seinem Verschulden verantwortlich ist (*Esser/Weyers* SR II/2 § 53 1). Während das Prinzip der Verschuldenshaftung nur für Normen gilt, in denen die Verantwortlichkeit überhaupt an ein menschliches Handeln geknüpft ist, hat bei der Gefährdungshaftung die Person (z.B. der Halter eines Kfz oder der Unternehmer als Betreiber einer Anlage) für ein sachlich begrenztes Risiko einzustehen, ohne zu berücksichtigen, wer die Gefahr verwirklicht hat. Daraus ist zu entnehmen, dass die Gefährdungshaftung auch eine **Haftung für fremdes Handeln** darstellt, die keiner besonderen Zurechnungsnorm bedarf (*Fuchs* DR 10. Kap A I). Zurechnungsgrund ist also die Tatsache, dass sich eine Gefahr verwirklicht hat, deren Quelle im Bereich des Ersatzpflichtigen liegt: Wer zu seinem Nutzen eine bestimmte, typischerweise gefährliche Sache besitzt oder ein bestimmtes, typischerweise gefährliches Verhalten an den Tag legt, muss für die Schadensfolgen einstehen, wenn sich das typische Risiko verwirklicht hat (*Erman/Schiemann* vor § 823 BGB Rz. 5).

C. Schematische Einteilung der Haftungsgründe

Verschuldensabhängige Haftung		Verschuldensunabhängige Haftung
nachgewiesenes Verschulden	**vermutetes Verschulden**	**Gefährdungshaftung**
§ 823 Abs. 1 BGB: Verletzung benannter Rechtsgüter oder sonstiger Rechte **§ 823 Abs. 2 BGB**: i.V.m einem Schutzgesetz (= jede Rechtsnorm im materiellen Sinne § 2 EGBGB). **§ 824 BGB**: Kreditgefährdung **§ 825 BGB**: Bestimmung zu sexuellen Handlungen **§ 826 BGB**: Vorsätzliche und sittenwidrige Schädigung **§ 830 Abs. 1 Satz 1 BGB**: Mittäter **§ 830 Abs. 2 BGB**: Anstifter, Gehilfe **Art. 34 GG i.V.m. § 839 BGB**: Amtspflichtverletzung **§ 839 a BGB**: Haftung des gerichtlichen Sachverständigen	**§ 831 BGB**: Verrichtungsgehilfe **§ 832 BGB**: Aufsichtspflichtiger **§ 833 Satz 2 BGB**: Haustier **§ 834 BGB**: Tieraufseher **§§ 836–838 BGB**: Gebäudeeinsturz **§ 7 Abs. 3 Satz 1, HS. 2 StVG**: Kfz-Halter **§ 18 StVG**: Fahrzeugführer	**§ 833 Satz 1 BGB**: Luxustier **§ 7 Abs.1 und Abs. 3 Satz 1, HS. 1 StVG**: Kfz-Halter **§§ 1 und 2 HPflG**: Bahn, Energieanlagen **§§ 1 ff. ProdHaftG**: Produkthaftung **§ 22 WasserHG**: Gewässer **§§ 25, 26 AtomG**: Kernanlagen **§ 33 Abs. 1; § 33 Abs. 2 Satz 1 und Satz 3; § 54 f. LuftVG**: Luftfahrzeuge **§ 84 AMG**: Arzneimittel **§§ 32 ff. GenTG**: gentechnische Anlagen **§§ 1 ff. UmweltHG**: Umwelteinwirkungen

Regel:

In der Klausur sollten Ansprüche aus Gefährdungshaftung zuerst, danach Ansprüche aus vermutetem Verschulden und zuletzt verschuldensabhängige Ansprüche geprüft werden. Diese Prüfungsreihenfolge ergibt sich daraus, dass Ansprüche aus Gefährdungshaftung hinsichtlich der Beweislast für den Anspruchssteller bzw. den Kläger günstiger sind (*Brox/Walker* SR AT § 20 Rz. 39). Freilich gilt diese Regel nur dann, wenn im konkreten Fall auch tatsächlich Ansprüche aus Gefährdungshaftung oder vermutetem Verschulden in Betracht kommen. Geht es hingegen augenscheinlich nur um § 823 BGB (und so sind die meisten Klausurfälle), kann und sollte man direkt mit dieser Vorschrift beginnen.

D. Das Verhältnis zu anderen Regelungen des BGB

Bevor in einer Klausur der deliktische Anspruch des Geschädigten geprüft werden kann, muss zunächst festgestellt werden, ob andere Schadensersatznormen einschlägig sind und wie diese im Verhältnis zu den deliktischen Vorschriften stehen.

I. Verhältnis zu vertraglichen Schadensersatzansprüchen

Liegen die Voraussetzungen einer deliktischen Anspruchsgrundlage vor, wird zwischen dem Schädiger und dem Anspruchssteller ein **gesetzliches Schuldverhältnis** begründet. Vertragliche Ansprüche des Geschädigten sind jedoch **spezieller** als deliktische Ansprüche und damit in der Prüfung immer vorzuziehen (*Medicus* BR Rz. 639). Somit werden die vertraglichen Schadensersatznormen **nicht** durch das Deliktsrecht **tangiert**. Im umgekehrten Fall jedoch kann das einschlägige Vertragsrecht die deliktische Haftung als generelle Regelung beeinflussen. Dies ist insbesondere dann der Fall, wenn es um Haftungsmilderungen oder um Verjährungsfristverkürzungen des Vertragsrechts geht. Diese müssen unter Umständen auch im Deliktsrecht berücksichtigt werden. Eine weitere bedeutsame Wechselwirkung zwischen vertraglichen und deliktischen Ansprüchen kann es im Rahmen der verschiedenen Haftungen für Hilfspersonen geben (*Palandt/Sprau* Einf. vor § 823 BGB Rz. 5). Falls sowohl vertragliche als auch deliktische Ansprüche festgestellt werden, bestehen diese **nebeneinander** (BGHZ **66**, 315). Es kommt zu einer **echten Anspruchskonkurrenz** (*Palandt/Sprau* Einf. vor § 823 BGB Rz. 4).

Die für die Klausur insoweit relevanten Aspekte werden im letzen Kapitel des Buches behandelt.

II. Verhältnis zum Eigentümer-Besitzer-Verhältnis (EBV)

Die §§ 823 ff. BGB sind grundsätzlich nicht anwendbar, soweit ein Eigentümer-Besitzer-Verhältnis (§§ 987 ff. BGB) besteht (BGH NJW **1980**, 2352; NJW **1990**, 242, 244). Ein EBV ist gegeben, wenn im Zeitpunkt der Verletzungshandlung die Voraussetzungen des § 985 BGB vorliegen. Demnach müsste der Anspruchssteller Eigentümer der herausverlangten Sache und der Anspruchsgegner **unrechtmäßiger** Besitzer dieser Sache sein. Der Besitzer dürfte also kein Recht zum Besitz gemäß § 986 BGB haben. Die Spezialregeln der §§ 987 ff. BGB kommen folglich nicht in Betracht, soweit der **rechtmäßige** Besitzer das Eigentum eines anderen verletzt. Die §§ 987 ff. BGB **privilegieren** somit den unverklagten und redlichen (gutgläubigen) Besitzer, indem sie weitere Haftungsansprüchen seitens des Eigentümers nach §§ 823 ff. BGB ausschließen (*Medicus* SR II Rz. 785). Denn nur der **unrechtmäßige** Besitzer kann in Bezug auf die Nichtberechtigung zum Besitz redlich oder unredlich sein (*Brox/Walker* SR BT § 44 Rz. 42). In § 993 Abs. 1, Hs. 2 BGB wird das Verhältnis der Eigentümer-

Besitzer-Vorschriften zu anderen Normen geregelt. Es ist nach h.M. bei Vorliegen eines EBV ein Schadensersatzanspruch aus anderen Normen ausgeschlossen, was als **Sperrwirkung des EBV** bezeichnet wird (BGH NJW **1980**, 2353, 2354; NJW **1990**, 242, 244).

III. Verhältnis zur Geschäftsführung ohne Auftrag (GoA)

Im Verhältnis der Geschäftsführung ohne Auftrag zum Deliktsrecht bestehen einige **Konkurrenzverhältnisse,** auf die vertiefend im letzten Kapitel des Buches eingegangen wird. An dieser Stelle mag es ausreichen, darauf hinzuweisen, dass die **berechtigte GoA** im Rahmen des Deliktsrechts einen **Rechtfertigungsgrund** darstellt. Um eine GoA handelt sich nach der Definition des § 677 BGB, wenn jemand (der Geschäftsführer) ein Geschäft für einen anderen (den Geschäftsherrn) ausführt, ohne von ihm beauftragt oder sonst dazu berechtigt zu sein. Soweit eine Geschäftsführung dem **wirklichen oder dem mutmaßlichen Willen und dem Interesse** des Geschäftsherrn entspricht, nennt man sie **berechtigte GoA** (*Medicus* SR II Rz. 624, 626). Eine Handlung aufgrund einer berechtigten GoA nach §§ 677, 683 BGB ist durch die **Rechtsordnung legitimiert** und kann somit **nicht rechtswidrig** sein.

IV. Verhältnis zum Bereicherungsrecht, §§ 812-822 BGB

Sinn und Zweck des Bereicherungsrechts ist es, eine ungerechtfertigte Vermögensverschiebung rückgängig zu machen. Betroffen hiervon sind meist Leistungen, die aufgrund fehlerhafter schuldrechtlicher Grundlage ausgetauscht wurden (*Medicus* BR Rz. 660). Die Bereicherung wird dann bei Vorliegen der bereicherungsrechtlichen Voraussetzungen beim Bereicherten wieder **abgeschöpft**. Im Gegensatz hierzu geht es im Deliktsrecht um den **Ausgleich widerrechtlich erlittener Beeinträchtigungen** des Geschädigten durch den Schädiger (*Palandt/Sprau* Einf. vor § 823 BGB Rz. 1). Stellt man die Intention des Bereicherungsrechts der des Deliktsrechts gegenüber, stellt man fest, dass die Zweckrichtungen völlig verschieden sind. Durch die unterschiedlichen Zweckrichtungen scheidet eine Konkurrenz der Anspruchsgrundlagen aus. Der Anspruch aus dem Deliktsrecht findet **uneingeschränkt** neben dem Anspruch aus Bereicherungsrecht Anwendung (BGH NJW **1962**, 1909).

V. Verhältnis der deliktsrechtlichen Ansprüche zueinander

Innerhalb der Anspruchsgrundlagen des Deliktsrechts gilt der **Grundsatz der freien Anspruchskonkurrenz**. Soweit im Rahmen der Verschuldenshaftung Sondertatbestände eingreifen, hindern sie die Anwendung der Grundtatbestände (§§ 823, 826 BGB) nicht (*Esser/Weyers* SR BT2 § 54 IV). Ebenso tritt die Gefährdungshaftung

selbstständig neben die Haftung aus den Verschuldenstatbeständen. Zu beachten ist, dass die §§ 842-846, 852 BGB auf die Gefährdungshaftung aus Sondergesetzen nur angewendet werden können, soweit dies dort explizit bestimmt ist. Umgekehrt gelten die Sonderregelungen für die Gefährdungshaftung (z.B. § 12 StVG: Höchstbeträge) dem Grunde nach **nicht** für die Verschuldenshaftung (*Palandt/Sprau* Einf. vor § 823 BGB Rz. 6). Hinsichtlich des § 839 BGB besteht zu dem Grundsatz der freien Anspruchskonkurrenz allerdings eine **Ausnahme**. Die in § 839 Abs. 1 Satz 2, Abs. 2, 3 BGB normierten Ausschlusstatbestände zugunsten des Beamten würden umgangen, falls Ersatzansprüche gegen einen Beamten aus amtlicher Tätigkeit auch aus anderen Ansprüchen begründet werden könnten (*Esser/Weyers* SR BT2 § 54 IV; § 59 I. 2).

Kapitel 2: Haftungstatbestand des § 823 Abs. 1 BGB

Die **Zentralnorm** der deliktsrechtlichen Haftung besteht in der **verschuldensabhängigen** Haftung aus § 823 Abs. 1 BGB (*Larenz/Canaris* II/2 § 76 I 2). Die Anspruchsgrundlagen der **verschuldensunabhängigen** Haftung bauen auf dieser auf. Aus diesem Grund wird vorliegend mit der Erörterung der verschuldensabhängigen Haftung des § 823 BGB begonnen.

Prüfungsschema des § 823 Abs. 1 BGB

I. Tatbestand

1. Rechtsgutsverletzung
2. Verletzungshandlung
3. Haftungsbegründende Kausalität

II. Rechtswidrigkeit

III. Verschulden

IV. Schaden

V. Haftungsausfüllende Kausalität

VI. Rechtsfolge

I. Tatbestand des § 823 Abs. 1 BGB

Schadensersatz kann der Geschädigte nach § 823 Abs. 1 BGB nur verlangen, wenn sein Schaden die Folge einer Rechtsgutsverletzung ist, die der Schädiger durch eine widerrechtlich und schuldhaft begangene Handlung herbeigeführt hat (BGH NJW **2000**, 3199; *Fuchs* DR 2. Kap. A. I.).

1. Rechts(-guts)verletzung

Es muss also eines der in § 823 Abs. 1 BGB genannten Rechtsgüter oder Rechte verletzt worden sein.

Von einem Recht spricht man, wenn man einen Träger (das Rechtssubjekt) von einem Gegenstand (dem Rechtsobjekt) unterscheiden kann (*Medicus* SR II Rz. 777). **Leben,**

Körper, Gesundheit und **Freiheit** sind Eigenschaften des Menschen, die von diesem nicht trennbar sind. Demnach stellen sie **Rechtsgüter** dar.

Davon zu unterscheiden ist die Aufzählung der in der Vorschrift geschützten Rechte **Eigentum** und die **sonstigen Rechte**. Wenn § 823 Abs. 1 BGB »Eigentum« und »sonstige Rechte« nebeneinander aufführt, ist daraus zu folgern, dass die sonstigen Rechte dem Eigentum ähnlich sind. Da das Eigentum aufgrund seines **absoluten Charakters** von jedermann verletzt werden kann, sind auch nur solche Rechte, die diese Eigenschaft aufweisen, also **absolute Rechte**, unter den Schutz des § 823 Abs.1 BGB zu fassen (*Brox* SR BT § 41 Rz. 9). Demzufolge können als sonstige Rechte nur solche Rechte in Betracht kommen, die nach Art des Eigentums absolut gegenüber jedermann gelten. Des Weiteren fallen unter die sonstigen Rechte auch die sogenannten **Rahmenrechte**, wie **das Recht am eingerichteten und ausgeübten Gewerbebetrieb** *und* **das allgemeine Persönlichkeitsrecht** (*Larenz/Canaris* II/2 § 75 I 4 b). Rahmenrechte schützen, im Unterschied zu den absolut geschützten Rechtsgütern, Rechtspositionen, denen das objektive Recht eine gesicherte Stellung erklärt, aber nicht vor jedem Eingriff anderer schützt (*Fikentscher* SR Rz. 1216).

Merke:

Eine **Forderung** kann **niemals** ein absolutes Recht im Sinne des § 823 Abs. 1 BGB darstellen (*Palandt/Sprau* § 823 BGB Rz. 11). Absolute Rechte wirken gegenüber jedermann, Forderungen gelten nur zwischen den Parteien. Sie können demnach nur dem Vertragspartner und nicht einem anderen gegenüber geltend gemacht werden (*Fikentscher* SR Rz. 1205). **Die Forderung ist ein relatives Recht** (BGHZ **7**, 30, 36).

a. Rechtsgüter Leben, Körper, Gesundheit und Freiheit

Die in der Bestimmung genannten Rechtsgüter sind **abschließend aufgezählt** und können somit nicht mittels einer Analogie ergänzt werden (*Fikentscher* SR Rz. 1204; *Peifer* SR § 2 Rz. 3).

(1) Rechtsgut Leben

Die Verletzung des Lebens bedeutet die Tötung eines Menschen (*Palandt/Sprau* § 823 BGB Rz. 3). Entscheidend für die Feststellung des Todes ist nach h.M. der eintretende Hirntod (BGHZ **114**, 284). Der Betroffene – und somit der Getötete selbst – kann zwar die Ansprüche nicht mehr geltend machen, doch kommen Ansprüche der Erben und der Hinterbliebenen in Betracht (§ 1922 Abs. 2 BGB). Diese werden als **mittelbar Geschädigte** bezeichnet und sind in diesen Fällen ersatzberechtigt nach den §§ 844, 845 BGB (*Brox/Walker* SR BT § 44 Rz. 21). Soweit eine Körperverletzung erst nach einiger Zeit zum Tode geführt hat, können dem Geschädigten eigene Schadensersatzansprüche entstehen. Die Ansprüche auf Schmerzensgeld gemäß § 253 BGB oder der Ersatz der Behandlungskosten im Sinne § 249 Abs. 2 BGB gehen ebenso mit dem Tode auf die Erben über.

Eine vorangegangene **Einwilligung** zur Tötung oder ein Verlangen danach durch das Opfer selbst kann die Schadensersatzpflicht gegenüber den mittelbar Geschädigten ebenfalls nicht ausschließen (*Fikentscher* SR Rz. 1206). Dies ist darin begründet, dass das menschliche Leben das höchste Rechtsgut darstellt und damit jeder Disposition entzogen ist. Das ist zum einen aus dem Grundgesetz durch Art. 1 Abs. 1 i.V.m. Art. 2 Abs. 1 GG zu entnehmen sowie aus § 216 StGB.

Exkurs:

Anders gestaltet sich jedoch der Fall der **Sterbehilfe**. Eine **indirekte Sterbehilfe** wird als **zulässig** erachtet. Hierunter versteht man nur die Linderung von Schmerzen um das Sterben zu erleichtern. Dabei wird die Lebensverkürzung als unvermeidbare Folge lediglich in Kauf genommen (*Tröndle/Fischer*, StGB vor § 211 StGB Rz. 17). Schadensersatzpflichten scheiden in diesem Falle aus.

Beispiel:

Der sich im Endstadium eines Krebsleidens befindliche Patient hat unerträgliche Schmerzen. Zur Linderung dieser Schmerzen verabreicht der Arzt hohe Dosen an Morphium. Die Gabe von Morphium verkürzt jedoch als Nebenwirkung gleichzeitig das Leben des Patienten. Dies stellt allerdings nur eine unvermeidliche Folge dar, die der Arzt für die Schmerzlosigkeit seines Patienten in Kauf nimmt. Das Sterben wird dem Patienten durch die Linderung starker Schmerzen erleichtert.

Hiervon zu unterscheiden ist die **passive Sterbehilfe**. Hierbei wird **Sterbehilfe durch Unterlassen** geleistet. Es wird auf lebensverlängernde Maßnahmen bewusst verzichtet. Schadensersatzpflichten können sich in dieser Konstellation nur dann ergeben, wenn durch eine Aufnahme- oder Fortführung der Behandlungsmaßnahme der Todeszeitpunkt hinausgezögert worden wäre und der Unterlassenden eine Garantenpflicht (Erfolgsabwendungspflicht) i.S.d. § 13 StGB inne gehabt hätte.

Beispiel:

Ein Arzt führt keine lebenserhaltenden Maßnahmen mehr bei einem bewusstlosen Patienten durch, da er den Zustand des Patienten für aussichtslos erachtet. Vor Eintreten der Bewusstlosigkeit bestand der Patient jedoch auf jegliche lebenserhaltende Maßnahmen. Der Arzt hat hier in seiner beruflichen Position eine Garantenstellung inne.

Anzumerken ist noch, dass die **aktive (direkte) Sterbehilfe** immer dann **strafbar** ist, wenn sie die Lebensverkürzung direkt zum Ziel hat (Schönke/Schroeder/*Eser* vor § 211 StGB Rz. 25).

Aktive Sterbehilfe		Passive Sterbehilfe
Direkte Sterbehilfe = strafbar u. Schadensersatzpflicht gem. §§ 844, 855 BGB	Indirekte Sterbehilfe = zulässig u. keine Schadensersatzpflicht gem. §§ 844, 855 BGB	= strafbar u. Schadensersatzpflicht **NUR** bei Unterlassen einer Erfolgsabwendungspflicht gem. §§ 844, 855 BGB

(2) Rechtsgüter Körper und Gesundheit

Körperverletzung ist die Verletzung der äußeren körperlichen Integrität einschließlich der bloßen Schmerzzufügung (*Palandt/Sprau* § 823 BGB Rz. 4). Eine Gesundheitsverletzung liegt vor, wenn eine medizinisch erhebliche Störung der körperlichen, geistigen oder seelischen Lebensvorgänge eingetreten ist (*Kötz/Wagner* DR Rz. 50). Erforderlich ist, dass es zu einem medizinisch diagnostisierbaren Krankheitsbild kommt (OLG Stuttgart VersR **1988**, 1187). Denn das Gegenteil von Gesundheit heißt Krankheit (*Larenz/Canaris* II/2 § 76 1.a). Eine genaue Abgrenzung zwischen beiden Tatbestandsmerkmalen erübrigt sich, da keine unterschiedlichen Rechtsfolgen daraus hergeleitet werden (*Brox/Walker* SR BT § 41 Rz. 3).

In dem Fall, dass Körperteile abgetrennt werden, wandelt sich das Recht des Geschädigten an seinem Körper in Sacheigentum am abgetrennten Körperteil um (*Palandt/Sprau* § 823 BGB Rz. 5; *Bamberger/Roth/Spindler* § 823 BGB Rz. 31). Anders jedoch bei der Re-Implantation. Hierbei werden dem Körper Bestandteile entnommen, die ihm später auch wieder zugeführt werden sollen (z.B. Eigenblutspende, Eizelle, die zur Befruchtung entnommen wird, sowie Sperma das für den Spender eingefroren wird). In diesen Fällen zählen auch die für die Re-Implantation vorgesehene Teile zum Körper (*Jauernig/Teichmann* § 823 BGB Rz. 3).

Handelt es sich hingegen um eine dauerhafte gewollte Trennung, wie es bei der Organspende der Fall ist, so erlangt der entnommene Körperteil wieder Sachqualität (*Fuchs* 2. Kap. A II 1.1).

(a) Ärztlicher Heileingriff

Der ärztliche Heileingriff stellt eine Körper- oder Gesundheitsverletzung dar, die lediglich durch die Einwilligung des Patienten gerechtfertigt wird (BGHZ **67**, 49; **106**, 394). Die Rechtsprechung sieht in jedem ärztlichen Heileingriff eine objektiv tatbestandsmäßige Körperverletzung (BGH NJW **2000**, 885, 886). Es ist somit unerheblich, ob die Maßnahme zu Heilzwecken durchgeführt wurde, sachgerecht ausgeführt wird oder erfolgreich verläuft. Jedoch soll für eine indizierte und eine nach den Regeln der Kunst ausgeführte Behandlung aufgrund einer mutmaßlichen oder einer wirksam erteilten Einwilligung des Patienten die Rechtswidrigkeit entfallen (BGH JuS **2000**, 31,

35). Im Umkehrschluss fehlt es an einer wirksamen Einwilligung, wenn sich die Heilbehandlung als überflüssig herausstellt oder dem behandelnden Arzt bei einem Eingriff ein Kunstfehler unterläuft (*Soergel/Spickhoff* Anh I § 823 Rz. 102).

Auch ein pflichtwidriges Unterlassen des Arztes kann eine Körperverletzungshandlung darstellen (BGH NJW **1987**, 767) Dies ist z.B. der Fall, wenn der Arzt es unterlässt, erforderliche Untersuchungen am Patienten durchzuführen oder seine Aufklärungspflicht bzgl. eines bevorstehenden Eingriffs nicht wahrnimmt.

Beachte: »Deliktische Arzthaftung«

Eine Haftung des Arztes kommt ebenso in Betracht, obwohl die wirksame Einwilligung des Patienten vorliegt, wenn die Schädigung des Körpers auf einer fehlerhaften Diagnose, Behandlung oder Nachsorge zurückzuführen ist (*Soergel/Spickhof* Anh. § 823 BGB Rz. 55). Den Beweis dafür, dass ein Behandlungsfehler vorliegt, hat der Patient zu führen (BGH NJW **1969**, 553). Im Einzelnen muss jedoch geprüft werden, ob dem Patienten eine solche Beweislast zugemutet werden kann, da die Schadensursache immerhin im Gefahrenbereich des Arztes liegt. Eine Beweiserleichterung kann zum einen dann zugunsten des geschädigten Patienten angenommen werden, wenn Lücken in den ärztlichen Dokumentationen bestehen (BGHZ **72**, 132). Zum anderen soll eine Beweiserleichterung zugrunde gelegt werden, wenn ein grober ärztlicher Behandlungsfehler vorliegt oder dem Patienten nach tatrichterlichem Ermessen im Einzelfall die Beweislast billigerweise nicht zugemutet werden kann (BGHZ **99**, 391).

Beispiel:

Eine Haftung des Arztes wäre in den folgenden Beispielsfällen gegeben:

1. Der behandelnde Arzt diagnostiziert eine Magenverstimmung, obwohl der Patient eine akute Bauchfellentzündung vorweist. Aufgrund der fehlerhaften Diagnose unterlässt er die erforderliche Operation.

2. Während der Operation vergisst der Chirurg, ein OP-Instrument aus der Bauchhöhle des Patienten zu entfernen.

3. Dem auf Penizillin hoch allergisch reagierenden Patienten verschreibt der Hausarzt das falsche Medikament, obwohl er hätte wissen müssen, dass der Wirkstoff in diesem Mittel enthalten ist.

(b) Psychische Schäden

In zahlreichen Fällen kann auch ein psychischer Schaden zu einem Anspruch auf Schadensersatz gemäß § 823 Abs. 1 BGB führen oder auch Schmerzensgeldforderungen nach § 823 Abs. 1 BGB i.V.m. § 253 Abs. 2 BGB begründen. Voraussetzung hierfür ist, dass die Gesundheit des Betroffenen geschädigt wurde, es also zu einer Rechtsgutsverletzung gekommen ist.

(aa) Schockschäden

Problematisch ist, unter welchen Voraussetzungen eine Verletzung der Gesundheit aufgrund eines Schocks angenommen werden kann, weil ein tödlicher Unfall eines Angehörigen aus der Nähe miterlebt wurde oder der Angehörige durch einen Polizeibeamten von dem Unfall unterrichtet worden ist (*Kötz/Wagner* DR Rz. 51). Grundsätzlich ist eine psychische Störung als Gesundheitsverletzung einzuordnen, unabhängig davon, ob sie erst die Folge einer organischen Verletzung ist (*Erman/Schiemann* § 823 BGB Rz. 19). Es stellt sich jedoch die Frage nach den Grenzen des Schutzbereichs des Rechtsguts Gesundheit (*Erman/Schieman* § 823 BGB Rz. 19). **Keine** Gesundheitsverletzung liegt vor, wenn bei dem Betroffenen Kummer, Trauer oder sonstige negative Gemütsstimmungen hervorgerufen worden sind, wie sie beim Verlust naher Angehöriger oder bei eigenen schweren somatischen Störungen auftreten (BGH VersR **1970**, 1107; BGH NJW **1989**, 2317). Folglich kann es infolge eines Nervenschocks nur zu einer Gesundheitsverletzung kommen, wenn es zu medizinisch fassbaren und ärztlicher Behandlung bedürfenden Störung von physiologischen Abläufen gekommen ist. Es müssen medizinisch konstatierbare Folgewirkungen vorliegen, die das Maß an Betroffenheit, Bestürzung und Trauer erheblich überschreiten (BGHZ **137**, 142, 145 ff.). Erst dann, wenn die Beeinträchtigung einen realen Krankheitswert aufweist, spricht man von einem Schockschaden (*MüKo/Oetker* § 249 BGB Rz. 146).

Exkurs:

Nach der ständigen Rechtsprechung des BGH wird die Gesundheitsverletzung in Bezug auf Schockschäden erheblich strenger betrachtet. Danach stellen psychisch relevante Störungen eine Gesundheitsverletzung dar, sofern sie in einer **traumatischen** Schädigung, von **gewichtigen psychopathologischen Ausfällen mit einiger Dauer** bestehen (BGH NJW **1989**, 2317, 2318). Begründet wird diese restriktive Auslegung damit, dass die Angehörigen eines tödlich verletzten Opfers durch den Gesetzgeber nur die in §§ 844 ff. BGB bezeichneten Vermögensschäden ersetzt verlangen können. Diese Entscheidung des Gesetzgebers dürfe nicht unterlaufen werden, indem die Angehörigen eigene Ansprüche aufgrund eines Gesundheitsschadens aus § 823 Abs. 1 BGB herleiten könnten (BGH **53**, 163). Die Literatur hält dem jedoch entgegen, dass dem Getöteten nahe stehende, nichtverwandte Personen (Freund) nicht einmal Ansprüche aus den §§ 844 ff. BGB zustehen würden und damit die Befürchtungen des BGH in diesen Konstellationen fehlgehen (*Kötz/Wagner* DR Rz. 52).

Klausur-Tipp:

Falls sich im Sachverhalt ein Schockschaden andeuten sollte, ist zunächst genau festzustellen ob es sich um eine Gesundheitsverletzung i.S.d. § 823 Abs. 1 BGB handelt. Im Anschluss ist innerhalb der Prüfung der Kausalität herauszufinden, ob diese angenommene Gesundheitsverletzung dem Schädiger objektiv zurechenbar ist.

Beispiel:

Der achtjährige Sohn S wird von dem Autofahrer A auf der Straße überfahren und verunglückt dabei tödlich. Die Mutter M verfolgt aus ihrem Küchenfenster unmittelbar die tragischen Ereignisse auf der Straße und erleidet beim Anblick ihres überfahrenen Kindes einen Schock. A hat vorliegend zum einen das Leben des S verletzt, zum anderen aber auch die Gesundheit der Mutter. Dies ist darin begründet, dass zum einen der Schock der Mutter durch den Anblick ihres überfahrenen Kindes entstanden ist, und zum anderen, dass der Schock der Mutter dem A zurechenbar ist. Der Schock muss im Hinblick auf seinen Anlass aus Sicht eines durchschnittlich Empfindenden verständlich sein (*MüKo/Oetker* § 249 BGB Rz. 148). Nur dann ist die Wertung gerechtfertigt, dass der Schockverursacher die Gesundheit geschädigt und den Schaden zu ersetzen hat (*MüKo/Oetker* § 249 BGB Rz. 148).

(bb) Psychische Folgeschäden

Von dem Schockschaden abzugrenzen ist der psychische Folgeschaden. Während beim Schockschaden die Gesundheitsverletzung vom Schädiger mittelbar herbeigeführt worden ist, stellen die psychischen Folgeschäden eine **Gesundheitsverletzung des Geschädigten selbst** dar (*Erman/Schiemann* § 823 BGB Rz. 20).

Um einen psychischen Folgeschaden annehmen zu können, muss sich der psychische Schaden aus einer **körperlichen Primärverletzung** des Geschädigten **gebildet** haben (*Hess/Burmann* NJW-Spezial 2004, 15).

Beispiel:

Im vorangegangenen Fall hat die Mutter einen Schock erlitten, als sie mit Ansehen musste, wie ihr Sohn von dem A tödlich verletzt wurde. Folglich ist sie mittelbar durch die Verletzung ihres Sohnes durch A an ihrer eigenen Gesundheit verletzt worden.

An einen **psychischen Folgeschaden** hingegen ist in folgender Situation zu denken:

M fährt mit ihrem Auto über die Landstraße und wird von einem LKW erfasst, der auf die Gegenfahrbahn gekommen ist. M überlebt den Zusammenstoß mit schweren körperlichen Verletzungen und verbleibt über längere Zeit in stationärer Behandlung. Nach ihrer Entlassung stellen sich immer häufiger Schmerzen im Hüftbereich und an der Wirbelsäule ein. Der behandelnde Arzt stellt fest, dass es sich um Phantomschmerzen handelt, welche aufgrund psychischer **Fehlverarbeitung des Unfalls** aufgetreten sind. Ohne den Unfall wäre es zu diesen nichtorganischen psychosomatischen und funktionellen Störungen nicht gekommen. Rechtsfolge ist somit, dass der Fahrer des LKWs der M gegenüber für den durch die Rechtsgutsverletzung entstandenen Schaden verpflichtet ist.

Exkurs: Besonderheiten zur Haftung

Beachtet werden muss, dass die Schadensersatzpflicht für psychische Auswirkungen keine organische Ursache voraussetzt. Jedoch ist es von Bedeutung, eine **Verknüpfung mit der Verletzungshandlung** herstellen zu können. Hierbei genügt die hinreichende Gewissheit, dass die beim Geschädigten auftretenden psychisch bedingten Ausfälle ohne das schädigende Ereignis nicht entstanden wären. Nicht erforderlich ist, dass die aus der Verletzungshandlung resultierenden Folgeschäden für den Schädiger vorhersehbar waren (BGHZ **132**, 341).

Eine weitere Besonderheit liegt darin, dass dem Schädiger auch psychische Folgeschäden zurechenbar sind, obwohl sie auf einer konstitutiven Schwäche des Geschädigten beruhen. Der Schädiger muss daher auch dann für Unfallfolgen aufkommen, wenn die Wirkung der Unfallverletzung nur deshalb eingetreten ist, weil der Verletzte aufgrund seiner *besonderen Konstitution* und seiner *Vorschädigung* für die jetzt eingetretenen Beschwerden besonders anfällig war (BGH NJW **1996**, 2426).

Die Haftung ist indessen **ausgeschlossen**, wenn

- das schädigende Ereignis im Sinne einer Bagatelle sehr geringfügig ist,
- bei degenerativen Vorschädigungen, wobei das schädigende Ereignis nur zufälliger Auslöser der auf die Vorschäden zurückzuführenden Beschwerden ist. Auch ohne das schädigende Ereignis wäre es durch einen Auslöser im Alltag zu den gleichen Beschwerden gekommen (OLG Hamm MDR **2002**, 334),
- bei Renten- und Begehrensneurosen, d.h. der Geschädigte verfällt in ein neurotisches Streben nach Versorgung und Sicherheit und nimmt dies zum Anlass, den Anstrengungen des Erwerbslebens aus dem Weg zu gehen (BGH MDR **2000**, 267).

(c) Verletzung des nasciturus

Auch das werdende Leben im Mutterleib (nasciturus) ist vom Schutzbereich des § 823 Abs. 1 BGB erfasst. Jedoch verlangt § 823 Abs. 1 BGB die Verletzung »eines anderen«. Gemäß § 1 BGB ist jeder Mensch ab seiner Geburt rechtsfähig. Ein nasciturus, der im Mutterleib verletzt wird, stellt demnach noch **kein Rechtssubjekt** in diesem Sinne dar. Daraus würde sich ergeben, dass er keinen Anspruch aus § 823 Abs. 1 BGB begründen könnte, obwohl eine Verletzung seiner Gesundheit bzw. seines Körpers gegeben wäre.

Beispiel:

M ist hochschwanger und kommt mit einem komplizierten Beinbruch in ein Krankenhaus. Bei der Operation benötigt die M eine Bluttransfusion. Die verabreichte Blutkonserve wurde nicht auf den Lues-Virus (Syphilis) untersucht. Die M wird durch die Transfusion infiziert. Nach der Geburt ihres Kindes wird auch bei ihm die Infizierung festgestellt. Das Kind verlangt nunmehr Schadensersatz von dem Krankenhaus.

Die Rechtsprechung **wendet** den § 823 Abs. 1 BGB auf Verletzungen, die dem nasciturus und folglich dem Opfer vor Beginn der Rechtsfähigkeit zugefügt worden sind, **an** (BGHZ **58**, 48; **8**, 243; BGH NJW **1989**, 1539). Mit der Vollendung der Geburt wirkt sich die Schädigung der Leibesfrucht an einem rechtsfähigen Menschen aus und wandelt sich damit zu einer **tatbestandlichen Körper- und Gesundheitsverletzung** (BGHZ **8**, 243, 248). Daher steht dem Kind mit der Vollendung der Geburt ein Schadensersatzanspruch wegen einer Rechtsgutsverletzung zu. Das werdende Leben im

Mutterleib ist Schutzgut der §§ 823 ff. BGB (BVerfGE **39**, 1 ff.). In Art. 1 Abs. 1, Art. 2 Abs. 2 GG spricht die ganz h.M. dem ungeborenen Leben, trotz fehlender zivilen Rechtsfähigkeit, die »Würde des Menschen« und das »Recht auf Leben und körperliche Unversehrtheit« zu (*Kupisch/Krüger* S. 30). Ebenso ist aus einigen Vorschriften des BGB zu entnehmen, dass der Gesetzgeber das Wohl des Ungeborenen schützen will (§§ 844 Abs. 1 Satz 2, 331 Abs. 2, 1923 Abs. 2 BGB).

Die Verletzungshandlung kann sowohl **gegenüber** der **Mutter** als auch gegenüber der **Leibesfrucht** selbst ausgeübt worden sein (BGHZ **8**, 243). Durch einen Angriff auf die **Psyche** der Schwangeren kann ebenso der nasciturus verletzt werden (*Bamberger/Roth/Spindler* § 823 BGB Rz. 33).

Beispiel:

Der Schock der Mutter führt zu einer Frühgeburt oder Komplikationen in der Entwicklung des Neugeborenen.

Das **lebend geborene Kind** kann **Schadensersatz** aufgrund eines entstandenen Gesundheitsschadens verlangen.

(d) Verletzung der Mutter vor der Zeugung

Eine ähnliche Konstellation stellt der Fall dar, dass die Mutter bereits vor der Zeugung verletzt wird und sich diese Verletzung am nasciturus fortsetzt.

Beispiel:

M erhält eine Bluttransfusion, die nicht auf den AIDS-Virus getestet wurde. Sie infiziert sich und wird kurze Zeit später schwanger. Ihr Kind ist ebenfalls infiziert und möchte Schadensersatzansprüche selbst geltend machen.

Problematisch erscheint, dass in diesem Fall nicht von der Verletzung einer Leibesfrucht gesprochen werden kann, denn im Zeitpunkt der Schädigungshandlung war das Kind noch nicht gezeugt. Eine unverletzte Leibesfrucht hat nie existiert. Jedoch hat auch hierfür die Rechtsprechung eine argumentative Lösung gefunden. Wenn die Rechtsordnung dem werdenden Leben so weitgehenden Schutz zukommen lässt, so muss sich dieser Schutz ebenso darauf erstrecken, dass **werdendes Leben als Unbeeinträchtigtes entstehen kann** (BGHZ **8**, 243). Folglich hat auch in diesem Fall das Kind einen Anspruch aus § 823 Abs. 1 BGB.

Exkurs: »wrongful life«

Eine andere Konstellation liegt vor, wenn das Kind nicht etwa gesund, sondern **überhaupt nicht geboren** worden wäre, hätte der Beklagte sich pflichtgemäß verhalten (*Kötz/Wagner* DR Rz. 55).

Beispiel:

M ist während der Schwangerschaft an Röteln erkrankt. Sie erkundigt sich bei ihrem Arzt, ob ihr ungeborenes Kind Behinderungen davon getragen haben könnte. Sie erklärt ihm, wenn dies der Fall sei, wolle sie eine Schwangerschaftsunterbrechung gemäß § 218 a Abs. 2 Nr. 1 StGB durchführen lassen. Der Arzt untersucht die M und verneint fahrlässig die Behinderung des Kindes. M trägt das Kind aus, welches mit schwersten Behinderungen zur Welt kommt.

Fraglich ist, ob das Kind einen Anspruch aus § 823 Abs. 1 BGB gegen den behandelnden Arzt geltend machen kann.

Nach Ansicht des BGH wird dem **Kind selbst** ein Ersatzanspruch gegen den Arzt **versagt**. Die Verneinung des selbstständigen Anspruches wird damit begründet, dass der Mensch grundsätzlich sein Leben, so wie es ist, hinzunehmen habe. Er habe keinen Anspruch auf Vernichtung durch andere. Es bestehe kein Anspruch auf Nichtexistenz (BGHZ **86**, 240, 241). Allerdings spricht der BGH den **Eltern** des Kindes einen **Ersatzanspruch** gegen den Arzt für die behinderungsbedingten Mehraufwendungen des Kindesunterhaltes zu (BGHZ **86**, 240, 250 ff.). Der Anspruch wird damit begründet, dass der Arzt für sämtliche Folgen seines beruflichen Versagens einzustehen habe. Der **Schaden** liegt hier nicht in der Existenz des Kindes als solches, sondern in der **Unterhaltspflicht** der Eltern.

Bei Vorliegen eines solchen Falls in der Klausur ist also streng zu trennen zwischen den Ansprüchen der Eltern und dem zu verneinenden Anspruch des Kindes.

Ähnlich verhält es sich in den Fällen der **verhinderten Familienplanung**, d.h. wenn die Verhütung aufgrund eines Ärztefehlers fehlgeschlagen ist. Der BGH hat die ungewollte Geburt eines Kindes als Körperverletzung qualifiziert (BGHZ **76**, 249 ff.). Den **Schaden** stellt aber nicht das Kind, sondern die Aufwendungen für den **Kindesunterhalt** dar. Kritik wird gegen diese Entscheidung von der Literatur geübt, da es sich bei Zeugung und Geburt um natürliche Vorgänge handelt (*Schiemann* JuS **1980**, 709 f.).

(e) HIV-Infizierung

Der BGH in Strafsachen hat entschieden, dass mit einer HIV-Infizierung bereits eine Gesundheitsschädigung entstanden ist (BGHZ **8**, 243, 245). Begründet wird dies damit, dass sich die Zusammensetzung von Körperflüssigkeit und Erbmasse verändert (BGHSt **36**, 1, 17). Hierin wird eine **Störung der körperlichen Funktion** gesehen (*Erman/Schieman* § 823 BGB Rz. 17). Der Ausbruch der tödlichen Krankheit ist nur eine Frage der Zeit und im Körper bereits aktiviert. Der Infizierte wird infolge der Infizierung gezwungen, seine Lebensplanung sowie Lebensart komplett zu ändern und auf die Infizierung auszurichten.

(3) Rechtsgut Freiheit

Die in § 823 Abs. 1 BGB genannte Freiheit umfasst nur die **körperliche Bewegungsfreiheit**, nicht erfasst ist die allgemeine Handlungs- und Entschließungsfreiheit (OLG München OLGZ **1985**, 466, 467; *Palandt/Sprau* § 823 BGB Rz. 6). Das Rechtsgut Freiheit wird verletzt, soweit der Geschädigte einen Ort **physisch** verlassen will und daran vom Schädiger gehindert wird (*Schlechtriem* BT SR § 2 Rz. 833). Die Beeinträchtigung des Rechtsguts Freiheit kann aber ebenso **psychisch** erfolgen (*Schlechtriem* BT SR § 2 Rz. 833). Desgleichen kann eine Verletzung der Freiheit bei einer **falschen Strafanzeige**, die zu einer Verhaftung führt, gegeben sein (*Brox/Walker* SR BT § 41 Rz. 4). Dies würde eine von staatlicher Stelle vollzogene Freiheitsberaubung darstellen (*MüKo*/Wagner § 823 BGB Rz. 94). Geringfügige, nach allgemeiner Lebenserfahrung hinzunehmende Beeinträchtigungen stellen keine Freiheitsentziehung im Sinne von § 823 Abs. 1 BGB dar (*Bamberger/Roth/Spindle* § 823 BGB Rz. 39). Auf die Dauer der Freiheitsentziehung kommt es für die Rechtsgutverletzung nicht an (*Bamberger/Roth/Spindle* § 823 BGB Rz. 36). Darunter fallen Fälle des Steckenbleibens im Stau oder kurzfristiges Blockieren einer Garagenausfahrt. Letztere werden als Eigentums- und Besitzstörung hinsichtlich des zeitweise immobilisierten Fahrzeugs behandelt (*Eckert* JZ **1964**, 626 f.).

b. Eigentum und sonstige Rechte

Den Rechtsgüterverletzungen stellt § 823 Abs. 1 BGB die Verletzung des Eigentums und eines »sonstigen Rechts« gleich (*Brox/Walker* SR BT § 41 Rz. 5). Im Gegensatz zu den oben genannten Rechtsgütern sind die in der Vorschrift genannten Rechte **ergänzungsfähig** ausgestaltet (*Peifer* SR § 3 Rz. 3).

(1) Eigentum als absolutes Recht

Eigentum ist das umfassende Recht an einer Sache. Das Eigentum ist verletzt soweit jemand den Eigentümer in einem diesem durch § 903 BGB eingeräumten Befugnisse verletzt. Nach § 903 BGB kann der Eigentümer mit der Sache grundsätzlich nach Belieben verfahren und andere von jeder Einwirkung ausschließen (*Brox/Walker* SR BT § 41 Rz. 5). Der Eigentümer hat demnach alle **Nutzungsrechte** an der Sache sowie alle **Abwehrrechte**, um seine Sache gegenüber jedermann zu schützen.

Das Eigentumsrecht des Eigentümers kann durch einen **rechtswidrigen** Eingriff in die Rechtsstellung des Eigentümers verletzt werden. Eine solche Verletzung des Eigentums i.S.d. § 823 Abs. 1 BGB ist in verschiedenster Weise möglich:

- Sachentziehung
- Substanzverletzung
- Gebrauchsbeeinträchtigung
- Funktionsbeeinträchtigung

(a) Eingriff durch Sachentziehung

Der Eigentümer wird durch den vorübergehenden oder dauernden Entzug seines Eigentums und Besitzes in seinem Recht, mit der Sache nach Belieben verfahren zu können, verletzt. Eine rechtswidrige Eigentumsverletzung liegt demnach z.B. vor, wenn ein Nichtberechtigter die Sache an einen Dritten veräußert. Selbst die Verfügung eines Nichtberechtigten stellt einen Eingriff in das Eigentumsrecht dar, obwohl diese durch nachträgliche Genehmigung nach § 185 Abs. 2 BGB wirksam wird (BGH DB **1976**, 815).

Beispiel:

A hat sich von B ein Buch geliehen. C besucht A und sieht das Buch. C wollte dieses Buch schon immer haben und fragt A, ob er es ihm verkaufen würde. C weiß nicht, dass das Buch dem B gehört. A denkt, er könne ein gutes Geschäft machen und verkauft dem C das Buch für 30,- €. Somit hat ein Nichtberechtigter, hier der A, die Sache des B übereignet. Hierdurch hat A dem gutgläubigen C gemäß §§ 929, 932 BGB das Eigentum an dem Buch verschafft. B hat demnach das Eigentum verloren, es wurde in seine Rechtsstellung als Eigentümer eingegriffen.

Beachte:

Es hat auch derjenige eine **Eigentumsverletzung** herbeigeführt, der an der Eigentumsentziehung nur **mitwirkt**. Dies wäre zum Beispiel der Fall, wenn die Ehefrau F den Fahrzeugbrief des Kfz ihres Ehemannes M in Besitz hätte und diesen an ihren Liebhaber L weitergibt, so dass L wiederum den Wagen des M an den gutgläubigen D veräußern kann. D würde dann das Auto nach § 932 BGB gutgläubig erwerben und M hätte durch das Mitwirken der F (Geben des Fahrzeugbriefes) sein Eigentum an dem Fahrzeug verloren.

Weitere Fälle der **Eigentumsentziehung** sind dadurch gekennzeichnet, dass dem Eigentümer die Sache durch Diebstahl, Unterschlagung oder durch eine andere rechtswidrige Wegnahme entzogen wird. Allerdings liegt keine Eigentumsverletzung vor, wenn der Eigentümer die Sache freiwillig weggibt. In diesem Zusammenhang spielt es auch keine Rolle, ob die freiwillige Herausgabe durch Täuschung oder Drohung veranlasst wurde (*Brox* JZ **1965**, 516, 518).

Auch der Veranlasser einer Pfändung und die Versteigerung einer schuldnerfremden Sache greift in die Sachherrschaft des Eigentümers ein und begeht damit eine Eigentumsverletzung (BGHZ **118**, 201 ff.).

Beispiel:

A ist Gläubiger und B sein Schuldner. B hat von C ein Bild zur Aufbewahrung in seiner Wohnung erhalten. Wenn A das Bild des C in der Wohnung des B pfändet oder gar versteigert, verletzt er das Eigentum des C. A durfte das Bild nicht verwerten, da es nicht im Eigentum des Schuldners B stand. Durch die Versteigerung würde der C sein Eigentum vollständig verlieren, da ein Ersteigerer an einer schuldnerfremde Sache durch Hoheitsakt Eigentum erwerben kann (BGHZ **55**, 20 ff.) C hätte in diesem Falle einen Schadensersatzanspruch aus § 823 Abs. 1 BGB aufgrund der Verletzung seines Eigentums gegen A, falls dieser das Bild versteigern ließe.

Klausur-Tipp:

Es muss genau differenziert werden, ob der Besitz als sonstiges Recht oder das Eigentum durch Besitzentzug verletzt wurde. Dies ist bereits zu Beginn der Subsumtion festzustellen. Ist das Eigentum verletzt, ist besonders die Sperrwirkung des EBV in § 993 Abs. 1 Halbsatz 2 BGB zu beachten.

(b) Eingriff in die Sachsubstanz des Eigentums

Eine Substanzverletzung ist gegeben, soweit das Eigentum eines anderen durch Einwirkung auf die Sache zerstört, beschädigt oder verunstaltet wird (*Bamberger/Roth/Spindler* § 823 BGB Rz. 40). Dies ist mit einer Sachbeschädigung i.S.d. § 303 StGB gleichzusetzen. Einziger Unterschied zur Sachbeschädigung nach § 303 StGB ist, dass im Deliktsrecht auch eine fahrlässige Substanzverletzung zur Haftung führt.

Häufig geht es bei der Substanzverletzung um die Fälle der Fahrzeugkollisionen im Straßenverkehr.

(aa) Weiterfressender Mangel

Ein so genannter weiterfressender Mangel liegt vor, wenn eine mangelhafte Kaufsache erworben wurde, bei der der Mangel zunächst nur ein Teilstück der Sache betrifft, dann jedoch nach der Eigentumsübertragung einen weiteren Schaden an der gesamten Sache hervorruft (*Zimmermann/Leenen/Mansel/Ernst* JZ **2001**, 684, 692). Liegt ein solcher weiterfressender Mangel vor, ist die Abgrenzung von Gewährleistungsrecht und Deliktsrecht problematisch.

Beachte:

Die bloße Verschaffung mangelhaften Eigentums kann **nie** eine Eigentumsverletzung darstellen (BGHZ **36**, 366). Generell kann daher der Käufer einer mangelbehafteten Sache keine Ansprüche aus dem Deliktsrecht herleiten. Dies ist darin begründet, dass nur das **Äquivalenzinteresse** des Käufers einer mangelhaften Sache verletzt ist. Das Äquivalenzinteresse ist das Interesse des Käufers an der Gleichwertigkeit von Leistung und Gegenleistung. Dieses wird aber nur durch das Gewährleistungsrecht geschützt, d.h. der Schutz erfolgt durch das Vertragsverhältnis der Parteien. Wichtig ist. sich zu merken, dass das **Deliktsrecht** ausschließlich das **Integritätsinteresse** des Käufers schützt (*Bamberger/Roth/Spindler* § 823 BGB Rz. 60). Dies ist das Interesse des Käufers am unbeeinträchtigten Fortbestand seiner sonstigen Rechtsgüter, insbesondere seines bereits vorhandenen unbeschädigten Eigentums.

Um diese beiden Interessen abgrenzen zu können, hat der BGH das Kriterium der so genannten **Stoffgleichheit** entwickelt (BGHZ **67**, 359, 364 f.). Die Stoffgleichheit liegt immer dann vor, wenn sich der geltend gemachte Schaden mit dem Unwert, welcher der Sache wegen ihrer Mangelhaftigkeit schon bei ihrem Erwerb anhaftet, deckt. Somit sind danach der Mangelunwert und der Schaden **identisch**. Wenn Stoffgleichheit besteht, ist folglich **nur** das Äquivalenzinteresse betroffen. Die Folge ist, dass ein Anspruch aus § 823 Abs. 1 BGB für den Käufer ausscheidet.

Raum für einen deliktischen Schadensersatzanspruch bleibt demnach nur für einen darüber hinausgehenden Schaden. Dieser wurde zwar durch den Sachmangel verursacht, er unterscheidet sich aber von diesem, weil sich der Mangel zunächst nur auf Teile der Sache beschränkt, später aber **weiterfrisst** und zur Beschädigung oder sogar Zerstörung anderer zunächst unversehrter Teile der Sache führt. Es wird somit die **Stoffgleichheit** zu **verneinen** sein, wenn der eingetretene Schaden an der Gesamtsache ungleich höher ist, als der Mangelunwert bei Übereignung der Sache. In Folge dessen ist das **Integritätsinteresse** des Käufers beeinträchtigt und eine Eigentumsverletzung im Sinne des § 823 Abs. 1 BGB eingetreten.

(bb) Wichtige Entscheidungen des BGH

Die Frage, ob der so genannte weiterfressende Mangel eine Eigentumsverletzung i.S.d. § 823 Abs. 1 BGB darstellt wurde auch durch das Schuldrechtsmodernisierungsgesetz nicht eindeutig beantwortet (*Soergel* vor § 823 BGB Rz. 82). Es ist somit wichtig, die »Klassiker« des BGH zu diesem Themenkomplex zu kennen. Insbesondere sollten die Entscheidungen im Hinblick auf die Kriterien »Äquivalenzinteresse«, »Integritätsinteresse« und »Stoffgleichheit« betrachtet werden.

Der Gaszugfall (BGHZ 86, 256 ff.)

A kaufte sich einen neuen Sportwagen, der kurze Zeit später durch einen Unfall zerstört wurde. Dieser war darauf zurückzuführen, dass der Gaszug des Wagens defekt war und das Fahrzeug auch dann beschleunigte, wenn das Gaspedal nicht vom Fahrer betätigt wurde. A verlangte nunmehr vom Hersteller Ersatz des Unfallschadens.

Der Schwimmschalterfall (BGHZ 67, 359 ff.)

A erwarb eine Reinigungs- und Entfettungsanlage. Ein Schwimmschalter, der nur einen Wert von wenigen Euro hat, war schon bei der Eigentumsübertragung defekt. Er sorgt normalerweise für eine automatische Stromabschaltung, falls sich die Anlage überhitzen sollte. Durch den defekten Schwimmschalter kam es zu **keiner** Stromabschaltung. Die Anlage überhitzte sich und es kam zu einem Brandt, bei dem die gesamte Anlage zerstört wurde.

Der BGH **bejahte** in beiden Fällen eine **Eigentumsverletzung**. Ausschlaggebend war, dass die erworbene Sache (Sportauto/Anlage) an sich mangelfrei war und lediglich einen funktionell begrenzten schadhaften Gaszug/Schwimmschalter aufwies. Dieser

Defekt führte allerdings nach der Eigentumsübertragung durch die Zerstörung an der gesamten Sache zu einem weiteren Schaden. Die Entscheidungen heben hervor, dass es auf den Umstand, dass der Erwerber A von vornherein nur ein mit einem Mangel behaftetem Eigentum erworben hat, nicht ankommt. Es ist vielmehr darauf abzustellen, dass der bei der Eigentumsübertragung vorhandene begrenzte Mangel des defekten Gaszugs/Schwimmschalters sich nach der Eigentumsübertragung durch »Weiterfressen« auf die gesamte Sache ausgebreitet hat.

Der Reifenfall (BGHZ NJW 1978, 2241 ff.)

A kaufte sich einen gebrauchten Sportwagen. Kurze Zeit später verunglückte er mit dem Fahrzeug. Der Unfall war auf eine falsche Bereifung des Fahrzeugs zurückzuführen. Der Gebrauchtwagenhändler, bei dem A den Sportwagen erwarb, hatte ihm einen einwandfreien Zustand des Wagens versichert.

Der BGH **bejahte** vorliegend ebenfalls eine **Eigentumsverletzung**. Entscheidend war, dass die Reifen im Verhältnis zum Sportwagen ein wesentlich geringwertigeres Vermögensstück darstellten (BGH NJW **2004**, 1032 f.).

Der Kompressorfall (BGH NJW 1985, 2420 f.)

Ein Dieselmotor mit Kompressor wird stark beschädigt. Dies war darauf zurückzuführen, dass die Ölleitung gebrochen war und damit der Motor geraume Zeit ohne Schmierung weiterlief. Der Bruch der Ölleitung war darauf zurückzuführen, dass diese bei der Montage mangelhaft befestigt wurde.

Der Transistorfall (BGHZ 138, 230 ff.)

Der Zulieferbetrieb Z stellt Zentralverriegelungen für Kraftfahrzeuge her. Bestandteil dieser Zentralverriegelungen sind Steuergeräte, in die u.a. Transistoren eingebaut werden müssen. Diese Transistoren stellt die Firma T her. Es kommt bei den Fahrzeugen mit diesen eingebauten Transistoren zu Ausfällen der Zentralverriegelung. Die Ausfälle sind auf die Mangelhaftigkeit der von T hergestellten Transistoren zurückzuführen. Der Zulieferbetrieb Z verlangt nunmehr von dem T Ersatz für den ihm entstandenen Schaden, den er dadurch erlitten hat, dass er dem Fahrzeughersteller F Schadensersatz leisten muss.

In beiden Fällen wurde das **Integritätsinteresse** vom **BGH** angenommen. Das Deliktsrechts ist demnach einschlägig.

Der Hebebühnenfall (BGH WM 1983, 265)

In diesem Fall war eine defekte Hebebühne zusammengebrochen und begrub ein darunter stehendes Kfz. Der BGH **verneinte** eine Eigentumsverletzung, da zwischen dem Mangel und dem Schaden Stoffgleichheit bestand. Begründet wird diese Entscheidung damit, dass die Hebebühne infolge der fehlerhaften Bauweise schon bei der Eigentumsübertragung nicht zweckdienlich war. Der Mangel musste sich also nicht noch »weiterfressen«, um die Hebebühne in ihrer Gesamtheit zu zerstören. Allerdings steht dem Käufer der Hebebühne ein Anspruch nach dem ProdHaftG zu (BGH NJW **1983**, 812).

Die besondere Bedeutung der oben angeführten Fälle liegt darin, dass entsprechende vertragliche Ansprüche bereits für den Geschädigten (nach § 447 BGB a.F.) **verjährt** waren und der BGH durch seine Entscheidungen dem Geschädigten somit ein »Schlupfloch« für einen Ersatzanspruch gegen den Schädiger einräumte (*Soergel/Spickhoff* vor § 823 BGB Rz. 82). Darin hat der BGH ebenso die eigens für die Produzentenhaftung geschaffene Beweislastumkehr in seinen Entscheidungen zum Tragen kommen lassen. Hiernach muss nicht der Geschädigte das schuldhafte Handeln des Unternehmers beweisen, sondern der Unternehmer selbst den Beweis erbringen, dass ihn keine Pflichtverletzung und Verschulden trifft (*Kötz/Wagner* DR Rz. 442).

Allerdings wurde seitens der Literatur Kritik gegen diese Entscheidungen geäußert. Es wird vertreten, dass in den Fällen des weiterfressenden Mangels eben keine Eigentumsverletzung vorliegt, da der Käufer von Beginn an mangelhaftes Eigentum erworben hat (*Rengier* JZ **1977**, 346; *Brüggemeier/Herbst* JZ **1992**, 802 ff.; *Schwenzer* JZ **1988**, 525 ff.). Nach einer anderen Auffassung stellt das Sachmängelgewährleistungsrecht ein lex specialis zum Deliktsrecht dar (*Diederichsen* VersR **1984**, 798 ff.).

Exkurs: Kritik am Transistorfall

Gerade hinsichtlich des oben angeführten »Transistorenfalls« kam es zu Kritik an der Entscheidung des BGH durch die Literatur. Die Wissenschaft hat in diesem Fall die Ansicht vertreten, dass es sich um ein Unternehmerrisiko des Geschädigten handelt, wenn das Produkt Steuergerät wegen der fehlerhaften Transistoren funktionsunfähig und damit wertlos werde. Es sei ein Fehlschluss, die wirtschaftliche Entwertung der Bestandteile mit einer tatbestandlichen Gebrauchsbeeinträchtigung gleichzusetzen (*Brüggemeier* JZ **1999**, 99, 100; *Hirsch* VersR **1992**, 1053, 1056; *Foerster* JZ **1999**, 1046). Wenn sich der Geschädigte gegen sein Unternehmerrisiko absichern wolle, so müsse er dies in vertraglicher Weise tun. Der Literaturansicht ist jedoch entgegenzuhalten, dass auch der Hersteller der fehlerhaften Teile ein Unternehmer ist und ihn somit anders herum auch sein unternehmerisches Risiko für Schäden seines fehlerhaften Vorprodukts treffen würde. Eine weitere Literaturansicht sieht zwar das Integritätsinteresse des Geschädigten verletzt, kann jedoch die Verletzung dem Hersteller des fehlerhaften Produkts nicht zurechnen, soweit das Vorprodukt nur eine Funktionsunfähigkeit aufweist und nicht auch bestimmungsgemäß der Abwehr von Gefahren der betroffenen Rechtsgüter dient (*Franzen* JZ **1999**, 702, 710).

(cc) »Verderbsfälle«

Eine Substanzverletzung kann auch bei den so genannten **Verderbsfällen** bejaht werden:

Beispiel (BGH NJW 2001, 3115; BGHZ 41, 123):

S führt vor der Hühnerzucht des H Straßenbauarbeiten aus. Bei Aushubarbeiten durchtrennt er aus Unachtsamkeit das Stromkabel, des auch die Hühnerzucht des H mit Strom versorgt. Den ganzen Vormittag über bleiben die Brutkästen des H ohne Stromversorgung, so dass der Brutvorgang unterbrochen wird. Damit wird ein Teil der Küken getötet und ein anderer Teil schlüpft missgebildet. H kann diese Zuchtreihe nicht mehr veräußern. Vorliegend hat die Unterbrechung der Stromversorgung zur **Beschädigung** und **Zerstörung** der im **Eigentum** des H befindlichen Eier geführt (BGHZ **41**, 123, 125). Hierbei handelt es sich um einen so genannten Verderbsschaden. Das Verderben der **auszubrütenden Eier** als **Sachsubstanz** stellt eine Eigentumsverletzung gegenüber H dar.

Fälle von examensrelevanter Bedeutung bilden zudem die so genannten **Stromkabelfälle** (BGHZ **29**, 65; **66**, 388). Danach beschädigt ein Baggerführer der Baufirma B ein auf dem Gelände der Firma F unterirdisch verlegtes Stromkabel. Daraufhin fiel der Strom der Firma F aus und brachte den Betrieb zum Erliegen. Fraglich ist, ob F gegen B einen Schadensersatzanspruch nach § 823 Abs. 1 BGB geltend machen kann. Eine **Eigentumsverletzung** liegt jedoch mangels Beeinträchtigung der Sachsubstanz hier **nicht** vor. Die durch den Stromausfall entstandenen Verluste der Firma F stellen als reine **Gewinnerwartungen** nur einen bloßen **Vermögensschaden** dar. Das Vermögen wird nicht durch § 823 Abs. 1 BGB geschützt (BGHZ **41**, 123, 127). Ein Schadensersatzanspruch **entfällt** demnach.

Beachte:

Der BGH bejaht eine Eigentumsverletzung in den Fällen, in denen zur Erhaltung der **Sachsubstanz** permanent Strom, Wasser etc. zugeführt werden muss, wenn in diesem Zusammenhang die Zufuhr unterbrochen wird und daraufhin die Zerstörung der Sache an sich erfolgt (BGHZ **41**, 123). Hierunter fasst man die Fälle, in denen Kühlhäuser oder Brutkästen mit Strom versorgt werden. Entfällt die Stromversorgung, erwärmen sich die Kühlhäuser und die Ware verdirbt. Ebenso benötigt der Brutkasten zum Ausbrüten der Eier ständig Strom. In diesen Fällen liegt eine Eigentumsverletzung vor und ein Schadensersatzanspruch aus § 823 Abs. 1 BGB wäre begründet (*Larenz/Canaris* II/2 § 76 II 3c).

(dd) »Gebrauchsausfallschaden«

Wenn im vorliegenden Fall der H ebenso geltend machen möchte, dass er durch die Stromunterbrechung nicht weiter produzieren und weiterarbeiten konnte, käme ein Ausgleich des sogenannten **Gebrauchsausfallschadens** in Betracht. Dem steht jedoch entgegen, dass die vorübergehende Hinderung an der Weiterproduktion einen **zukünftigen Vermögensausfall** darstellt. Ein solcher Vermögensschaden stellt **keine** Eigentumsverletzung i.S.d. § 823 Abs. 1 BGB dar (*Palandt/Sprau* § 823 BGB Rz. 11).

Beachte:

Das **Vermögen** als Summe aller geldwerten Güter und Rechte einer Person ist **kein** Schutzgut im Sinne des Deliktsrechts (BGHZ **41**, 123, 127). Soweit jedoch ein in § 823 Abs. 1 BGB geschütztes Recht oder Rechtsgut verletzt wird, erstreckt sich der Schadensersatzanspruch auf den Ausgleich des gesamten Schadens, einschließlich der Vermögenseinbußen, soweit sie vom Schutzbereich der Norm umfasst ist. Das Vermögen ist demnach nur im Rahmen des Schadens zu beachten, nicht innerhalb einer Rechtsgutsverletzung.

(c) Gebrauchs- und Funktionsbeeinträchtigung

Die Besonderheit dieser Form der Beeinträchtigung ist, dass das Eigentumsrecht und die Sachsubstanz an sich **unangetastet** bleiben.

§ 903 Satz 1 BGB gewährt dem Eigentümer das Recht, nach seinem Belieben mit der Sache zu verfahren und auch Dritte von jeglicher Einwirkung auf die Sache auszuschließen (*Erman/Lorenz* vor § 903 BGB Rz. 1). Daraus folgert die Rechtsprechung, dass auch **ohne einen Eingriff** in die Substanz der Sache eine **Eigentumsverletzung** vorliegen kann, sobald eine **nicht** nur **unerhebliche Beeinträchtigung des bestimmungsgemäßen Gebrauchs** der Sache vorliegt (BGHZ **55**, 153, 159; BGH NJW-RR **1990**, 1172, 1173; BGH NJW-RR **1995**, 348 f.). Darunter fallen die Konstellationen, bei denen die bestimmungsgemäße Verwendung einer anderen Sache negativ beeinflusst wird, wie zum Beispiel, wenn wegen eines Verlegungsfehlers die Rohrleitung zu schlechtem Geschmack des Trinkwassers führt (BGH NJW **1994**, 517).

(aa) Gebrauchsbeeinträchtigung durch Immissionen

Eine Gebrauchsbeeinträchtigung kann ebenso durch Immissionen hervorrufen werden und damit eine Eigentumsverletzung darstellen (*MüKo/Schiemann* § 823 BGB Rz. 33). Darunter fallen allerdings nur jene Immissionen, die nach **§ 906 BGB** nicht geduldet zu werden brauchen und erst bei Überschreitung der **Duldungsgrenze** eine eigentumsrechtlich relevante Beeinträchtigung des bestimmungsgemäßen Gebrauchs hervorrufen (*Palandt/Bassenge* § 906 BGB Rz. 5 ff.). Gemäß § 906 BGB sind hierunter unwägbare Einwirkungen zu verstehen, die in ihrer Ausbreitung weitgehend unkontrollierbar und unbeherrscht sind und sich auf ein Grundstück oder auf die dort befindlichen Sachen schädigend auswirken (BGHZ **117**,110).

Problematisch ist, ob auch eine Verletzung des Eigentums bejaht werden kann, soweit es sich um **ideelle** und somit um ästhetische **Immissionen** handelt. Darunter fallen zum Beispiel ein Bordell im Wohngebiet (BGHZ **95**, 307), ein Nacktbadestrand (RGZ **76**, 130) oder etwa ein Schrottplatz neben einem Luxushotel (BGH JZ **1970**, 782, abl. Anm. *Grunsky*). Sowohl **Rechtsprechung** als auch Teile der **Literatur** verneinen dies mit der Begründung, dass die Ausweitung der Bezeichnungen »unwägbare Stoffe« und »ähnliche von einem Grundstück ausgehende Einwirkungen« auf ideelle Immissionen die Grenzen des § 906 BGB sprengen würden (BGH **90,** BGH NJW-RR

2003, 1313). Des Weiteren sind die immateriellen (ideellen) Einwirkungen nicht als Besitz- oder Eigentumsbeeinträchtigung nach §§ 862, 1004 BGB abwehrbar (*Palandt/Bassenge* § 903 BGB Rz. 10). Ein Argument dafür liefert § 907 BGB und die Nachbargesetze der Länder, die explizit als Schutzvorschriften gegen solche Einwirkungen normiert worden sind, so dass weitergehender Schutz durch den Gesetzgeber nicht gewollt wurde (BGH NJW **1975**, 170; *MüKo/Säcker* § 906 BGB Rz. 21). Die Benutzung des eigenen Grundstücks in seinen räumlichen Grenzen darf nicht weitergehend eingeschränkt werden (BGHZ **51**, 396; **54**, 56).

Die **h.L.** hingegen **bejaht** die Verletzung des Eigentums bei schwerwiegenden ideellen Immissionen, um einer Ausuferung der Einwirkungen durch Immissionen auf das Eigentum entgegenzuwirken (*Erman/Lorenz* § 906 BGB Rz. 11). Danach enthalte § 906 BGB eine abschließende Durchbrechung des Abwehrrechts aus §§ 903, 1004 BGB, so dass jede Eigentumsbeeinträchtigung, die auf einer nicht von § 906 BGB erfassten Einwirkung, insbesondere immaterielle, beruht, in den entsprechend anwendbaren Grenzen des § 906 BGB nach § 1004 BGB abwehrbar sei (*Jauerning/Teichmann* § 823 BGB Rz. 9; *Loewenheim* NJW **1975**, 826; m.w.N.; *Erman/Schiemann* § 823 BGB Rz. 33).

(bb) Funktionsbeeinträchtigung

Ebenso kann eine Eigentumsverletzung durch eine Funktionsbeeinträchtigung gegeben sein, wenn die **bestimmungsgemäße Verwendung** einer Sache eingeschränkt wird (*Erman/Schieman* § 823 BGB Rz. 31).

Beispiel: »Der Fleetfall« (BGHZ 55, 153)

Der Binnenschiffer B liefert einem Unternehmen, mit Sitz an einem Fleet, Waren. Infolge eines Verschuldens der nicht hoheitlich wegeunterhaltspflichtigen Bundesrepublik kam es zu einem Einsturz des Fleets. Hierdurch konnte B das an dem Fleet ansässige Unternehmen für einige Monate nicht mehr mit Ware beliefern. Hinzu kam, dass auch eines seiner Schiffe durch den Einsturz in dem Fleet eingeschlossen war. Das Schiff war somit in dieser Zeit nicht einsatzfähig und B konnte es in diesen Monaten nicht als Transportmittel nutzen.

Nach Ansicht des **BGH** liegt eine Eigentumsverletzung bei einer Beeinträchtigung des bestimmungsgemäßen Gebrauchs grundsätzlich nur vor, wenn auf die Sache selbst eingewirkt und dadurch der bestimmungsgemäße Gebrauch oder die Verwendung entzogen wird (BGHZ **55**, 153; *Larenz/Canaris* II/2 § 76 3c). **Nicht** ausreichend ist hingegen die bloße Beeinträchtigung der **wirtschaftlichen Nutzungsmöglichkeiten**. In solchen Fällen läge nur eine reine Vermögensbeschädigung vor (BGHZ **55**, 153 ff.). Bezogen auf den vorliegenden Fall folgt nach der Ansicht des BGH, dass B Schadensersatz für das eingeschlossene Binnenschiff erhält, da hier auf die Sache selbst eingewirkt wurde. Das Schiff konnte nach seiner **bestimmungsgemäßen Verwendung** als Transportschiff durch den Einsturz des Fleets generell in dieser Zeit nicht mehr verwendet werden. Die Einsperrung des Schiffs ist deshalb eine die Eigentümerbefugnisse der B treffende tatsächliche Einwirkung auf das Schiff und folglich eine Verletzung des Eigentums.

Anders fällt jedoch die Entscheidung hinsichtlich der Schiffe aus, die das Unternehmen aufgrund des Einsturzes nicht mehr beliefern konnten. Hier geht der **BGH** davon aus, dass die »ausgesperrten« Schiffe auch weiterhin als Transportschiffe von B genutzt werden konnten und demnach in ihrem **natürlichen Gebrauch nicht** betroffen waren. Die Eigenschaft als Transportmittel wurde diesen Schiffen nicht entzogen, sie waren lediglich in ihrer wirtschaftlichen Nutzungsmöglichkeit eingeschränkt (so auch BGHZ **86**, 152). Eine Eigentumsverletzung liegt somit nicht vor, so dass ein deliktischer Schadensersatzanspruch nicht in Betracht kommt.

(2) Absolute sonstige Rechte

Zwar handelt es sich bei dem Begriff der »sonstigen Rechte« um einen unbestimmten Rechtsbegriff, dieser darf allerdings nicht zu einer Generalklausel für jede Art von Beeinträchtigungen ausgedehnt werden. Um den Begriff der »sonstigen Rechte« im Sinne des § 823 Abs. 1 BGB zu verstehen, muss beachtet werden, dass sich die sonstigen Rechte aufgrund der Aufzählung mit dem Recht »Eigentum« an diesem zu orientieren haben. Folglich kommen als »sonstige Rechte« nur solche Rechte in Betracht, die wie das Eigentum **absoluten Charakter** haben (*Bamnerger/Roth/Spindker* § 823 BGB Rz. 72; *Palandt/Sprau* § 823 BGB Rz. 11). Dem »sonstigen Recht« muss ähnlich dem Herrschaftsrecht »Eigentum« eine **positive Zuweisungsfunktion** (Nutzungsbefugnis, wie in § 903 BGB) und eine **negative Ausschlussfunktion** (wie in § 1004 Abs. 1 BGB) zukommen (*Medicus*, BR, Rz. 607). Diese Kriterien müssen von dem »sonstigen Recht« erfüllt werden. Nur dann sind sie als eigentumsähnlich und damit als »sonstiges Recht« im Sinne des § 823 Abs. 1 BGB qualifiziert.

Merke:

Zu den »sonstigen Rechten« gehören demnach:
- Herrschaftsrechte
- familienrechtliche Positionen
- der Besitz
- die Rahmenrechte (3. Kapitel)

(a) Die Herrschaftsrechte

Unter die Herrschaftsrechte fallen wiederum:

Das Anwartschaftsrecht

Das Anwartschaftsrecht des Vorbehaltskäufers wird als »wesensgleiches Minus« zum Vollrecht Eigentum als sonstiges Recht angesehen (BGHZ **55**, 20).

Beispiel:

K kauft bei V ein Auto für 10.000 €. Er zahlt den Betrag jedoch nicht komplett, sondern macht mit dem V eine Ratenzahlung aus. Solange der K das Fahrzeug abbezahlt, behält sich der V das Eigentum an der Sache zur Sicherheit vor. K hat bis zur vollständigen Zahlung des Kaufpreises ein Anwartschaftsrecht an dem Auto. Mit Zahlung der letzten Rate **erstarkt** das Anwartschaftsrecht des K **zum Vollrecht Eigentum**. Wenn der V als Eigentümer das Auto zwischenzeitlich an einen Dritten übereignet, so ist er dazu als Eigentümer berechtigt, da er als Eigentümer frei über seine Sache verfügen kann. Allerdings macht er sich gegenüber dem K schadensersatzpflichtig. Zum einen hat V nach den §§ 280 ff. BGB Schadensersatz aus dem Kaufvertrag zu leisten und zum anderen auch aus § 823 Abs. 1 BGB wegen Verletzung eines sonstigen Rechts in Form des Anwartschaftsrechts des K.

Beschränkt dingliche Rechte

Unter die beschränkt dinglichen Rechte fallen die Hypothek, die Grundschuld, die Rentenschuld, die Reallast, das Pfandrecht sowie das dingliche Vorkaufsrecht, das Erbbaurecht und die Dienstbarkeit (*Brox/Walker* SR BT § 41 Rz. 10).

Soweit es sich um Grundstücksrechte handelt, setzt der Anspruch einen **grundstücksbezogenen Eingriff** voraus, der sich dahin auswirkt, dass die Verwirklichung des jeweiligen Rechts als solches durch rechtliche oder tatsächliche Maßnahmen beeinträchtigt wird (BGH NJW **2001**, 971).

Dingliches Aneignungs- und Gebrauchsrecht

Hierunter ist z.B. das Jagdrecht, das Fischereirecht und das Bergrecht zu fassen.

Beispiel:

Der Jagdpächter kann von einem Wilderer Ersatz für den Wildbretwert verlangen.

Geistige Rechte (Immaterialgüterrechte)

Damit gemeint ist das Patentrecht, das Urheber- und Warenzeichenrecht als auch diverse Gebrauchsmusterrechte.

Mitgliedschaftsrechte

Unter Mitgliedschaftsrechten versteht man z.B. einen Geschäftsanteil an einer GmbH sowie an einem Verein oder einer AG. Diese sind als sonstige Rechte deliktsrechtlich geschützt gegen Eingriffe, die sich **unmittelbar** gegen den Bestand der Mitgliedschaft oder der in ihr verkörperten Rechte oder Betätigungsmöglichkeiten von erheblichem Gewicht richten (BGH NJW **1990**, 2877).

Beispiel:

Ein Mitglied eines Segelvereins wurde von der Teilnahme an einer Segelregatta ausgeschlossen. Der Verein argumentierte, dass sein Segelboot regelwidrig sei. Später stellte sich heraus, dass diese Entscheidung des Vereins rechtswidrig war. Der **BGH** sprach dem Mitglied des Segelvereins einen Schadensersatzanspruch aus § 823 Abs. 1 BGB zu, da er in seinem **Recht auf Teilhabe am Vereinsgeschehen** verletzt wurde (BGHZ **110**, 323, 328).

(b) Familienrechtliche Positionen

Umstritten ist, inwieweit Eingriffe in Familienrechte Verletzungen in ein sonstiges Rechts darstellen können. Entsprechend des zum sonstigen Recht aufgezeigten **Grundsatzes des Absolutheitserfordernisses** muss das Familienrecht, um einen Schadensersatzanspruch nach § 823 Abs. 1 BGB begründen zu können, ebenso absoluten Charakter aufweisen.

(aa) Das elterliche Sorgerecht

Das elterliche Sorgerecht nach §§ 1626 ff. BGB ist als absolutes Recht im Sinne des § 823 Abs. 1 BGB anerkannt (BGH NJW **1990**, 2060). Dies ergibt sich nach Ansicht des **BGH** aus § 1632 BGB, wonach der Personensorgeberechtigte von jedermann die Herausgabe des Kindes verlangen kann. Zur Aufklärung, welche Rolle das elterliche Sorgerecht hinsichtlich des Schadensersatzanspruch aus § 823 Abs. 1 BGB spielt, gibt folgende Entscheidung des BGH Aufschluss (BGHZ **111**, 168):

Nach der Scheidung von Vater V und Mutter M hat die M das alleinige Sorgerecht für das gemeinsame Kind K erhalten. V kann sich damit jedoch nicht abfinden und flüchtet in einem günstigen Moment mit K ins Ausland. M schaltet einen Detektiv ein, welcher K und V ausfindig und K zurückholen soll. Hierdurch entstehen der M beträchtliche Kosten. Nachdem K wieder in ihrer Obhut ist, verlangt M von V Ersatz der Detektivkosten.

Der **BGH** hat M einen Schadensersatzanspruch wegen Verletzung des elterlichen Sorgerechts gegen V aus § 823 Abs. 1 BGB zugesprochen. Der **Schutzzweck der Norm** des § 1632 BGB ist gerade, dass der Sorgeberechtigte immer Kenntnis über den Aufenthalt seines Kindes hat. Somit fallen auch die Detektivkosten in den deliktischen Schutzbereich des elterlichen Sorgerechts.

(bb) Das Recht zur ehelichen Lebensgemeinschaft

Gemäß § 1353 Abs. 1 BGB wird das Recht zur ehelichen Lebensgemeinschaft gewährt. Streitig ist jedoch, inwieweit dies ein absolutes Recht im Sinne des § 823 Abs. 1 BGB darstellen kann. Ein **Anspruch** wegen **ehewidrigen Verhaltens** aus § 823 Abs. 1 BGB wurde vom BGH verneint (BGHZ **23**, 281; **57**, 229; **26**, 222; NJW **1990**, 706). Die Ehe zählt nicht zu den Rechtsverhältnissen, bei deren Verletzung ein deliktischer Anspruch ausgelöst werden kann. Vielmehr gelten für das Verhältnis zwischen den Ehepartnern ausschließlich die familienrechtlichen Vorschriften. Des Weiteren stellt der Ehebruch auch keine Verletzung des allgemeinen Persönlichkeitsrechts dar (BGH JZ **1973**, 668).

Deliktische Ansprüche nimmt der **BGH** allerdings an, soweit der **räumlich-gegenständliche Bereich der Ehe** verletzt wird (BGHZ **6**, 360, 366). Dieser geschützte Bereich erstreckt sich auf die Wohnung einschließlich Grundstück der Ehepartner (OLG Stuttgart FamRZ **1980**, 49). Hierbei ist anerkannt, dass der eine Ehegatte dem anderen untersagen kann, dem Ehestörer (Geliebter oder Geliebte eines Ehepartners) den Zutritt ins Haus oder in einen gemeinsam geführten Betrieb zu gewähren (BGHZ **6**, 360, 366).

Allerdings gibt es **kein** Recht auf ungestörte Ausübung der ehelichen Gemeinschaft. Eine Klage auf Fortsetzung der ehelichen Gemeinschaft scheidet aus. Somit kann ein Ehegatte nicht auf Fortsetzung der Ehe klagen, wenn der Partner mit dem Ehestörer in eine andere Wohnung ziehen will. Ebenso kann der verlassene Ehepartner **keine** Schadensersatzklage gegen den Ehestörer anstreben (BGHZ **23**, 215, 217).

Exkurs: so genannte »Kuckuckseier«

Der Ehemann zahlt für ein Kind jahrelang Unterhalt. Allerdings stellt sich heraus, dass er nicht der leibliche Vater ist. Der Mutter war dies die ganze Zeit bewusst. Sie hat ihrem Ehemann falsche Tatsachen vorgespiegelt, in dem sie ihn in dem Glauben ließ, es handele sich um sein leibliches Kind. Hier hat der Ehemann einen Ersatzanspruch der Unterhaltskosten gegen die Ehefrau gemäß §§ 823 Abs. 1 und 2, 826 BGB (BGHZ **80**, 235; NJW **1990**, 706).

(c) Der Besitz

Es ist umstritten, inwieweit der Besitz als ein »sonstiges Recht« im Sinne des § 823 Abs. 1 BGB angesehen werden kann. Nach ganz h.M. ist der **unmittelbare** als auch der **mittelbare Besitz** zumindest dann als ein »sonstiges Recht« anzusehen, wenn der Besitzer die Sache ähnlich eines Eigentümers nutzen und gebrauchen darf (*Palandt/Sprau* § 823 BGB Rz. 13).

(aa) Berechtigter unmittelbarer Besitz

Unproblematisch unterliegt der berechtigte unmittelbare Besitz dem Schutz des § 823 Abs. 1 BGB. Der berechtigte unmittelbare Besitzer hat eine **eigentumsähnliche Stellung** inne, ihm steht die uneingeschränkte Nutzung einer Sache zu. Dem berechtigten unmittelbaren Besitzer stehen demnach **Abwehrrechte** als auch **positive Befugnisse** zu (*Larenz/Canaris* II/2 § 72 I a). Der Besitzer kann folglich gemäß § 823 Abs. 1 BGB einen Anspruch geltend machen, soweit er durch eine rechtswidrige Handlung eines anderen an der weiteren Nutzung gehindert wird. Durch diesen Abwehranspruch kann der unmittelbare Besitzer sich auch durch Übergriffe des mittelbaren Besitzers erwehren.

(bb) Mittelbarer Besitz

Der mittelbare Besitz (nach § 868 BGB) ist dem unmittelbaren Besitz nach § 854 BGB **gleichgestellt**. Somit wird auch der mittelbare Besitzer gegenüber einer anderen Person, die sein Besitzrecht rechtswidrig verletzt, durch § 823 Abs. 1 BGB geschützt (*Bamberger/Roth/Spindler* § 823 BGB Rz. 85). Etwas anderes gilt jedoch im **Verhältnis** zwischen dem **mittelbaren** und dem **unmittelbaren Besitzer** (BGHZ **32**, 194, 204 ff.). Der mittelbare Besitzer hat aufgrund der §§ 861 Abs. 1, 862 Abs. 1 BGB keine Möglichkeit, sich gegen die Übergriffe des unmittelbaren Besitzers zur Wehr zu setzen. Diese vom Gesetzgeber gewollte Regelung darf nicht durch das Deliktsrecht umgangen werden. Der mittelbare Besitzer kann demzufolge nur aus dem schuldrechtlich vereinbarten **Besitzmittlungsverhältnis** gegen den unmittelbaren Besitzer vorgehen (BGHZ **32**, 194, 205). Er kann gegenüber dem unmittelbaren Besitzer keine Besitzschutzansprüche geltend machen kann, so dass auch ein Anspruch aus § 823 Abs. 1 BGB entfällt. Durch die schuldrechtliche Vereinbarung wird der mittelbare Besitzer gegenüber dem unmittelbaren Besitzer ausreichend geschützt (*Larenz/Canaris* II/2 § 76 II 4.f).

Merke:

Der mittelbare Besitz stellt im Verhältnis zum unmittelbaren Besitzer **kein** sonstiges Recht im Sinne des § 823 Abs. 1 BGB dar.

(cc) Unberechtigter unmittelbarer Besitz

Der unrechtmäßige, unmittelbare Besitzer, der die Sache **entgeltlich** erlangt hat und in **Unkenntnis** hinsichtlich seines tatsächlich nicht bestehenden Besitzrechts war (Gutgläubigkeit des unberechtigten unmittelbaren Besitzers), kann gemäß § 823 Abs. 1 BGB Ansprüche geltend machen. Begründet wird diese Auffassung damit, dass dieser Besitzer im Sinne des § 993 BGB gegenüber dem Eigentümer **berechtigt** sei und die Sache auch nutzen dürfe (*Medicus*, BR, Rz. 607). Folglich muss er auch bezüglich eines Eingriffs durch einen Dritten geschützt werden.

(dd) Mitbesitz

Der berechtigte Mitbesitz fällt unter § 823 Abs. 1 BGB als ein **sonstiges Recht** (BGHZ **62**, 243, 248; OLG Düsseldorf MDR **1985**, 497). Die §§ 823 ff. BGB werden uneingeschränkt gegenüber anderen Mitbesitzern angewandt, ohne dass die Ansprüche durch § 866 BGB relativiert werden können (BGHZ **62**, 243, 248). Nach § 866 BGB werden nur die possessorischen Besitzschutzansprüche nach §§ 861, 862 BGB ausgeschlossen. Der berechtigte Mitbesitzer hat sowohl im Verhältnis zu den **Mitbesitzern** als auch gegenüber **Dritten** einen Anspruch aus § 823 Abs. 1 BGB, falls sein Mitbesitz rechtswidrig verletzt wird (BGHZ **62**, 243).

2. Verletzungshandlung

Um die Rechtsgutsverletzung dem Schädiger zurechnen zu können, ist eine Verletzungshandlung des Schädigers erforderlich. Eine solche Verletzungshandlung liegt in einer **nachteiligen Beeinträchtigung** eines der in § 823 Abs. 1 genannten Rechte oder

Rechtsgüter (*Palandt/Sprau* § 823 BGB Rz. 2). Da es sich dabei um ein »haftungsbegründendes« Verhalten handelt, kann es sowohl durch **positives Tun** als auch durch **Unterlassen** verwirklicht werden.

Beispiel:

Wenn A den B schlägt, stellt dieses Verhalten ein positives Tun dar. Sieht A, wie B ertrinkt und unternimmt er nichts, um ihn zu retten, liegt das dem A vorwerfbaren Verhalten in einem Unterlassen.

Entscheidend für die Abgrenzung, ob es sich um ein Tun oder Unterlassen handelt, ist (ebenso wie im Strafrecht) der **Schwerpunkt der Vorwerfbarkeit**, der nach dem sozialen Sinngehalt zu ermitteln ist (BGH NJW **1953**,1924).

Beispiel (BGH NJW 1968, 1182):

Die Hausfrau H füllt ein giftiges Reinigungsmittel in eine Flasche um, die zuvor Limonade enthalten hat. Sie kennzeichnet den neuen Inhalt nicht entsprechend und lässt die Flasche im Badezimmer stehen. Der Handwerker W, der damit beauftragt wurde, die Badewanne neu zu fliesen, denkt, es handele sich bei dem Inhalt der Flasche um Limonade, und trinkt davon. Daraufhin bekommt er schreckliche Magenschmerzen und muss in ein Krankenhaus. Eine Rechtsgutsverletzung an der Gesundheit des W liegt vor. Fraglich ist, in welchem Verhalten der H eine Verletzungshandlung zu sehen ist. In dem Umfüllen (positives Tun) liegt kein vorwerfbares Verhalten der H. Die Nichtbeschriftung und das Nicht-Wegräumen der Flasche stellen allerdings unterlassene Verhaltensweisen dar, die beide für sich der H vorgeworfen werden können. Der Schwerpunkt der Vorwerfbarkeit liegt daher in dem Unterlassen.

a. Handlung als positives Tun

Die Handlung ist ein menschliches Verhalten, das der **Willenslenkung und Bewusstseinskontrolle** unterliegt und somit beherrschbar ist (BGHZ **39**, 103,106; *Larenz/Canaris* II/2 § 75 II 1 a). Ausgeschlossen sind hiervon Reflexe oder Körperreaktionen (Bewegung im Schlaf, Stolpern) sowie körperliche Bewegungen, die unter physischem Zwang ausgeführt werden (BGHZ **39**, 103).

Zu beachten ist jedoch, dass es sich wiederum um eine Handlung handelt, wenn eine nicht vom Willen gesteuerte Reaktion durch ein willentliches Verhalten erst ausgelöst wurde.

Beispiel:

A ist Epileptiker und hat mit häufiger auftretenden krampfartigen Anfällen zu kämpfen. Trotzdem fährt er Auto, ohne eine Begleitung bei sich zu haben. Kommt es während der Fahrt durch einen unkontrollierbaren Anfall zu einem Unfall, so ist ein tatbestandliches Handeln gegeben.

b. Unterlassen

Ein Unterlassen liegt vor, wenn der Schädiger eine bestimmte, **rechtlich geforderte Tätigkeit** nicht vornimmt. Eine unterlassene Handlung kann aber nur dann i.S.d. § 823 Abs. 1 BGB tatbestandsmäßig sein, wenn eine **rechtliche Pflicht zum Handeln** besteht (BGHZ **71**, 86, 93). Solche Handlungspflichten entstehen aus Gesetz, Vertrag sowie aus Ingerenz (pflichtwidriges Vorverhalten) oder aufgrund von Verkehrssicherungspflichten (*Palandt/Sprau* § 823 BGB Rz. 2).

(1) Garantenpflicht aufgrund von gesetzlichen Vorschriften

Aus dem Gesetz ergeben sich z.B. aus §§ 1353, 1626 BGB Obhuts- und Beschützerpflichten. Aufgrund dieser gesetzlichen Regelungen werden Pflichten (Garantenpflichten) begründet (*Erman/Schiemann* § 823 BGB Rz. 77). Wird dieses rechtlich geforderte Verhalten nicht vorgenommen, so liegt das tatbestandsmäßige Verhalten i.S.d. § 823 Abs. 1 BGB in einem Unterlassen.

Beispiel:

Die Mutter M stillt ihr Baby B nicht, noch ernährt sie es auf andere Weise. Infolge dessen leidet B an Unterernährung, worin eine Gesundheitsschädigung i.S.d. § 823 Abs. 1 BGB zu sehen ist. Nach § 1631 BGB sind Eltern dazu verpflichtet, ihr Baby umfassend zu versorgen, so dass das schädigende Verhalten hier in einem Unterlassen (nicht ernähren) liegt (*Palandt/Diederichsen* § 1631 BGB Rz. 4).

(2) Vertraglich übernommene Garantenpflicht

Ebenso können sich aus einem Vertrag gewisse Verhaltenspflichten ergeben, so dass sich eine Partei zur Fürsorge für die Rechtsgüter der Gegenseite verpflichtet (*MüKo/Wagner* § 823 BGB Rz. 238). Werden diese vertraglich übernommenen Pflichten nicht vorgenommen, so liegt eine Verletzungshandlung i.S.d. § 823 Abs. 1 BGB durch Unterlassen vor.

Beispiel:

A bucht bei B eine geführte Klettertour in den Alpen. An einem steilen Bergstück lässt der vorgekletterte B den A zurück, der aus Erschöpfung nicht weiterkommt. A kann erst von der Bergwacht am späten Abend gerettet werden und erleidet erhebliche Druckstellen durch den Klettergurt.

B hatte aufgrund des mit A geschlossenen Vertrages die Pflicht, den A vor Schäden, die aufgrund seiner mangelnden Klettererfahrung für ihn hätten entstehen können, zu bewahren. Daraus entstand für B eine Garantenpflicht. Die unterlassenen Hilfsmaßnahmen werden aus diesem Grund gleichbehandelt mit einer Verletzungshandlung, die in einem positiven Tun liegt.

Ferner können durch eine freiwillige Übernahme von Tätigkeiten oder durch die Bildung enger Gefahrengemeinschaften Garantenpflichten entstehen.

Beispiel:

Passt die B freiwillig (unentgeltlich) auf die Kinder ihrer Nachbarin N auf, so hat sie eine Garantenpflicht übernommen. B hat also alle zur Erfüllung der übernommen Tätigkeit vorzunehmenden Handlungen zu erbringen. Im Falle eines Nichttätigwerdens, indem sie beispielsweise nur Fernsehen guckt und sich nicht um die Kinder kümmert, liegt ihr tatbestandsmäßiges Verhalten in einem Unterlassen.

(3) Garantenpflicht aufgrund von pflichtwidrigem Vorverhalten

In den Fällen der so genannten »Ingerenz« knüpft eine unterlassene Handlung an einem pflichtwidrigen Vorverhalten, das selbst wiederum ein positives Tun darstellt, an. Das vorangegangene Tun verpflichtet zur anschließenden Steuerung der selbst heraufbeschworenen Gefahren (*MüKo/Wagner* § 823 BGB Rz. 235). Zu beachten ist, dass nicht jegliches Vorverhalten in Betracht kommt, sondern eben nur ein pflichtwidriges Verhalten.

Beispiel:

Polizeibeamter P lässt seine geladene Schusswaffe auf dem Küchentisch liegen. Der selbstmordgefährdete S nimmt die Waffe an sich und erschießt sich (OLG Düsseldorf VersR **1990**, 903).

(4) Garantenpflicht aufgrund von Verkehrssicherungspflichten

Verkehrssicherungspflichten können ebenso Garantenpflichten begründen. Sie stellen Pflichten dar, kraft derer sich jemand um die Verhinderung von Verletzungen anderer bemühen muss (*Medicus* SR II Rz. 750). Es ist also die Pflicht desjenigen, der eine Gefahrenquelle schafft oder unterhält, alle *notwendigen* und *zumutbaren* Vorkehrungen zu treffen, um Schäden anderer zu vermeiden (BGHZ **112**, 74; BGH NJW **2004**, 1449, 1450). Danach werden diese Pflichten also nur ausgelöst, wenn zumutbare Maßnahmen durchgeführt werden können, die eine verständige Person in vernünftigen Grenzen für erforderlich und ausreichend erachtet hätte, um andere vor Schäden zu bewahren (BGH NJW **1990**, 1236). Die Verkehrssicherungspflichten beschränken sich auf das Ergreifen von Maßnahmen, wenn die nahe liegende Möglichkeit besteht, dass Rechte oder Rechtsgüter anderer verletzt werden können; die theoretische Möglichkeit der Gefährdung anderer Person genügt nicht. Bei einer Nichtvornahme der zur Gefahrenabwehr erforderlichen Handlung liegt dann das tatbestandsmäßige Verhalten in einem Unterlassen (*Larenz/Canaris* II/2 § 76 III 3).

(a) Arten der Verkehrssicherungspflichten

Die Verkehrssicherungspflichten können aufgrund unterschiedlicher Gefahrenbereiche entstehen, nämlich:

1.) Verkehrssicherungspflicht aus Verkehrseröffnung (Bereichshaftung)

Eine Verkehrssicherungspflicht wird bei der Eröffnung eines Verkehrs (z.B. Kaufhäuser, Straßen, Gastwirtschaften, Mehrfamilienhäuser) anerkannt. Denn wer einen Verkehr für Menschen eröffnet, muss sich stets darum bemühen, die mit diesem Verkehr zusammenhängenden Gefahren gering zu halten (RGZ **52**, 373, 376; *Erman/Schiemann* § 823 BGB Rz. 79; *Medicus* SR II Rz. 751).

Beispiel 1:

Rutscht jemand auf denen im Kaufhaus vor der Obst- und Gemüsetheke liegenden Salatblättern aus und verletzt sich, so hat der Kaufhausinhaber ihm den daraus entstandenen Schaden zu ersetzen (BGHZ **66**, 51). Aufgrund der Verkehrssicherungspflichten besteht für den Kaufhausinhaber eine Pflicht dazu, seinen Geschäftsbereich so zu gestalten, dass von diesem ausgehende Gefahren möglichst gering gehalten werden. Die Verletzungshandlung liegt demnach hier in einem Unterlassen, nämlich für Ordnung und Sauberkeit gerade in diesem Bereich zu sorgen und damit Gefahren für die Kunden abzuhalten. Kann der Verkaufsinhaber aber nachweisen, dass in kurzen regelmäßigen Zeitabschnitten die Sauberkeit des Bodens kontrolliert wurde, entfällt eine Haftung, da er alle ihm zumutbare Maßnahmen ergriffen hat, um entsprechende Gefahren bzw. Schäden zu verhindern. Darüber hinausgehende Maßnahmen werden ihm nicht zugemutet.

Beispiel 2:

Der Hauseigentümer hat dafür Sorge zu tragen, dass das Treppengeländer ausreichend befestigt ist, damit Besucher nicht stürzen (BGHZ **5**, 378, 380).

2.) VSP aus Beherrschung einer Gefahrenquelle

Ebenso entstehen für denjenigen Verkehrssicherungspflichten, der gefährliche Gegenstände oder Anlagen gebraucht. Er hat die Pflicht, andere Personen vor Schäden zu bewahren, die aus dem Gebrauch der Gegenstände oder Anlagen herrühren können (BGH NJW-RR **2002**, 525, 526).

Beispiel 1:

Bauarbeiter haften aus diesem Grund, wenn sie Schächte auf der Baustelle nicht abdecken oder in sonstiger Weise sichern und jemand anders infolge dessen zu Schaden kommt (OLG Hamm VersG **1997**, 124).

Beispiel 2:

Wenn die Hausfrau H ätzende Lauge in eine Bierflasche füllt (siehe oben), schafft sie einen gefährlichen Gegenstand und muss aufgrund dieser dadurch entstandenen Verkehrssicherungspflicht dafür Sorge tragen, dass andere Personen (etwa durch trinken) nicht zu Schaden kommen (BGH NJW **1968**, 1182, 1183).

3.) Verkehrssicherungspflichten aufgrund beruflicher Stellung (Übernahmehaftung)

Aus der Ausübung einer gefährlichen beruflichen Tätigkeit kann sich die Pflicht ergeben, besondere Vorsichtsmaßnahmen zu treffen, um andere Personen vor Schäden zu bewahren (BGH NJW 1990, 2929, 2930).

Beispiel:

Der Zahnarzt hat dafür Sorge zu tragen, dass Patienten vor Infektionen geschützt werden.

4.) Produzentenhaftung

Verkehrsicherungspflichten werden auch für denjenigen begründet, der Produkte in den Verkehr bringt. Er muss alle nötigen und ihm zumutbaren Vorkehrungen treffen, um die von dem Produkt ausgehenden Gefahren möglichst gering zu halten (*MüKo/Wagner* § 823 BGB Rz. 234).

Die Produzentenhaftung ist streng von der **Produkthaftung** zu unterscheiden. Die Produkthaftung ist im Produkthaftungsgesetz geregelt und verfügt somit über eigene, vom Deliktsrecht losgelöste, Anspruchsgrundlagen. (Einzelheiten dazu vgl. weiter unten)

Merke:

Ein Unterlassen ist nur rechtserheblich, wenn eine Pflicht zum Handeln besteht (Garantenpflicht). Eine solche Pflicht kann entstehen aus:

- Gesetz
- Vertrag
- Ingerenz
- Verkehrssicherungspflichten

(b) Verkehrssicherungspflichtige

Die Übernahme einer Verkehrssicherungspflicht trifft zumeist die Eigentümer der Sache, von der die Gefahr ausgeht. Allerdings richtet sie sich auch an Personen (z.B. Mieter, Pächter), die die Bestimmungs- oder Verfügungsgewalt über die Sache haben (*Larenz/Canaris* II/2 § 76 III 5 a). **Problematisch** ist, ob durch vertragliche Vereinbarungen die Verkehrssicherungspflicht haftungsbefreiend auf einen Dritten übertragen werden kann. Der BGH bejaht es in den Fällen, in denen die Übernahme der Gefahrensicherung durch den Dritten vertraglich so klar und bestimmt geregelt wird, dass sie zuverlässig gewährleistet werden kann (BGH NJW **1996**, 2646). Ist dieses Bestimmtheitserfordernis erfüllt, so kann der Haftungsübernehmer auf der Grundlage des Deliktsrechts in Anspruch genommen werden. Diese deliktsrechtliche Verantwortung besteht auch gegenüber dem Haftungsübergeber. Dessen Haftung entfällt aber nicht, sondern ihm obliegt die Pflicht, den Vertragspartner sorgfältig zu überwachen und zu kontrollieren (BGH NJW-RR **1989**, 394). Verletzt er diese Kontroll- und Überwachungspflicht, haftet er ebenso gegenüber dem vom Haftungsübernehmer Geschädigten (*Brox/Walker* SR BT § 41 Rz. 45).

Beachte aber:

Die Verkehrssicherungspflichten bestehen nicht gegenüber Personen, die sich unbefugt in den Gefahrenbereich begeben (BGH NJW **1987**, 2671, 2672).

Beispiel:

B übersteigt nachts die Absperrungen, die den Neubau des A umzäunten. Bei Betreten der provisorischen Holztreppe in den ersten Stock stürzt B ein und bricht sich ein Bein. Für A bestand eine Verkehrssicherungspflicht (Bereichshaftung) für das errichtete Haus, um andere vor Gefahren, die von dem Neubau ausgehen können, zu bewahren. Die Absperrung diente dazu, Unbefugten von dem Zutritt zu dem Neubau des A abzuhalten. Indem B die Absperrung überstieg, hat er sich unbefugt in den vom A eröffneten Verkehr begeben. Demnach besteht gegenüber dem B keine Verkehrssicherungspflicht, so dass ein Schadensersatzanspruch des B nicht in Betracht kommt.

Wie sich aus dem Wortlaut des **§ 828 Abs. 3 BGB** ergibt, wird davon für minderjährige Kinder eine Ausnahme gemacht, da diesen die entsprechende Einsichtsfähigkeit fehlt (BGH NJW **1997**, 582, 583).

Beachte:

Die Verkehrsicherungspflichten spielen auch im Rahmen der nur **mittelbaren Herbeiführung** des Verletzungserfolges eine entscheidende Rolle. Wer beispielsweise eine fehlerfreie, aber gefährliche Sache (Auto, Werkzeuge) in den Verkehr bringt oder daran mitwirkt, setzt zwar eine mittelbare und wegen der Gefährlichkeit auch adäquate Ursache für eine mögliche Verletzung auf Grund eines späteren Unfalls mit dieser Sache. Es wäre aber nicht sachgerecht, diesen Verletzungserfolg jeder Person, die an dem Inverkehrbringen beteiligt war, zuzurechnen. Demnach erfolgt nur für denjenigen eine Zurechnung, der bei Vorliegen einer Verkehrssicherungspflicht den Verletzungserfolg vermeiden müsste (*Brox/Walker* SR BT § 41 Rz. 32).

(c) Prüfungsstandort der Verkehrssicherungspflichten

Schwierigkeiten kann in der Klausur die Bestimmung der Prüfungsstandorte bereiten, in denen die Besonderheiten der Verkehrsicherungspflichten relevant sind.

Vorschlag: Im Rahmen des § 823 Abs. 1 BGB wird innerhalb des Prüfungspunktes »Verletzungshandlung« nach dem Schwerpunkt der Vorwerfbarkeit ein positives Tun verneint. Das rechtlich vorwerfbare Verhalten könnte somit in einem Unterlassen liegen. Dieses Verhalten ist allerdings nur dann haftungsbegründend, wenn eine

Pflicht zum Handeln besteht. Diese Pflicht könnte aufgrund der Verkehrssicherungspflichten bestehen. Greift eine der oben genannten Fallgruppen, so besteht für den Schädiger eine Pflicht zum Handeln. Weiterhin muss beachtet werden, dass der Geschädigte zu dem durch die Verkehrssicherungspflicht geschützten Personenkreis gehört. Kann dies auch bejaht werden, hat der Schädiger die Verkehrssicherungspflicht durch sein Unterlassen verletzt, so dass im Ergebnis eine Verletzungshandlung vorliegt.

Innerhalb der Prüfung der Rechtswidrigkeit gilt ebenso der Grundsatz, dass die Tatbestandmäßigkeit die Rechtswidrigkeit indiziert.

Ferner gilt es zu beachten, dass innerhalb des Verschuldens die Verkehrssicherungspflicht selbst Maßstab für die anzuwendende Sorgfalt (§ 276 Abs. 1 BGB) ist. Es ist demnach zu untersuchen, ob die Verletzung der Verkehrssicherungspflicht dem Schädiger objektiv und subjektiv **vorwerfbar** ist. Wie oben dargelegt (siehe I. 2. a.(4)), wird nur dann eine Verkehrssicherungspflicht begründet, wenn dem Schädiger die Ergreifung zumutbarer und notwendiger Maßnahmen möglich ist. Es kann demnach bei der Prüfung, ob eine Verletzung objektiv vorwerfbar ist, innerhalb der Klausur auf die Ausführungen innerhalb des Prüfungspunktes Verletzungshandlung verwiesen werden. Es muss sich danach aber die Prüfung anschließen, ob die Verletzung der Verkehrssicherungspflicht dem Schädiger auch subjektiv vorwerfbar ist.

Im Übrigen ist das Grundschema des § 823 Abs. 1 BGB einzuhalten.

3. Haftungsbegründende Kausalität

Die so genannte haftungsbegründende Kausalität beschreibt den Ursachenzusammenhang zwischen der **Verletzungshandlung** und der **Rechtsgutsverletzung** (*Brox/Walker* SR BT § 40 Rz. 5). Die Handlung des Schädigers muss demnach kausal für die Rechtsgutsverletzung des Geschädigten geworden sein (*Schlechtriem* BT SR Rz. 824). Im Rahmen des späteren Prüfungspunktes »haftungsausfüllende Kausalität« wird der Ursachenzusammenhang zwischen der Rechtsgutsverletzung und dem entstandenen Schaden untersucht (*Palandt/Heinrichs* Vorb § 249 BGB Rz. 56).

Klausur-Tipp:

Es sollte tunlichst keine Überschneidung beider Kausalitätsprüfungen erfolgen; vielmehr müssen die Prüfungspunkte sorgfältig auseinander gehalten werden.

Beispiel:

A wirft auf dem Fahrradweg eine Bananenschale weg. Der Fahrradfahrer B rutscht darauf aus und bricht sich den Arm. Er muss für drei Tage ins Krankenhaus und anschließend, wegen des gebrochenen Arms, für sechs Wochen den Bus zur Arbeit benutzen.

Im Rahmen der haftungsbegründenden Kausalität wird nun lediglich geprüft, ob die Rechtsgutsverletzung des B kausal durch die Verletzungshandlung des A entstanden ist. Nachdem dieser Prüfungspunkt abgehakt ist, wird erst innerhalb der haftungsausfüllenden Kausalität überprüft, ob die dem B durch die Rechtsgutsverletzung entstandenen Schäden (Krankenhausaufenthalt, Buskosten, Verdienstausfall) zu ersetzen sind.

Die Kausalität bestimmt man im Einzelnen anhand folgender Theorien:

a. Äquivalenztheorie (conditio sine qua non)

Zunächst werden im Rahmen der Prüfung, ob eine Verletzungshandlung ursächlich für eine Rechtsgutsverletzung geworden ist, durch die Anwendung der Äquivalenztheorie diejenigen Verhaltensweisen ausgeschieden, die **keinen kausalen Bezug** zu der Rechtsgutsverletzung bilden. Die Prüfung erfolgt, wie im Strafrecht, danach, ob der **konkrete Erfolg ohne die Verletzungshandlung nicht eingetreten wäre** (BGHZ **96**, 172). Liegt die Verletzungshandlung in einem **Unterlassen**, so untersucht man, ob das pflichtgemäße Handeln nicht hinzugedacht werden kann, ohne dass der konkrete Erfolg entfiele (BGHZ **34**, 206, 215; *Brox/Walker* SR BT § 41 Rz. 28). Es ist dann zu prüfen, ob das pflichtgemäße Verhalten demzufolge den Eintritt des konkreten Erfolges mit an Sicherheit grenzender Wahrscheinlichkeit verhindert hätte. Die bloße Möglichkeit oder eine etwaige Wahrscheinlichkeit der Erfolgsverhinderung genügen nicht (BGHZ **34**, 206, 215).

In den Fällen, in denen erst das Zusammenwirken zweier Handlungen von zwei Personen zum Eintritt des Erfolges führen, liegt ebenso wie im Strafrecht nach der Äquivalenztheorie ein kausaler Zusammenhang (kumulative Kausalität) zwischen jeder einzelnen Handlung für den gesamten Erfolg vor (BGH NJW **1990**, 2884).

Beispiel:

Die Schwestern A und B wollen unabhängig voneinander den Papagei P ihres Bruder C vergiften. Jede von ihnen füllt eine, für sich allein betrachtet nicht lebensbedrohende Menge Gift in das Wasser des P. Nur aufgrund der Zusammenwirkung beider Giftmengen ist eine für P tödliche Dosis erreicht worden. Die Verletzungshandlungen von A und B sind jeweils kausal für den Tod des P. Demzufolge kann C gegen A und B einen Schadensersatzanspruch aus § 823 Abs. 1 BGB geltend machen.

Beachte:

Handeln mehrere Personen gemeinschaftlich (Mittäter, Anstifter, Gehilfe), so haftet jeder von ihnen gemäß § 830 BGB für den Schaden.

b. Adäquanztheorie

Da sich nach der Äquivalenztheorie jedoch auch Verhaltensweisen als kausal für die Rechtsgutsverletzung ergeben, die nur einen sehr entfernten Bezug aufzeigen, muss in einem weiteren Prüfungsschritt, ebenso wie im Strafrecht, die Adäquanztheorie herangezogen werden.

Demzufolge ist die Verletzungshandlung des Schädigers nur dann kausal für die Rechtsgutsverletzung, wenn sie im Allgemeinen und nicht nur unter besonders abnormen, unwahrscheinlichen und nach dem gewöhnlichen Lauf der Dinge außer Betracht zu lassenden Umständen geeignet ist, einen Erfolg dieser Art herbeizuführen (BGHZ **7**, 198 ff.).

Kurz gesagt besteht demnach ein kausaler Zusammenhang, wenn die Möglichkeit eines Schadenseintritts **nicht außerhalb aller Lebenswahrscheinlichkeit** liegt. Beurteilungszeit- und Standpunkt ist in diesem Zusammenhang der Moment des schädigenden Ereignisses aus der Sicht eines optimalen Betrachters (BGHZ **3**, 261, 267; BGH NJW **2003**, 1929).

> **Beispiel:**
>
> Die Kausalität entfällt, wenn jemand als Idiot bezeichnet wird, es zu leichten Tätlichkeiten kommt und er daraufhin einer Gehirnblutung erleidet und teilweise gelähmt wird, weil er sich zu sehr darüber aufregt (BGH NJW **1976**, 1143).

Allerdings wurde die Kausalität nach der Adäquanztheorie bejaht, wenn nach einem Verkehrsunfall aus dem beschädigten Unfallauto zwei Geldtransportkoffer gestohlen werden (BGH NJW **1997**, 865).

Besteht die Verletzungshandlung in einem **Unterlassen**, so liegt ein adäquater Kausalzusammenhang vor, wenn sich die Verletzung infolge von Umständen ereignete, bei denen die Vornahme des pflichtgemäßen Verhaltens als adäquate, typischerweise geeignete Bedingung des Nichteintritts der Verletzung angenommen werden kann (*Kupisch/Krüger* S. 40).

c. Schutzzweck der Norm

Um einer Ausuferung der Haftung des § 823 BGB entgegenzuwirken, wurde durch Rechtsprechung und Literatur das Kriterium des Schutzzweckes der Norm entwickelt (BGHZ **27**, 140; **35**, 315; BGH NJW-RR **2003**, 1036; *Palandt/Heinrichs* Vorb § 249 BGB Rz. 62; *Larenz* I § 27 III b 2).

(1) Begriffsbestimmung

Die Lehre vom Schutzzweck der Norm stellt eine teleologische Reduktion des Gesetzes dar (*Medicus* SR AT, Rz. 599). Danach muss die haftungsbegründende Kausalität auch unter dem Aspekt des Schutzzwecks der Norm beurteilt werden (BGHZ **27**, 137; *Kupisch/Krüger* S. 16/17). Liegen demnach Rechtsgutsverletzungen oder Schadensfolgen **außerhalb** des vom Gesetzgeber gewollten **Schadensbereiches**, so mangelt es an einem dem Schädiger zurechenbaren Zusammenhang. Die Zurechnung der haftungsbegründenden Rechtsgutsverletzung muss folglich gerade dem **Zweck** der vom Schädiger verletzten Verhaltensnorm entsprechen.

Merke:

Es muss sich gerade um solche **Nachteile** handeln, die aus dem **Bereich der Gefahren** stammen, zu deren Abwendung die verletzte Norm erlassen wurde (*Palandt/Heinrichs* Vorb § 249 BGB Rz. 62). Nur solche Rechtsgutsverletzungen sollen dem Verhalten des Schädigers zugerechnet werden. Die Folge daraus ist, dass Rechtsgutsverletzungen, die sich nur als Verwirklichung des allgemeinen Lebensrisikos darstellen, dem Schädiger nicht zugerechnet werden.

Beispiel:

B parkt im Halteverbot. Der hinter seinem Fahrzeug heraustretende Fussgänger A wird von dem vorbeifahrenden Fahrzeug des C erfasst. C konnte den A nicht sehen, da er durch das Auto verdeckt war. A hat gegen B einen Schadensersatzanspruch aus § 823 Abs. 2 BGB, da § 12 StVO auch den Zweck hat, im Interesse der Fußgänger den Verkehrsablauf übersichtlich zu halten. Parkende Autos in diesem Bereich, indem der B sich mit seinem Fahrzeug aufhielt, haben zu einer Unübersichtlichkeit des Straßenverkehrs geführt welche durch das Halteverbot vermieden werden sollte.

(2) Relevante Fallgruppen

Besondere Bedeutung hat die Lehre vom Schutzzweck der Norm in folgenden Fallgruppen:

(a) Schockschäden

In diesem Zusammenhang sind die Fälle der so genannten *Schockschäden* zu nennen, wenn also Personen den Unfalltod eines Angehörigen miterleben oder davon erfahren. Als Schock in ist hier nun *nicht* der *physische Schock* aufzufassen, den ein Unfallbeteiligter aufgrund seiner Verletzungen erleidet, sondern der psychische Schock, den ein *Unfallunbeteiligter* infolge des Anblicks des Unfallgeschehens oder infolge der Benachrichtigung erleidet. Oft wird in diesen Fällen, wie oben aufgezeigt, schon die Rechtsgutsverletzung zu verneinen sein. Wurde diese allerdings bejaht, muss im Rahmen der haftungsbegründeten Kausalität geprüft werden, ob die eingetretene Rechtsgutsverletzung auch dem Schutzzweck des § 823 Abs. 1 BGB unterliegt.

Zu beachten ist in dieser Fallgruppe, dass das »normale« Trauerempfinden, das bei dem Tod nahe stehender Personen vorliegt, *nicht* vom Schutzzweck des § 823 Abs. 1 BGB umfasst ist (BGHZ **56**, 163, 165). Vielmehr muss darüber hinaus ein *pathologischer Zustand* eingetreten sein (BGH NJW **1989**, 2317 f.). Dies ist zu bejahen, sobald eine ärztliche Behandlung erforderlich ist (*MüKo/Grunsky* Vor § 249 BGB Rz. 53). Ferner muss beachtet werden, dass der Anspruch auf den Personenkreis *naher Angehöriger* beschränkt ist (BGHZ **93**, 351). Denn vom Gesetzgeber sind für Angehörige eines Verletzten grundsätzlich die in §§ 844 ff. BGB geregelten Schadensersatzansprüche vorgesehen. Allerdings besteht bei Vorliegen der genannten Voraussetzungen infolge des engen persönlichen Verhältnisses ein erhöhtes Lebensrisiko, das dem Schutzzweck des § 823 Abs. 1 BGB unterstellt ist (BGHZ **56**, 163, 165). Denn Sinn und Zweck dieser Regelung ist es in diesem Fall, auch den Schock infolge seiner Art und Schwere als Gesundheitsschädigung und somit als schutzwürdiges Rechtsgut mitzuerfassen (*Brox/Walker* SR BT § 41 Rz. 3).

Beispiel (BGHZ 56, 163):

Die Mutter M sieht, wie ihr Kind K vom Motorradfahrer F auf einem Zebrastreifen schuldhaft angefahren wird und an der Unfallörtlichkeit verstirbt. M erleidet dadurch einen schweren Nervenzusammenbruch (Schock) und muss ärztlich behandelt werden. Ebenso erlebt der Passant P den Verkehrsunfall mit und erleidet einen behandlungsbedürftigen Schock. Fraglich ist nun, ob sowohl M als auch P gegen F einen Schadensersatzanspruch betreffend die Heilungskosten geltend machen können. Die Schockzustände von M und P stellen aufgrund der notwendigen ärztlichen Behandlungen eine Gesundheitsverletzung i.S.d. § 823 Abs. 1 BGB dar. Der von F verursachte Verkehrsunfall ist sowohl äquivalent als auch adäquat kausal für die Gesundheitsschädigungen. Ebenso muss jedoch eine Zurechnung der Rechtsgutsverletzung über den Schutzzweck der Norm erfolgen können. P hat zwar einen behandlungsbedürftigen Schock erlitten, steht aber in keinem Verwandtschaftsverhältnis zu K. Hinsichtlich des P hat sich demnach nur das allgemeine Lebensrisiko verwirklicht, somit fehlt es bei P im Gegensatz zu M an dem Schutzzweck der Norm. Hinsichtlich des Unfallgeschehens ist es auch menschlich nachvollziehbar, dass M einen Schock erlitten hat. Folglich steht ihr ein Schadensersatzanspruch gem. § 823 Abs. 1 BGB für die Behandlung ihres Nervenzusammenbruchs zu.

Klausur-Tipp:

Es muss stets sehr genau differenziert werden, ob ein **Unfallbeteiligter** selbst oder nur ein **Außenstehender** einen Schock erleidet. Bei einem Unfallbeteiligten muss zudem geprüft werden, ob überhaupt eine Gesundheitsschädigung vorliegt. Wurde diese bejaht, so wird in der Regel das Vorliegen der haftungsbegründenden Kausalität keine Probleme bereiten.

(b) Verfolgerfälle

Eine weitere wichtige Fallgruppe bilden die so genannten **Verfolgerfälle**. Darunter fallen insbesondere solche Fälle, in denen Polizeibeamte bei der Verfolgung eines (vermeintlichen) Verdächtigen geschädigt werden (BGHZ **63**, 189; BGH NJW **1986**, 2367). Die Besonderheit liegt hier darin, dass der Schaden auf einem Willensentschluss des Geschädigten selbst oder eines Dritten beruht.

Die Übernahme einer Haftung setzt voraus, dass der Flüchtige seinen Verfolger in vorwerfbarer Weise zu der selbstgefährdenden Verhaltensweise *herausgefordert* hat (BGH NJW **1971**, 1980). Dem Flüchtigen muss es dabei bewusst gewesen sein oder er muss es zumindest fahrlässig nicht erkannt haben, dass er durch sein Verhalten pflichtwidrig den Verfolger in Gefahr bringt (BGHZ **70**, 374; BGH NJW **1990**, 2885).

Beispiel:

Bei der Verfolgung des Bankräubers B springt der Polizeibeamte P über einen Jägerzaun und stürzt.

Das Ziel der Verfolgung muss des Weiteren in einem angemessenen Verhältnis zu den damit verbundenen Risiken stehen (**Zweck-Mittel-Relation**). Die haftungsbegründende Kausalität einer Handlung muss demnach verneint werden, wenn der Verfolger sich durch übertriebenen Einsatz in Gefahr bringt und der Flüchtige mit diesem Einsatz nicht rechnen musste (BGH NJW **1975**, 168; BGH NJW **1996**, 1533).

Beispiel:

Um den Handtaschenräuber H zu verfolgen springt der Polizeibeamte P aus dem zweiten Stock, obwohl er die Örtlichkeiten kennt und unten schon zwei Kollegen standen. In diesem Fall wird ein Schadensersatzanspruch des P nach § 823 Abs. 1 BGB mangels haftungsbegründender Kausalität abgelehnt. Hätte der H damit rechnen müssen, so ist weiter an ein Mitverschulden des P nach § 254 BGB zu denken, das dann zu einer Haftungsmilderung des H führt und er dann nur anteilig den Schaden ersetzen muss.

Ferner muss der eingetretene Schaden gerade als Folge aus den mit der Verfolgung verbundenen und gesteigerten Risiken resultiert sein. Lediglich die Verwirklichung des **allgemeinen Lebensrisikos** genügt **nich***t* (BGH NJW **1991**, 3275).

Beispiel:

Der Handtaschenräuber H im obigen Beispiel flieht über eine Wiese. P verfolgt ihn und rutscht auf dem feuchten Gras aus. Dabei verstaucht er sich das Handgelenk. In dieser Konstellation wird es an der haftungsbegründenden Kausalität fehlen, da sich durch das Ausrutschen auf dem feuchten Rasenstück nur das allgemeine Lebensrisiko verwirklicht hat.

(c) Vorschäden

Ein Zurechungszusammenhang über die Anwendung des Schutzzwecks der Norm erfolgt auch in den Fällen, in denen die Verletzung bzw. der Schaden durch eine in dem verletzten Recht oder Rechtsgut zum Schaden neigende Beschaffenheit ermöglicht oder wesentlich erhöht worden ist (BGH NJW **1996**, 2426).

Beispiel:

N hatte schon zweimal das Schienbein gebrochen. Als der D absichtlich mit schweren Schuhen davor tritt, bricht es erneut. Ein nicht vorbelastetes Schienbein hätte aller Wahrscheinlichkeit nach die Belastung des Tritts ausgehalten und wäre nicht gebrochen. Trotzdem muss der D nun für den entstandenen Schaden und die durch die Vorbrüche entstandenen Komplikationen und erhöhten Heilkosten aufkommen.

Begründet wird diese Sichtweise damit, dass derjenige, der einen in irgendeiner Art und Weise Vorgeschädigten verletzt, nicht so gestellt werden kann, als hätte er eine gesunde Person geschädigt (BGHZ **20**, 137, 139; BGH NJW **2002**, 868).

Merke:

Der Täter muss das Opfer so nehmen, wie er es antrifft (OLG Frankfurt/M NJW-RR **2000**, 1268, 1271).

Setzt sich jedoch ein Vorgeschädigter bewusst einer vermeidbaren Gefahrenlage aus, so wird die Haftung des Schädigers nach § 254 BGB gemindert werden (OLG Hamm NJW-RR **2001**, 1677, 1678; OLG Celle VersR **1981**, 1058).

Die Zurechung nach dem Schutzzweck der Norm findet hingegen ihre Grenzen in den Fällen, in denen ein völlig ungewöhnlicher, keinesfalls zu erwartender Lauf der Dinge vorliegt (BGH NJW **1976**, 1143).

Beispiel:

Infolge eines Tritts auf den Fuss muss eine Oberschenkelamputation vorgenommen werden (OLG Karlsruhe VersR **1966**, 741). Eine Rauferei zwischen Hunden führt zu einem Herzinfarkt bei einem der Hundehalter (OLG Karlsruhe MDR **1993**, 29).

Gänzlich unberücksichtigt bleibt der Umstand der Vorschädigungen jedoch nicht. Handelt es sich um Körper- oder Gesundheitsverletzungen, so fließt er mit in die Bemessung der Höhe des Schmerzensgeldes hinein (BGH NJW **1997**, 455).

II. Rechtswidrigkeit

Das schadensverursachende Verhalten muss rechtswidrig sein (*Schlechtriem* BT SR Rz. 826). Denn der Grundsatz im Rahmen der **Verschuldenshaftung** lautet, dass nur eine rechtswidrige Verletzungshandlung auch zum Schadensersatz verpflichtet. Innerhalb der **Gefährdungshaftung** haftet der Schädiger jedoch nur für die Verursachung eines Schadens, der adäquat kausale Folge eines gefährlichen Tuns ist (*Peifer* DR § 3 Rz. 73). Die Prüfung der Rechtswidrigkeit hat somit im Bereich der Verschuldenshaftung die Aufgabe, über die Normwidrigkeit des schädigenden Verhaltens zu entscheiden. Die Rechtsgutsverletzung befindet darüber, ob der Inhaber die Beeinträchtigung seines Rechts oder Rechtsguts hinzunehmen hat (*Palandt/Sprau* § 823 BGB Rz. 23).

1. Problematik des Anknüpfungspunktes

Streitig ist, ob die Rechtswidrigkeit an die **Verletzungshandlung** (Handlungsunrecht) oder an den **Verletzungserfolg** (Erfolgsunrecht) anknüpft.

a. Lehre vom Erfolgsunrecht (h.M.)

Die Lehre vom Erfolgsunrecht knüpft an den **Verletzungserfolg** an, d.h. an die Verletzung bestimmter Rechtsgüter oder Interessen (*Schlechtriem* BT SR Rz. 819). Sie geht dabei davon aus, dass jede Verletzung der in § 823 Abs.1 BGB geschützten Rechte oder Rechtsgüter rechtswidrig ist und nur durch das Vorliegen eines Rechtfertigungsgrundes gerechtfertigt werden kann (BGH NJW **1996**, 3205; BGHZ **39**, 108). Danach wird die Rechtswidrigkeit durch die Verwirklichung des Tatbestandes sowohl bei vorsätzlichem als auch fahrlässigem Verhalten **indiziert** (BGHZ **24**, 21; **79**, 9). Die Darlegungs- und Beweislast für das Vorliegen eines Rechtfertigungsgrundes trägt der Schädiger (BGHZ **24**, 21). Liegen demnach keine Rechtfertigungsgründe vor, ist die Verletzung eines der in § 823 Abs. 1 BGB genannten Rechte oder Rechtsgüter immer rechtswidrig, da schon der Tatbestand hinreichend bestimmt bezeichnet, dass ein bestimmtes Verhalten verboten ist (*Medicus* SR II Rz. 748).

Beispiel:

Die Tötung oder Verletzung eines Menschen. Die Beschädigung einer fremden Sache.

b. Lehre vom Handlungsunrecht

Die Lehre vom Handlungsunrecht beurteilt die Rechtswidrigkeit dagegen **verhaltensbezogen** (*Nipperdey* NJW **1967**, 1991; *Esser/Weyers/Schmidt* II/2 § 25 IV). Das Haftungsrecht knüpft danach an ein bestimmtes Verhalten an und bewertet es anhand der Rechtsordnung. Danach müsse bei **nicht** vorsätzlichem deliktischem Handeln die Rechtswidrigkeit anhand eines Normverstoßes oder einer Sorgfaltswidrigkeit explizit **positiv** festgestellt werden. **Sozialadäquates** Verhalten ist demnach nicht rechtswidrig, auch wenn es im Einzelfall zu einer Rechts oder Rechtsgutsverletzung geführt hat. Begründet wird diese Ansicht damit, dass eine zwar tatbestandsmäßige Handlung dann nicht rechtswidrig sein kann, wenn sie sich innerhalb der Gesetze hält, da es sich gerade um normgemäßes Verhalten handelt. Im Bereich der vorsätzlichen Begehungsweise sieht auch diese Lehre die Rechtswidrigkeit des Verhaltens als gegeben an, da die Rechtsordnung vorsätzlich herbeigeführte Verletzungen dem Grunde nach nicht billigt.

Im Ergebnis **unterscheiden** sich diese beiden Anknüpfungspunkte also nur bei einer **fahrlässigen Verhaltensweise**.

c. Würdigung der Anknüpfungspunkte

Der Wortlaut des § 823 Abs. 1 BGB nennt explizit fahrlässiges und widerrechtliches Verhalten nebeneinander als Haftungsvoraussetzung. Es soll demnach auch hier der klassische dreistufige Aufbau (Verletzungshandlung/Rechtswidrigkeit/Verschulden) gelten (*RGRK/Steffen* § 823 BGB Rz. 114 ff.). Gegen die Lehre vom Handlungsunrecht spricht, dass sie das Verschuldenselement mit der Rechtswidrigkeitsprüfung unnötig vermischt, in dem sie sozialadäquates Verhalten schon auf der Ebene der Rechtswidrigkeit einbringt (*MüKo/Grundmann* § 276 BGB Rz. 13 ff.; *Palandt/Sprau* § 823 BGB Rz. 24).

Merke:

Folgt man demnach der herrschenden Lehre vom Erfolgsunrecht, so ist eine Verhaltensweise nur dann nicht rechtwidrig, wenn sie durch Rechtfertigungsgründe gerechtfertigt ist. **Die Tatbestandsmäßigkeit indiziert folglich die Rechtswidrigkeit** (*Schlechtriem* BT SR Rz. 826).

2. Allgemein anerkannte Rechtfertigungsgründe

Nur bei Eingreifen von Rechtfertigungsgründen ist das Verhalten des Schädigers demzufolge **gerechtfertig**. Allgemein anerkannte Rechtfertigungsgründe sind:

- Notwehr § 227 Abs. 1 BGB
- Defensivnotstand § 228 BGB
- Aggressivnotstand § 904 BGB
- Selbsthilfe §§ 229, 230 BGB
- Ortsübliche Emissionen, § 906 BGB (analoge Anwendung bei der Verletzung von beweglichen Eigentums (BGHZ **92**, 148))
- Berechtigte GoA §§ 677, 683 Satz 1 BGB
- Festnahmerecht § 127 StPO
- (mutmaßliche) Einwilligung
- Einwilligung in disponible Rechtsgüter
- Wahrnehmung berechtigter Interessen § 193 StGB, § 824 Abs. 2 BGB,
- § 14 UWG
- sonstige Selbsthilferechte: §§ 562 b, 859, 962 BGB

Beispiel:

Ein Fall des Defensivnotstands nach § 228 BGB liegt vor, wenn A von dem Hund des B angefallen wird, und er mit seinem Spazierstock auf den Kopf des Hundes schlägt. Dadurch bringt er den Hund dazu, von ihm abzulassen. Nun verlangt B nach § 823 Abs. 1 BGB Ersatz für die tierärztliche Behandlung der Kopfwunde. A hat durch die Verletzung des Hundes das Eigentum des B beschädigt, denn ein Tier ist nach § 90 a Satz 2 BGB zivilrechtlich wie eine Sache zu behandeln. Der vorsätzliche Schlag des A war auch kausal für die Verletzung. Allerdings diente die Verletzung des Hundes dazu, eigene Verletzungen am Körper des A abzuhalten. Die Maßnahme war im Übrigen auch verhältnismäßig, denn das Rechtsgut Körper ist höherwertiger als Sachgüter. Demzufolge ist die Handlung des A rechtmäßig, denn sie ist gemäß § 228 BGB gerechtfertigt.

Beachte:

Eine weitere Ausnahme zu der Lehre vom Erfolgsunrecht existiert bei den so genannten **Rahmenrechten**:

- Recht am eingerichteten und ausgeübten Gewerbebetrieb
- allgemeines Persönlichkeitsrecht

In diesem Zusammenhang muss erst eine umfassende Güter- und Interessenabwägung erfolgen, um die Rechtswidrigkeit festzustellen (*Medicus* SR II Rz 748).

III. Verschulden

Die Prüfung des Verschuldens ist das letzte haftungsbegründende Tatbestandsmerkmal. Der Schädiger muss das tatbestandsmäßige und rechtswidrige Verhalten auch **zu vertreten** haben. Allerdings muss, bevor das eigentliche Verschulden geprüft wird, d.h. Vorsatz oder Fahrlässigkeit, zunächst geklärt werden, ob der Schädiger überhaupt **verschuldensfähig** ist.

1. Verschuldensfähigkeit

Die Verschuldensfähigkeit einer Person richtet sich nach den §§ 827, 828 BGB, die vergleichbar mit den Normen über die Geschäftsfähigkeit (§§ 104 ff. BGB) sind. Bei der Verschuldensfähigkeit wird zwischen verschuldensunfähigen, beschränkt verschuldensfähigen und verschuldensfähigen Personen unterschieden (*Brox/Walker* SR BT § 40 Rz. 7).

Nach **§ 827 Satz 1 BGB** sind Personen **verschuldensunfähig**, wenn sie sich im Zeitpunkt der Schadenszufügung im Zustand der Bewusstlosigkeit oder in einem die freie Willensbestimmung ausschließenden Zustand krankhafter Störung der Geistestätigkeit befunden haben. Ist der Schädiger verschuldensunfähig, so scheidet eine Haftung nach § 823 Abs. 1 BGB aus, da der Schädiger nicht die nötige Einsichtsfähigkeit besitzt und somit nicht in der Lage ist, das von der Rechtsordnung in subjektiver Hinsicht Geforderte zu erfüllen (*Peifer* DR § 3 Rz. 83). Ist dieser Zustand durch geistige Getränke oder ähnliche Mittel hervorgerufen worden, so haftet der Schädiger nach **§ 827 Satz 2 BGB** allerdings wie für fahrlässiges Verhalten. Nach **§ 827 Satz 2 letzter Hs. BGB** wird diese Verantwortlichkeit ausgeschlossen, sobald der Schädiger ohne Verschulden in diesen Zustand geraten ist. Gem. **§ 828 Abs. 1 BGB** sind Kinder bis zum vollendeten siebten Lebensjahr **verschuldensunfähig**. Kinder von dem siebten bis zum vollendetem zehnten Lebensjahr haften nach **§ 828 Abs. 2 Satz 1 BGB** ebenso nicht für einen **unvorsätzlich** herbeigeführten Schaden in den dort aufgezählten Verkehrsbereichen. Diesbezüglich hat der Gesetzgeber nunmehr akzeptiert, dass Kinder im Straßenverkehr nur eingeschränkt die Folgen ihres Verhaltens absehen können (*Scheffen* ZRP **2001**, 380).

Denn mit dieser Regelung wurde auf die entwicklungspsychologische Erkenntnis reagiert, dass Kinder erst ab dem zehnten Lebensjahr geistig fähig sind, die besonderen Gefahrenquellen im Straßenverkehr zu erkennen und sich dementsprechend zu verhalten (Begr. des RegE, BT-Druchs. **14/7752** S. 16, 26; Beschlüsse des Verkehrsgerichtstages **2000**). Die **vorsätzliche** Herbeiführung von Verletzungen ist gem. **§ 828 Abs. 2 Satz 2 BGB** von dem Haftungsausschluss ausgenommen. Mit dieser Regelung wurde vor allem auf die Problematik, dass Kinder ebenso Steine von Brücken auf Strassen werfen, reagiert (BT-Drucks. 14/7752; *Deutsch/Ahrens* Rz. 135a), so dass sie nun zur Verantwortung gezogen werden können. Eine vorsätzliche Verletzung liegt aber noch nicht vor, wenn ein Neunjähriger eine Vorschrift der Straßenverkehrsordnung missachtet und über eine rote Fußgängerampel läuft, denn der Vorsatz muss sich auf die Rechtsgutsverletzung und nicht lediglich auf den Rechtsverstoß beziehen. (*Hk-BGB/Staudinger* § 823 BGB Rz. 4).

Beispiel:

Der achtjährige K wirft Steine von der Autobahnbrücke auf den fließenden Verkehr und beschädigt dadurch die Windschutzscheibe des A. Da er eine Verletzung anderer Rechtsgüter (der Pkws) zumindest billigend in Kauf genommen hat, ist K gemäß § 828 Abs. 2 Satz 2 BGB verschuldensfähig, so dass er gemäß § 823 Abs. 1 BGB zur Haftung herangezogen werden kann.

Schwierigkeiten kann aber die Feststellung der Verschuldensfähigkeit nach **§ 828 Abs. 3 BGB** bereiten. Danach sind Jugendliche vom siebten bis achtzehnten Lebensjahr für Schäden nicht verantwortlich, wenn sie bei Begehung der schädigenden Handlung nicht die zur Erkenntnis der Verantwortlichkeit erforderliche Einsicht haben. Für diese Einsicht genügt es, eine **allgemeine Gefahr** und einen **allgemeinen Schaden** zu erkennen bzw. das **allgemeine Verständnis** dafür, dass das jeweilige Verhalten in irgendeiner Weise Verantwortung begründen kann (BGH LM § 828 BGB Nr. 3; *Jauering/Teichmann,* § 823 BGB Rz. 2). Abzustellen ist dabei auf die **intellektuelle Fähigkeit** (BGHZ NJW **1984**, 1958). Zu beachten ist, dass es auf die nötige Reife, um sich der geforderten Einsicht gemäß zu verhalten, nicht ankommt. Diese Frage der **Steuerungsfähigkeit** muss erst im Verschulden beantwortet werden (BGH NJW **1970**, 1038 f.).

2. Billigkeitshaftung

Ist die Verschuldensfähigkeit zu verneinen, greift unter den dort genannten Voraussetzungen die so genannte **Billigkeitshaftung** nach § 829 BGB ein (*MüKo/Wagner* § 829 BGB Rz. 1). Die Billigkeitshaftung macht also von der Regel, dass nur der Verschuldensfähige schadensersatzpflichtig ist, zu Gunsten des Geschädigten eine Ausnahme (*Brox/Walker* SR BT § 40 Rz. 9). Die Anwendung des § 829 BGB setzt daher voraus, dass ein Anspruch gegen den Schädiger nach §§ 823 bis 826 BGB **nur** mangels der Verschuldensfähigkeit nach §§ 827, 828 BGB scheitert, nach allgemeinen Sorgfaltsmaßstäben aber ein schuldhaftes Verhalten vorliegt. Die übrigen Voraussetzungen eines deliktischen Anspruchs müssen vorliegen.

Beispiel:

Der Pilot P eines Segelflugzeuges wird infolge eines Zuckerschocks ohnmächtig. Dadurch stürzt das Flugzeug ab und der Passagier A erleidet schwere Verletzungen. Ein Schadensersatzanspruch des A gegen den P nach § 823 Abs. 1 BGB scheidet mangels Verschuldensfähigkeit nach § 827 Satz 1 BGB aus. Allerdings könnte eine Billigkeitshaftung nach § 829 BGB in Betracht kommen.

Hätte jedoch ein Schuldfähiger anstelle des Schuldunfähigen gehandelt und könnte ihm kein Schuldvorwurf gemacht werden, so scheidet eine Haftung des Schuldunfähigen aus (*Brox/Walker* SR BT § 49 Rz. 9). Da der Billigkeitshaftung nur **subsidiäre** Wirkung zukommt, scheidet sie ebenso aus, sobald der Schaden von einem aufsichtspflichtigen Dritten ersetzt werden kann (*MüKo/Wagner* § 829 BGB Rz. 12). Besteht **kein** Schadensersatzanspruch gegen einen Dritten, spielt es dabei keine Rolle, aus welchen Gründen dieser scheitert.

Ferner setzt die Billigkeitshaftung voraus, dass die Billigkeit nach den Umständen, insbesondere den Verhältnissen der Beteiligten, eine **Schadloshaltung** erfordert. Es genügt nicht, dass die Umstände eine Schadloshaltung des Geschädigten nur erlauben (BGH NJW **1969**, 1762). Mit einzubeziehen sind dabei alle Umstände, wie z.B. die wirtschaftlichen Verhältnisse der Beteiligten. Jedoch dürfen dem Schuldunfähigen gemäß § 829 BGB a.E. nicht die Mittel entzogen werden, deren er zum angemessenen Unterhalt sowie zur Erfüllung seiner gesetzlichen Unterhaltspflichten bedarf. Uneinheitlich wird das Bestehen von Versicherungen gewertet. Nach Auffassung des BGH kann eine vorhandene Pflicht- oder Berufshaftpflichtversicherung, nicht aber eine private Haftpflichtversicherung einen Anspruch nach der Billigkeitshaftung begründen (BGHZ **76**, 279). In der Literatur hingegen wird vertreten, dass auch bei einer vorhandenen Haftpflichtversicherung eine Billigkeitshaftung gegeben ist (*Böhmer* MDR **1963**, 22; *MüKo/Wagner* § 829 BGB Rz. 22).

3. Schuldhafte Handlung

Ist der Schädiger verschuldensfähig und besitzt der demnach die nötige Einsichtsfähigkeit, Recht und Unrecht zu unterscheiden, so muss er sich auch tatsächlich **vorwerfbar**, also schuldhaft verhalten haben. Das Verschulden muss den **gesamten Tatbestand** umfassen, also die Rechtsgutsverletzung, die Verletzungshandlung und die haftungsbegründende Kausalität. Nicht erforderlich ist demnach, dass sich das Verschulden ebenso auf den konkret eingetretenen Schaden und die haftungsausfüllende Kausalität bezieht (*Peifer* DR § 3 Rz. 87). Das Verschulden der §§ 823 ff. BGB setzt nach § 276 BGB **Vorsatz oder Fahrlässigkeit** voraus (*Deutsch* JZ **1988**, 993, 994). Grundsätzlich genügt eine fahrlässige Verwirklichung, lediglich § 826 BGB setzt Vorsatz voraus, der auch den verursachten Schaden mitumfasst (BGH NJW-RR **2000**, 393,

394). Für eine Haftung nach § 823 Abs. 1 BGB ist demnach der Unterschied für vorsätzliches oder fahrlässiges Handeln bedeutungslos.

Vorsatz bedeutet Wissen und Wollen der Tatbestandsverwirklichung in Kenntnis aller seiner objektiven Tatumstände und der Rechtswidrigkeit. Allerdings gilt im Zivilrecht, anders als im Strafrecht die so genannte Vorsatztheorie (BGHZ **115**, 286, 299). Danach liegt Vorsatz nur vor, wenn der Schädiger die Rechts(-guts)verletzung und die Verletzungshandlung kennt und will. Ferner bedarf es auch eines Bewusstseins bezüglich des rechtswidrigen Verhaltens. Danach führen ein Rechtsirrtum sowie ein Irrtum über die Rechtswidrigkeit bzw. das Fehlen des Bewusstseins über die Rechtswidrigkeit dazu, dass der Vorsatz entfällt (BGHZ **115**, 286, 291).

Ein Irrtum über die Rechtswidrigkeit liegt vor, wenn der Täter zwar weiß und will, was er tut, jedoch glaubt, sein Handeln sei durch einen Rechtfertigungsgrund gedeckt bzw. weil er annimmt, sein Verhalten sei rechtlich nicht verboten.

Beispiel:

Jogger J trifft im Dunkeln auf den Spaziergänger S. Als S unmittelbar vor dem J in seine Manteltasche greift, glaubt J, dieser wollte ihn gerade mit einer Pistole überfallen. Um dem befürchteten Angriff abzuwehren, schlägt J den S nieder. S wollte allerdings nur eine Taschenlampe aus dem Mantel holen.

Ein **Rechtsirrtum** liegt dagegen vor, wenn der Täter glaubt er handelt rechtmäßig.

Beispiel:

A glaubt, das Kopieren von Musik-CDs sei erlaubt.

Fahrlässig handelt nach § 276 Abs. 2 BGB, wer die im Verkehr erforderliche Sorgfalt außer Acht lässt. Für die Fahrlässigkeit ist allerdings ein **objektiver Sorgfaltsmaßstab** anzunehmen (BGHZ **39**, 283). Es ist demnach diejenige Sorgfalt anzuwenden, die von einem durchschnittlichen Mitglied der gleichen Berufs- oder Altersgruppe erwartet werden kann (BGH NJW **2000**, 2232).

Problematisch ist im Rahmen des Deliktsrechts, welche Anforderungen an die Fahrlässigkeit bei Minderjährigen zu stellen sind. Nach der Rechtsprechung des BGH müssen bei Minderjährigen alterstypische Faktoren und Verhaltensweisen bei der Beurteilung, ob ein fahrlässiges Verhalten vorliegt, berücksichtigt werden. Kriterien sind der Forschungs- und Erprobungsdrang, der Mangel an Disziplin, Spieltrieb, Rauflust, Impulsivität und Affektreaktionen (BGH NJW **1984**, 1985).

4. Haftungsmilderung

Eine **vertragliche** vereinbarte Haftungsmilderung ist auf das Deliktsrecht anwendbar, soweit andernfalls der Sinn und Zweck der Haftungsmilderung unterlaufen werden würde (BGHZ **49**, 140, 145; *Larenz/Canaris* II/2 § 83 VI 2). Des Weiteren existieren **gesetzliche** Haftungsmilderungen. Solche sind beispielsweise in §§ 300, 521, 599, 680, 690, 968, 708, 1359, 1664 BGB gesetzlich verankert. Nach §§ 300, 521, 599, 680 und 968 BGB jeweils i.V.m. § 276 Abs. 1 Satz 1 BGB haftet der Schädiger jeweils nur für Vorsatz und grobe Fahrlässigkeit. Dieser Haftungsmaßstab muss auch für die deliktische Haftung gelten, ansonsten würde die gesetzliche Haftungsmilderung leer laufen (*Brox/Walker* SR BT § 44 Rz. 38). Den anderen genannten Haftungsmaßstäben ist gemein, dass danach nur eine Haftung bei Verletzung der **eigenüblichen Sorgfalt** nach § 277 BGB (diligentia quam in suis) entsteht.

Beachte:

Die Rechtsprechung und die h.L. schließen eine Haftungsmilderung im Straßenverkehr generell aus (BGHZ **46**, 313; **53**, 352; *Erman/Schiemann* Vor § 823 Rz. 26). Begründet wird diese Ansicht mit dem Argument, dass im Straßenverkehr kein Raum für individuelle Sorglosigkeit vorherrschen dürfe, da ein Fehlverhalten typischerweise auch andere Verkehrsteilnehmer betreffe und es demnach dort keine »eigenen Angelegenheiten« gebe (BGHZ **46**, 313, 318).

5. Haftungsverschärfung

Ebenso können Haftungsverschärfungen aufgrund vertraglicher Regelungen bestehen oder auf Gesetz beruhen. Werden durch Vertrag Haftungsprivilegierungen ausgeräumt oder die Zufallshaftung miteinbezogen, muss an die Grenzen der vertraglichen Gestaltungsfreiheit gedacht werden. Diese stellen die §§ 305 ff. BGB sowie unabdingbare Schutzvorschriften (z.B. § 619 BGB) und die allgemeinen Regelungen nach §§ 134, 138, 242 BGB dar. Gesetzliche Haftungsbeschränkungen existieren in § 287 Satz 2 BGB und § 848 BGB, wonach während eines Unrechtzustandes auch eine Risikohaftung für Zufall übernommen werden muss (*Peifer* DR § 3 Rz. 91).

IV. Schaden

Schaden ist jede **unfreiwillige Vermögenseinbuße** (*Kropholler* vor §§ 249–253 BGB Rz. 3). Demnach umfasst der Schadensbegriff sowohl materielle Schäden – **Vermögensschäden** – als auch immaterielle Schäden – **Nichtvermögensschäden** – (*MüKo/Grunsky* Vorb § 249 BGB Rz. 47; *Kropholler* vor §§ 249–253 BGB Rz. 3). Dazu gehört sowohl der Verletzungsschaden, als auch der Folgeschaden, der aus dem Verletzungsschaden resultiert (*Brox/Walker* SR BT § 41 Rz. 59). Mit Tatbestand, Rechtswidrigkeit und Verschulden ergibt sich der Haftungsgrund. Die Rechtsfolge ist bei Bestehen eines Haftungsgrundes und eines Schadens die Verpflichtung zum Schadensersatz. Der Ersatz des aus der Rechtsgutsverletzung entstandenen Schadens regelt sich ebenso wie im Vertragsrecht nach §§ 249 ff. BGB. Es gilt demnach der

Grundsatz der Naturalrestitution. Danach hat der Schädiger den gleichen wirtschaftlichen Zustand herzustellen, der ohne das schädigende Ereignis bestehen würde (BGH NJW **1985**, 793). Vertiefende Ausführungen zum Schadensersatzrecht finden sich in den Lehrbüchern zum Allgemeinen Teil des Schuldrechts, so dass an dieser Stelle nur die für das Deliktsrecht bedeutsamen Grundzüge dargestellt werden. Ob überhaupt ein Schaden vorliegt, ist mit Hilfe der **Differenzhypothese** festzustellen, wonach das Vermögen des Geschädigten vor und nach der schädigenden Handlung zu vergleichen ist (BGHZ **27**, 181, 183). Die Differenz zwischen den beiden Vermögenslagen ergibt den zu ersetzenden Schaden (*Deutsch/Ahrens* Rz. 472; *Jauernig/Teichmann* vor §§ 249–253 BGB Rz. 5).

Beispiel:

B beschädigt das Motorrad des A. Vor der Beschädigung hatte es einen wirtschaftlichen Wert von 1.500 EUR, nachher nur noch von 1.000 EUR, so dass der A gegen den B einen Schadensersatzanspruch in Höhe von 500 EUR hat.

Klausur-Tipp:

Innerhalb der Prüfung des Schadens muss differenziert werden, ob der **Anspruchssteller** der Eigentümer oder der Besitzer der Sache ist. Nur für den **Eigentümer** kann der **Wert** der Sache einen Schaden darstellen.

Der § 847 BGB a.F., der nach altem Recht auch immateriellen Schäden umfasste, wurde nicht ersatzlos gestrichen. Vielmehr wird nun der immaterielle Schaden über § 253 Abs. 2 BGB ersetzt. Für Personenschäden regeln die Sondervorschriften der §§ 842, 843 BGB den Umfang des Schadensersatzes. § 842 BGB stellt klar, dass auch Erwerbsschäden zu ersetzen sind, deren Ersatz eigentlich schon über § 252 BGB erfolgt. Die §§ 249, 250, 252 BGB sind Hilfsnormen, welche die Rechtsfolge Schadensersatzpflicht ergänzen. Die §§ 251, 254, 255 BGB hingegen sind Gegennormen, welche den Schadensersatzanspruch beschränken oder ausschließen (*Schellhammer* BGB Rz. 1256).

Der § 843 BGB ist eine Sondervorschrift für Dauerschäden, die aus einer Körper- oder Gesundheitsverletzung resultieren. Danach ist der Ausgleich längerfristiger Schäden durch einen völligen oder teilweisen Verlust der Erwerbsfähigkeit geregelt. In der Praxis spielt § 843 BGB primär eine Rolle für den Regress der Sozialversicherungsträger gegen den Schädiger, die den Verletzten zunächst finanziell versorgen. Zu beachten ist, dass nach § 843 Abs. 4 BGB dem Schädiger nicht zugute kommen darf, dass ein anderer dem Verletzten Unterhalt leistet.

Beispiel:

A verursacht einen Unfall, bei dem B schwer verletzt wird. Infolge seiner Verletzungen ist B in Zukunft nicht mehr erwerbsfähig. Sein Bruder L gewann kurz zuvor im Lotto und übernimmt alle Kosten und Ausgaben des B. Dass L den B finanziell unterstützt, schmälert den Anspruch des B gegen den A nicht. Vielmehr wird er gänzlich unberücksichtigt gelassen, vgl. § 843 Abs. 4 BGB.

Sofern nach Anwendung der Differenzhypothese kein Schaden festgestellt wurde, sind die Fallgruppen des **normativen Schadens** zu berücksichtigen. Diese sind insbesondere:

- Haushaltstätigkeit und Kinderbetreuung
- Lohnfortzahlung im Krankheitsfalle
- Nutzungsausfall des Pkws bei einem Verkehrsunfall

Diesen Fällen ist gemeinsam, dass der Geschädigte rechnerisch keine negative Vermögenseinbuße erlitten hat, da er entweder keine Ersatzkraft eingestellt, kein Gehalt einbüßte oder kein Ersatzfahrzeug gemietet hat.

Beispiel:

Durch einen von B verursachten Verkehrsunfall muss A für drei Tage ins Krankenhaus. Währenddessen übernimmt die Frau F des A den Betrieb seines Kiosks. F verfügt über einen eigenen Pkw. A hat deshalb weder Einkommenseinbußen noch einen Nutzungsausfall seines während des Unfall mit B beschädigten Fahrzeuges.

Dennoch spricht die Rechtsprechung dem Geschädigten einen so genannten normativen Schaden zu, da der Schädiger nicht durch eine zufällige Schadenskompensation begünstigt werden soll (BGHZ **40**, 345, 348; **38**, 59; **55**, 329). In allen Fällen hat der Schädiger demnach den Geschädigten so zu stellen, wie er ohne das schädigende Ereignis stehen würde, § 249 BGB.

Beachte:

Grundsätzlich sind dem Geschädigten alle Einbußen zu erstatten (Prinzip der Totalreparation), andererseits darf der Geschädigte durch die Reparation nicht besser gestellt werden, als er ohne das schädigende Ereignis stünde (schadensrechtliches Bereicherungsverbot).

V. Haftungsausfüllende Kausalität

Im Rahmen der haftungsausfüllenden Kausalität wird der Ursachenzusammenhang zwischen der **Rechtsgutsverletzung** und dem **Schaden** überprüft (*Brox/Walker* SR BT § 40 Rz. 13). Ersetzt werden nach § 823 Abs. 1 BGB nämlich nur solche Schäden, für die die Rechtsgutsverletzung kausal war. Der Schaden muss äquivalent und adäquat kausal auf der Rechts(-guts)verletzung beruhen und im Schutzbereich der Norm liegen. Die Überprüfung der haftungsausfüllenden Kausalität erfolgt demnach wie die haftungsbegründende Kausalität nach drei Stufen:

1. Stufe: Äquivalenztheorie

2. Stufe: Adäquanztheorie

3. Stufe: Schutzzweck der Norm

Beachte:

Als Besonderheit ist zu beachten, dass hier im Rahmen der Prüfung des Schutzzwecks der Norm darauf abgestellt werden muss, ob der Sinn und Zweck des § 823 Abs. 1 BGB ist, **gerade vor solchen** (den eingetretenen) Schäden zu schützen (BGHZ **107**, 359, 366).

Besondere Fallgestaltungen:

Dem Schädiger werden grundsätzlich auch die Folgeschäden, also diejenigen Schäden, die sich nur mittelbar aus der Verletzungshandlung ergeben haben, zugerechnet. Solche Folgeschäden können sowohl als organische als auch als psychische Folgewirkungen entstehen (BGH MDR **2000**, 267). Für die Zurechnung **psychischer Folgeschäden** (z.B. Depressionen, Angstzustände, Traumata) sind im Rahmen der haftungsausfüllenden Kausalität Besonderheiten zu berücksichtigen. Nicht erforderlich ist, dass für den Schädiger die psychisch bedingten Folgeschäden vorhersehbar waren. Es muss jedoch eine hinreichende Gewissheit bestehen, dass die Folgeschäden ohne das schadensbegründende Ereignis nicht eingetreten wären (BGHZ **137**, 143, 145).

Hinsichtlich der angesprochenen Fälle der **Vorschäden** findet eine Zurechung über die haftungsausfüllende Kausalität insoweit nicht statt, wenn das haftungsbegründende Verhalten nur zufälliger Auslöser eines psychischen Folgeschadens ist (OLG Hamm MDR **2002**, 334) oder wenn die Folgeschäden in einem **groben Missverhältnis** zum schädigenden Ereignis stehen und somit außerhalb aller Lebenswahrscheinlichkeit liegen (BGH NJW **1998**, 810; BGH MDR **2000**, 267).

Beispiel:

A stieß beim Rückwärtsparken das hinter im stehende Fahrzeug der B leicht an. Nunmehr aufgetretene Angstzustände der B hinsichtlich des Autofahrens sind A als Folgeschäden nicht zuzurechnen.

Eine Zurechnung psychischer Folgeschäden entfällt auch in den Fällen der so genannten **Renten- und Begehrungsneurosen**:

Der Geschädigte nimmt das Unfallgeschehen als Anlass dazu, um sich wegen eines bereits bestehenden inneren Konflikts den Schwierigkeiten und Belastungen des Alltags zu entziehen (BGHZ **20**, 137; BGH MDR **2000**, 267, 268; *Jauering/Teichmann* Vor § 249 BGB Rz. 32).

Bestand bei Eintritt des schädigenden Ereignisses schon eine der geschädigten Person oder Sache innewohnende **Schadensanlage**, die im Ergebnis zu demselben Schaden geführt hätte, so beschränkt sich die Schadensersatzpflicht auf die durch den früher eingetretenen Schaden hervorgerufene Beeinträchtigung (BGHZ **20**, 280).

Beispiel:

B fährt rückwärts mit seinem Bagger in ein Gewächshaus und zerstört es. Allerdings wäre das Gewächshaus ohnehin in zwei Wochen abgerissen worden, um einem Neubau Platz zu machen. Die Schadensersatzpflicht beschränkt sich demnach hier auf die Kosten für den Ausfall der Nutzung des Gewächshauses für die Dauer von zwei Wochen.

Ferner fällt ein Schaden nicht unter den Schutzzweck der Norm, wenn er auch bei **rechtmäßigem Alternativverhalten** des Schädigers eingetreten wäre (*Medicus* BR Rz. 852). Hier wird die Bedeutung der Prüfung der haftungsausfüllenden Kausalität besonders deutlich. Dient die verletzte Norm gerade dazu, den eingetretenen Schaden zu verhindern? Bei der Verneinung dieser Frage, fehlt es an dem für Zurechnung erforderlichen Pflichtwidrigkeitszusammenhang (*Larenz/Canaris* I § 30 I). Die Beweislast dafür trägt der Schädiger selbst (*Palandt/Heinrichs* Vorb. § 249 BGB Rz. 65).

Beispiel:

B fährt in der Innenstadt mit 70 h/km und überfährt den Hund des A. Allerdings muss er nicht haften, wenn das schädigende Ereignis auch unter Einhaltung der zulässigen Höchstgeschwindigkeit eingetreten wäre.

VI. Einschränkung und Ausschluss der Haftung

Liegen besondere Voraussetzungen vor, so kann sich für den Geschädigten eine Haftungseinschränkung oder ein Haftungsausschluss ergeben.

Ein **Mitverschulden** nach § 254 BGB kann je nach Verschuldensgrad des Geschädigten einen Anspruch gegen den Schädiger anteilig verkürzen oder gänzlich entfallen lassen (BGHZ **98**, 148, 158). Allerdings führt das Verschulden des Geschädigten nur dann zu einer Herabsetzung des Schadensersatzanspruchs, wenn es für die Rechts(gut)verletzung zumindest i.S.d. Adäquanztheorie mitursächlich gewesen ist. Ferner setzt § 254 BGB voraus, dass die vom Geschädigten verletzte Pflicht bezweckt, Schäden wie den eingetretenen zu verhindern. Demzufolge wird auch in diesem Zusammenhang die Zurechnung durch den Schutzzweck der Norm begrenzt (BGHZ **132**, 164, 172; BGH NJW **2002**, 2232).

Beispiel:

Die Nichtkundin S parkt ihren Pkw rechtswidrig auf dem Privatparkplatz des Modehauses M und wird infolge dessen abgeschleppt. Das Abschleppunternehmer A beschädigte während des Abschleppvorgangs den Lack des Pkws. Nun verlangt S Schadensersatz von A nach § 823 Abs. 1 BGB. A kann sich jetzt nicht darauf berufen, dass S ein Mitverschulden treffe, weil sie rechtswidrig geparkt habe und nur aus diesem Grunde abgeschleppt werden musste.

Überdies erfasst § 254 BGB Fälle, in denen sich der Geschädigte selbst schuldhaft in eine gefährliche Situation begibt und daraufhin geschädigt wird (BGHZ **43**, 77). Ein solches Verhalten liegt vor, wenn jemand in die Rechtsgutsverletzung mit der Hoffnung einwilligt, dass eine Gefährdung sich nicht verwirklichen würde (**schuldhafte Selbstgefährdung**). Es erfolgt eine Anspruchskürzung für denjenigen, der auf eigene Gefahr hin handelt.

Beispiel:

Teilnahme an besonders gefährlichen Sportveranstaltungen, wie Autorennen (BGH NJW **1974**, 235)

Ist der Schaden durch ein Verschulden des Geschädigten mit verursacht worden, so hat eine **Würdigung und Abwägung** aller Umstände des Einzelfalles zu erfolgen, die über eine Verpflichtung zum Schadensersatz sowie den Umfang des zu ersetzenden Schadens entscheidet. In diese Abwägung fließen das Maß der Verursachung und das Kriterium der Zurechnung beider Seiten mit hinein (BGH NJW **2002**, 2232 f.).

Des Weiteren findet ein Haftungsausschluss nach Ablauf der dreijährigen **Verjährungsfrist** gemäß § 195 BGB statt. Die deliktsrechtlichen Regelungen unterfallen nunmehr den allgemeinen Verjährungsregeln nach §§ 195 ff. BGB, insbesondere den §§ 195, 199 BGB (*Palandt/Sprau* § 852 BGB Rz. 1). Es ist jedoch auch die deliktsrechtliche Sondervorschrift des § 852 BGB zu berücksichtigen. Der § 852 Satz 1 BGB enthält eine **Rechtsfolgenverweisung** auf die bereicherungsrechtlichen Vorschriften nach §§ 812 ff. BGB (BGHZ **71**, 86). Es müssen also nicht die tatbestandlichen Voraussetzungen der jeweiligen bereicherungsrechtlichen Regelung vorliegen, sondern sie finden nur hinsichtlich des Anspruchsumfangs Anwendung (*MüKo/Wagner* § 852 BGB Rz. 5). Danach besteht trotz Eintritts der Verjährung ein Schadensersatzanspruch gegen den Schädiger, wenn er durch die unerlaubte Handlung auf Kosten des Geschädigten etwas erlangt hat. Allerdings ist die Höhe des Anspruchs dadurch begrenzt, wonach der Schädiger zur Herausgabe seiner ungerechtfertigten Bereicherung verpflichtet wäre(*MüKo/Wagner* § 852 BGB Rz. 5).

Ebenso können vertragliche Vereinbarungen zu einer Anspruchseinschränkung oder Verkürzung führen (sog. **Freizeichnung**).

VII. Zusammenfassung

Vorprüfung: Anwendbarkeit

- grundsätzlich Vorrang der §§ 987 ff. BGB, Arg: § 993 I BGB a.E.
- §§ 677, 683 Satz 1 BGB

I. Tatbestand

1. Rechts(-guts)verletzung

- Leben: Tötung. **Beachte**: § 844 BGB
- Körper: Körperverletzung und Gesundheitsbeeinträchtigung
- Freiheit: Entziehung der körperlichen Bewegungsfreiheit oder Nötigung zu einer Handlung durch Drohung, Zwang, Täuschung
- Eigentum: Beeinträchtigung der in § 903 eingeräumten Befugnisse
- sonstige Rechte: nur die Rechte, die nach Art des Eigentums absolut gegenüber jedermann gelten

Beachte: Forderungen (= relative Rechte) und das Vermögen sind KEINE sonstigen Rechte i.S.d. § 823 Abs. 1 BGB

2. Verletzungshandlung

- ist erforderlich, um die Rechts(-guts)verletzung dem Schädiger zuzurechnen
  - positives Tun
  - Unterlassen: ist nur rechtserheblich, wenn Pflicht zum Handeln besteht (Garantenpflicht), diese ergibt sich aus: Gesetz, Vertrag, Ingerenz, Verkehrssicherungspflicht

3. Haftungsbegründende Kausalität

- kausaler Zusammenhang zwischen Verletzungshandlung und Rechtsgutsverletzung
- erfolgt anhand von 3 Stufen:
  1. Äquivalenztheorie
  2. Adäquanztheorie
  3. Lehre vom Schutzzweck der Norm

II. Rechtswidrigkeit

- Tatbestandsmäßigkeit indiziert die Rechtswidrigkeit nach der Lehre vom Erfolgsunrecht, h.L.
- Ausnahme bei Vorliegen von Rechtfertigungsgründen:
  – Notwehr § 227 BGB
  – Defensivnotstand § 228 BGB

– Aggressivnotstand § 904 BGB
– Selbsthilfe §§ 229, 230 BGB
– Duldungspflichten, §§ 906 ff. BGB
– Berechtigte GoA §§ 677, 683 Satz 1 BGB
– Festnahmerecht § 127 StPO
– (mutmaßliche) Einwilligung
– Wahrnehmung berechtigter Interessen §§ 193 StGB, 824 Abs. 2 BGB, 14 UWG
– sonstige Selbsthilferecht: §§ 562 b, 581 Abs. 2, 859, 869, 962 BGB
– weitere AUSNAHME gilt für so genannte Rahmenrechte:
  - Recht am eingerichteten und ausgeübten Gewerbebetrieb
  - allgemeines Persönlichkeitsrecht
  → umfassende Güter- und Interessenabwägung

III. Verschulden

1. Verschuldensfähigkeit nach §§ 827, 828 BGB

- falls dies verneint wird, beachte § 829 BGB

2. Schuldhafte Handlung nach § 276 Abs. 1 BGB

- Vorsatz
- Fahrlässigkeit: objektiver Sorgfaltsmaßstab

3. Haftungsmilderung/Haftungsverschärfung

- vertragliche/gesetzliche Haftungsmilderungen/-verschärfungen

IV. Schaden

- Vermögensschäden, §§ 249 ff. BGB
- Immaterielle Schäden, § 253 Abs. 2 BGB

V. Haftungsausfüllende Kausalität

- Kausalzusammenhang zwischen Rechtsgutsverletzung und Schaden

VI. Rechtsfolge

- Ersatz des durch die Rechts(-guts)verletzung entstandenen Schadens, §§ 249 ff. BGB
- Mitverschulden nach § 254 BGB

Beachte: bei Personenschäden §§ 842, 843 BGB

Kapitel 3: Die Rahmenrechte

Unter die **sonstigen Rechte** im Sinne des § 823 Abs. 1 BGB fallen auch die so genannten Rahmenrechte (*Medicus* SR II Rz. 814). Das allgemeine Persönlichkeitsrecht und das Recht am eingerichteten und ausgeübten Gewerbebetrieb stellen Rahmenrechte dar (BGH NJW **2002**, 2317; *Fikentscher* SR Rz. 1205). Dies bedeutet, dass diese Rechte im Unterschied zu den absolut geschützten Rechtsgütern solche Rechtspositionen schützen, denen das objektive Recht zwar eine gesicherte Stellung anerkennt, diese aber **nicht vor jedem Eingriff** eines **Dritten schützt** (*Fikentscher* SR Rz. 1216). Die Besonderheit der Prüfung einer Verletzung der so genannten Rahmenrechte liegt darin, dass nur durch eine **umfassende Abwägung** von Gütern und Interessen ermittelt werden kann, ob auf der einen Seite der Rechtsträger oder auf der anderen Seite der Schädiger im Recht ist (*Medicus* SR II Rz. 814).

A. Das allgemeine Persönlichkeitsrecht

Das Rahmenrecht in Gestalt des allgemeinen Persönlichkeitsrechts umfasst das Recht des einzelnen auf **Achtung** und **Entfaltung seiner individuellen Persönlichkeit** gegenüber dem Staat und im privaten Rechtsverkehr (BGHZ **24**, 72, 76; BGHZ **27**, 284, 286). Es wurde durch die Rechtsprechung des **BGH** aus Art. 1, 2 GG entwickelt (BGHZ **13**, 334):

> *»Nachdem nunmehr das Grundgesetz das Recht des Menschen auf die Achtung seiner Würde (Art. 1 GG) und das Recht auf freie Entfaltung seiner Persönlichkeit auch als privates, von jedermann zu achtendes Recht anerkennt, soweit dieses Recht nicht die Rechte anderer verletzt oder gegen das Sittengesetz verstößt (Art. 2 GG), muss das allgemeine Persönlichkeitsrecht als ein verfassungsmäßig gewährleistetes Grundrecht angesehen werden.«*

Allerdings ist das zivilrechtliche allgemeine Persönlichkeitsrecht mit dem grundrechtlich verankerten Persönlichkeitsrecht bzw. dem Schutz der Menschenwürde und deren Schutzwirkung **nicht gleich** zu setzen (BVerfG NJW **2001**, 594). Das zivilrechtliche allgemeine Persönlichkeitsrecht berechtigt den Rechtsträger, sich gegen herabsetzende, falsche und ungebetene öffentliche Darbietungen, oder ungebetene heimliche Wahrnehmungen seiner Person zu wehren (BVerfGE **101**, 361 ff.). Denn die Entscheidung über die Art und Weise der Darstellung in der Öffentlichkeit soll jedem selbst obliegen.

Prüfungsschema des allgemeinen Persönlichkeitsrechts

1. Subsidiarität
2. Eingriff in den Schutzbereich des allg. Persönlichkeitsrechts
3. Rechtswidrigkeit
4. Verschulden
5. Schaden
6. Haftungsausfüllende Kausalität

I. Subsidiarität

Neben dem Schutz der Persönlichkeitssphäre stehen als **speziellere Regelungen** das Namensrecht nach § 12 BGB, das Recht am eigenen Bild nach §§ 22 ff. KunstUrhG, das Urheberpersönlichkeitsrecht nach § 11 UrhG sowie das Bundesdatenschutzgesetz (BDSG). Demzufolge kommt dem allgemeinen Persönlichkeitsrecht aufgrund dieser Subsidiarität eine **Auffangfunktion** zu. Eine Ausnahme davon stellt der Anspruch auf Schmerzensgeld nach § 823 Abs. 1 BGB i.V.m. § 253 Abs. 2 BGB dar. Ein solcher Anspruch ist in den Spezialgesetzen nicht vorgesehen, so dass in diesen Fällen auf § 823 Abs. 1 BGB zurückgegriffen werden muss. Wurde **vorsätzlich** in das allgemeine Persönlichkeitsrecht eingegriffen, so ist **neben** dem Schutz aus § 823 Abs. 1 BGB auch ein Anspruch aus § 823 Abs. 2 BGB i.V.m. § 185 StGB und § 826 BGB möglich.

II. Gegenstand des allgemeinen Persönlichkeitsrechts

Merke:
Das allgemeine Persönlichkeitsrecht umfasst das Recht des Einzelnen auf Achtung und Entfaltung seiner Persönlichkeit (*Kropholler* § 823 BGB Rz. 14).

Die Bestimmung des **Inhalts** des allgemeinen Persönlichkeitsrechts muss aufgrund der Einordnung als Rahmenrecht jeweils fallspezifisch anhand einer Interessenabwägung erfolgen und somit einzelfallabhängig ausgefüllt werden (BVerfG NJW **1993**, 1463). Demzufolge müssen Tatbestand und Rechtswidrigkeit einheitlich betrachtet werden um zu prüfen, ob ein Anspruch auf Schadensersatz bejaht werden kann (*Jauernig/Teichmann* § 823 BGB Rz. 67). Zur Bestimmung dieses Inhalts wurden drei Sphären entwickelt (BVerfG **54**, 148; *Larenz/Canaris* II/2 § 80 II 4.a), die zur Orientierung für die Güterabwägung dienen:

- Intimsphäre
- Privatsphäre
- und Individualsphäre

Merke:

Die einzelnen Sphären genießen unterschiedlich hohen Schutz. Es kommt stets darauf an, in welche Sphäre eingegriffen wird.

Individualsphäre/Privatsphäre/Intimsphäre

Die **Individualsphäre** ist die Sphäre, in die mit der höchsten Toleranzschwelle Dritte eingreifen können. Die Toleranzschwelle nimmt über die Privatsphäre hin zu der Intimsphäre ab. Im Hinblick auf den jeweiligen Umfang der Sphären ist die Toleranzschwelle proportional.

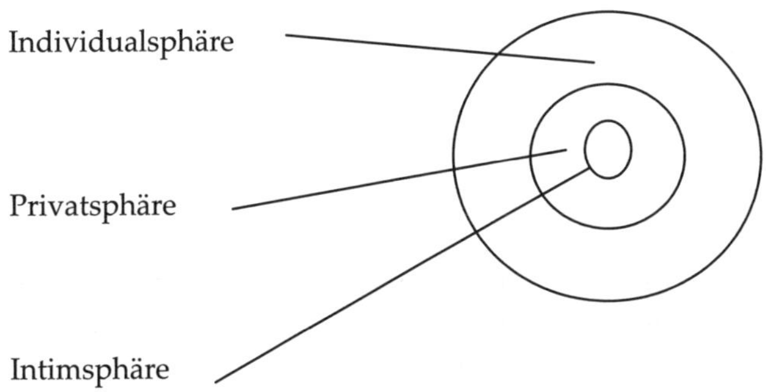

1.) Intimsphäre

Die **Intimsphäre** stellt den Kern der Persönlichkeit, die innere Gedanken- und Gefühlswelt mit ihren äußeren Erscheinungsformen dar und andere Angelegenheiten, die ihrer Natur nach der Geheimhaltung unterstehen (*Kropholler* § 823 BGB Rz. 15). Diese Sphäre umfasst den innersten und persönlichsten Teil des Privatlebens und genießt aus diesem Grund **absoluten** Schutz (BVerfG NJW **1996**, 1707). Sie ist unantastbar, so dass jegliche Eingriffe in diese Sphäre rechtswidrig sind.

Beispiel:

Eine Beeinträchtigung der Intimsphäre liegt bei der Veröffentlichung von Briefen, Tagebüchern, Bild- und Tonbandaufzeichnungen vor, sowie bei der Verwendung von Bildern, Namen etc. zu Werbezwecken und bei ehrverletzendem Verhalten (BGH **13**, 338; **15**, 262).

2.) Privatsphäre

Der Schutzzweck der **Privatsphäre** ist die Unantastbarkeit des Lebens im häuslichen und familiären Bereich eines jeden (*Schulze/Staudinger* HK § 823 BGB Rz. 99). Dieser Bereich ist der Außenwelt entzogen, so dass Informationen ohne Einwilligung des Betroffenen nicht nach außen gelangen dürfen. Insgesamt umschließt die Privatsphäre einen größeren Lebensbereich des Einzelnen und somit einen weiteren Schutzumfang als die Intimsphäre. Eingriffe in die Privatsphäre können durch ein berechtigtes öffentliches Interesse im Rahmen der Güterabwägung gerechtfertigt werden (*Kropholler* § 823 BGB Rz. 15; *Jauernig/Teichmann* § 823 BGB Rz. 67).

Beispiel:

Paparazzi-Fotos (BGHZ 24, 200; BGHZ 131, 332)

Der Fotograf F interessiert sich aus medienwirksamen Gründen sehr für das Privatleben des Politikers P. Aus diesem Grunde macht F Fotos, die P u.a. beim Grillen im Garten zeigen und veröffentlicht diese.

Selbstverständlich untersteht auch das Privatleben des einfachen Bürgers dem Schutz der Privatsphäre. Fertigt F heimlich von seinem Nachbar N beim Grillen im Garten Fotos an, so verletzt F dadurch ebenfalls die Privatsphäre des N.

3.) Individualsphäre

Die **Individualsphäre** ist die am weitesten gehende Sphäre. Sie umfasst die Beziehungen des Einzelnen zu seiner Umwelt, insbesondere seine öffentliche und berufliche Tätigkeit, sowie sein Selbstbestimmungsrecht (BVerfG NJW **2000**, 1859, 1860). Aus diesem Grunde genießt diese Sphäre den geringsten Schutz. Eingriffe sind danach schon bei berechtigten Interessen gerechtfertigt.

Beispiel:

(BVerfG NJW **2000**, 1859 – Soldatenmord von Lebach)

Ein privater Fernsehsender produzierte einen Dokumentar-Film über einen 25 Jahre zurückliegenden Überfall auf ein Munitionsdepot der Bundeswehr, bei dem vier Soldaten der Wachmannschaft getötet worden waren. Ein noch inhaftierter und ein inzwischen wieder in Freiheit befindlicher Tatbeteiligter wollten die Ausstrahlung verhindern. Das BVerfG sprach den Straftätern jedoch keinen Anspruch aus dem allgemeinen Persönlichkeitsrecht zu, der ihnen vermittelt, nie wieder mit der Tat konfrontiert zu werden. Begründung war zum einen der zeitliche Abstand zur Tat und zum anderen, dass die Täter weder namentlich noch bildhaft in dem Film in Erscheinung treten sollten. Das allgemeine Persönlichkeitsrecht trat in diesem Fall demnach hinter der Rundfunkfreiheit zurück.

Dieser Sachverhalt lag dem Bundesverfassungsgericht schon einmal vor 27 Jahren zur Entscheidung vor. Damals wollte das ZDF bereits kurze Zeit nach dem Überfall den Hergang verfilmen. In Anbetracht der damals noch bestehenden Zeitnähe zur Tat hat das Bundesverfassungsgericht die Ansicht vertreten, dass die persönliche Anonymität (Resozialisierung) schwerer wiege als das allgemeine Informationsbedürfnis (BVerfG **35**, 231). Der Straftäter war hier also grundsätzlich in unmittelbarem zeitlichen Zusammenhang mit der Tat vor der **Prangerwirkung** der Massenmedien zu schützen, da dadurch seine Resozialisierungschancen hätten beeinträchtigt werden können und auch seine Familie erheblichen Unbilligkeiten ausgesetzt gewesen wäre (*Larenz/Canaris* II/2 § 80 II 5.g).

Nach 27 Jahren konnte dieser Argumentationsweg keinen entsprechenden Halt mehr finden, so dass es letztendlich zu erst genannter Entscheidung des Bundesverfassungsgerichts (BVerfG NJW **2000**, 1859) kam.

Ferner wirkt der Schutz des allgemeinen Persönlichkeitsrechts in gewissem Umfang auch über den Tod des ehemaligen Rechtsträgers hinaus (BGHZ **50**, 133, 136 ff. – Mephisto). Dieser **postmortale Schutz** bewirkt, dass das einstige Persönlichkeitsbild des Toten gegen jegliche Beeinträchtigungen geschützt wird (*Jauernig/Teichmann* § 823 BGB Rz. 69).

Bei einer Beeinträchtigung einer der drei Sphären ist ein Eingriff in das allgemeine Persönlichkeitsrecht nach § 823 Abs. 1 BGB zu bejahen.

III. Fallgruppen

Die Rechtsprechung hat innerhalb dieser Sphären weitere relevante Fallgruppen herausgebildet:

1. Ehrschutz

Einen der elementarsten Bereiche des allgemeinen Persönlichkeitsschutzes stellt **das Recht der persönlichen Ehre** dar, worunter der Schutz von **Ruf und Ansehen** des Einzelnen fällt. Gemeint ist damit der soziale Geltungs- und Achtungsanspruch des Menschen (*Bamberger/Roth* Anh. § 823 BGB Rz. 31). Geschützt werden aber ebenso juristische Personen und nichtrechtsfähige Personenvereinigungen, wie politische Parteien und Gewerkschaften (*Jauernig/Teichmann* § 823 BGB Rz. 69). Durch das Hervorrufen eines falschen Persönlichkeitsbildes besteht eine so wesentliche, dem deliktischen Schutz unterfallende Verletzung des allgemeinen Persönlichkeitsrechts. Dies bejahte der BGH unter anderem, wenn Personen ohne oder gegen ihren Willen zu Werbezwecken für ein bestimmtes Produkt benutzt wurden (BGHZ **26**, 394; **35**, 363; **80**,7). Bei Eingriffen in diesen Bereich liegt immer eine Beeinträchtigung des allgemeinen Persönlichkeitsrechts vor, welche auch unter Berücksichtigung von Grundrechten nicht gerechtfertigt werden kann (*Schulze/Staudinger* § 823 BGB Rz. 98). Darüber hinausgehend ist bei Ehrverletzungen stets auch ein Anspruch aus § 823 Abs. 2 BGB i.V.m. § 185 StGB gegeben (*Schulze/Staudinger* § 823 BGB Rz. 98).

Rechtsprechung:

- Eine Wochenzeitschrift äußerte sich kritisch über *Dr. Schacht*, einen Wirtschaftsminister zu NS-Zeiten, der ein Bankgeschäft gegründet habe. Das Schreiben des

Rechtsanwalts von *Dr. Schacht* an die Zeitschrift, in dem er sie zur Berichtigung des Artikels aufforderte, wurde in der Zeitschrift als Leserbrief veröffentlicht. Durch die Auslassung einzelner Textpassagen wurde dem Anwalt als eigene Meinung unterstellt, was er nur für seinen Mandanten geäußert hat. Dadurch wurde der Eindruck erweckt, dass sich der Rechtsanwalt als Privatmann aus eigenem Antrieb für *Dr. Schacht* einsetzte (BGHZ **13**, 334 – **Leserbriefurteil**).

- Ein Professor des Völker- und Kirchenrechts wird fälschlicherweise als Ginsengwurzel-Forscher in einer Zeitschrift bezeichnet und überdies als Werbeträger für die potenzfördernde Wirkung der **Ginsengwurzel** zitiert (BGHZ **35**, 363).
- Durch die Veröffentlichung des Lichtbilds eines **Herrenreiters** mit seinem Pferd, der sich auf einem Reitturnier engagiert, wird dieser fälschlicherweise mit der potenzfördernden Wirkung eines Arzneimittels in Verbindung gebracht (BGHZ **26**, 349).
- Eine Fernsehansagerin wird in der Zeitschrift »stern« als ausgemolkene Ziege bezeichnet, bei deren Anblick den Zuschauern die Milch sauer werde (BGHZ **39**, 124 – Dagmar Berghoff).
- Einem Anwalt wird unterstellt, er bagatellisiere NS-Verbrechen und stehe dem Gedankengut des Nationalsozialismus positiv gegenüber (BGHZ **31**, 308).
- Karikatur des Bayrischen Ministerpräsidenten in der Zeitschrift »konkret«(BVerfG NJW **1987**, 2661).

Weitere lesenswerte Rechtsprechung:

- Mephisto (BGHZ **50**, 133)
- Panorama (BGHZ **66**, 182)
- Caroline von Monaco (BGH NJW **1995**, 861)
- Susann Stahnke (LG-Hamburg NJW-RR **2000**, 978)
- Soldaten sind Mörder (BVerfG NJW **1994**, 2943)

2. Schutz des eigenen Bildes

Der Schutz des eigenen Bildes ist in §§ 22, 23 KUrhG (Kunsturhebergesetz) niedergelegt. Das KUrhG stellt im Sinne des Art. 2 Abs. 1 GG einen Schrankenvorbehalt dar und ist ebenso auf das zivilrechtliche allgemeine Persönlichkeitsrecht anwendbar (*Schulze/Staudinger* § 823 BGB Rz. 106). Demnach hat bei widerstreitenden Interessen (z.B. allgemeines Persönlichkeitsrecht versus Meinungsfreiheit) eine Abwägung nach den verfassungsrechtlichen Vorgaben über die Ausstrahlungswirkung der Grundrechte und über die Figur der praktischen Konkordanz innerhalb der Güter- und Interessenabwägung zu erfolgen (*Larenz/Canaris*II/2 § 80 V).

Rechtsprechung:

- Herrenreiter (BGHZ **26**, 349)
- Paparazzi-Fotos (BGHZ **24**, 200; BGHZ 131, 332)

Merke:

Nach § 22 KUrhG wird für die Verbreitung von Bildnissen die Einwilligung des Abgebildeten vorausgesetzt. Soweit diese nicht vorliegt, ist das Recht am eigenen Bild verletzt (BVerfGE **35**, 202, 224; BGH JZ **1997**, 39, 30). Dahingegen macht § 23 KUrhG von dem Einwilligungserfordernis für Bildnisse von Personen der Zeitgeschichte Ausnahmen (BVerfG NJW **2001**, 594, 595 – Willy Brandt Gedenkmünze; BGH NJW **2002**, 2317, 2318 – Marlene Dietrich). Dies hat zur Folge, dass Bildnisse von Personen der Zeitgeschichte grundsätzlich ohne Zustimmung veröffentlicht werden können, sofern dadurch nicht ein »berechtigtes Interesse« der abgebildeten Person verletzt wird (BVerfGE **34**, 269, 282; BGHZ **128**, 1, 10). Dies ist insbesondere der Fall, wenn die betreffende Person gegen ihren Willen in ihrer privaten Umgebung fotografiert worden ist und es insoweit an einem berechtigten Informationsbedürfnis der Allgemeinheit fehlt (*Kötz/Wagner* Rz. 86). Die Berichterstattung dient nämlich hier nur dem Unterhaltungsintersse und macht eine Zustimmung der Person der Zeitgeschichte erforderlich (*Jauernig/Teichmann* § 823 BGB Rz. 75).

3. Schutz des eigenen Namens/Firmenlogos

Ebenso untersteht dem allgemeinen Persönlichkeitsrecht der Schutz, vor unbefugten Dritten nach Belieben mit dem Namen anderer zu verfahren. In diesem Zusammenhang spielt es dabei keine Rolle, ob dadurch eine Minderung des Rufs und des Ansehens des Geschädigten nicht verbunden ist.

Beachte:

Nach § 12 BGB besteht ein Namensrecht des Einzelnen. Wird dieses verletzt, kann der Geschädigte die **Beseitigung der Beeinträchtigung** infolge des unbefugten Gebrauchs des Namens verlangen (Palandt/Sprau § 823 BGB Rz. 33). Dahingegen hat der Geschädigte über den Schutz des allgemeinen Persönlichkeitsrechts als sonstiges Recht i.S.d. § 823 Abs. 1 BGB einen Anspruch auf **Ersatz des Schadens**, der ihm durch den Missbrauch des Namensrechts entstanden ist (Kötz/Wagner Rz. 85).

Rechtsprechung:

- Marlene Dietrich (BGH **143**, 219; BGH NJW **2001**,2201;02, 2318)
- Carrera (BGHZ **81**, 75)
- Underberg (OLG Hamburg JuS **1986**, 483)

- Caterina Valente (BGHZ **30**, 7): Die Firma *Kukident* setzte C. Valente durch Nennung ihres Namens unbefugt in einer Werbeanzeige für ein Präparat zur Reinigung und Befestigung von Zahnprothesen ein, welche in der Öffentlichkeit zu Werbezwecken verwendet wurde.

4. Schutz schriftlicher Aufzeichnungen

Alle selbst verfassten und vertraulichen Äußerungen in Schriftform, die der Verfasser nicht veröffentlicht wissen möchte, unterliegen dem Schutz des allgemeinen Persönlichkeitsrechts (*Bamberger/Roth* Anh. § 823 BGB Rz. 36). Grundsätzlich obliegt also jeder Person das Recht, selbst zu entscheiden, was und in welchem Umfang der Öffentlichkeit zugänglich gemacht werden soll (BGHZ **13**, 338, 339 – Leserbrief).

Rechtsprechung:

- Leserbrief (BGHZ **13**, 334)
- Cosima Wagner (BGHZ **15**, 249)
- Ärztliche Weitergabe über Gesundheitszustand (BGHZ **24**, 73)

5. Schutz privater Gespräche

Das nicht öffentlich gesprochene Wort soll nur im Einverständnis der Gesprächspartner veröffentlicht werden (*Palandt/Sprau* § 823 BGB Rz. 11). Es obliegt demnach auch in diesem Zusammenhang dem Einzelnen das Recht, selbst zu entscheiden, was veröffentlicht werden soll (BGH NJW **2003**, 2375).

Rechtsprechung:

- Heimliche Tonbandaufnahme (BVerfGE **34**, 238; BGHZ **27**, 284; BGH NJW **1987**, 2667)
- Abhöraffäre (BGHZ **73**, 120)

IV. Rechtswidrigkeit

Das allgemeine Persönlichkeitsrecht kann, wie die obigen Ausführungen gezeigt haben, nicht konkret definiert werden (*Jauernig/Teichmann* § 823 BGB Rz. 67). Es besitzt demnach einen sehr weit gefassten Schutzbereich, der begrenzt wird, um eine Ausuferung der Schadensersatzpflicht zu verhindern. Dies erfolgt bei solchen »offenen Tatbeständen«, indem die Rechtswidrigkeit nicht ad ius durch die Tatbestandsmäßigkeit indiziert wird (BGHZ **24**, 72, 78). Die Bestimmung des Inhalts des allgemeinen Persönlichkeitsrechts hat somit aufgrund der Einordnung als Rahmenrecht jeweils fallspezifisch anhand einer Güter- und Interessenabwägung zu erfolgen

(BVerfG NJW **1993**, 1463; *Erman/Schiemann* § 823 BGB Rz. 48; *Jauernig/Teichmann* § 823 BGB Rz. 67). Dazu müssen demzufolge Tatbestand und Rechtswidrigkeit einheitlich betrachtet werden, um eine rechtswidrige Beeinträchtigung bejahen zu können (BGHZ **138**, 311, 313 ff.; *Deutsch/Ahrens* Rz. 200).

Merke:

Innerhalb der Rahmenrechte indiziert die Tatbestandsmäßigkeit **nicht** die Rechtswidrigkeit. Nur rechtswidrige Eingriffe sind tatbestandsmäßig (*Schulze/Staudinger* § 823 BGB Rz. 91).

Bei der Abwägung sind die jeweils berührten Interessen und Gegeninteressen (u.U. die den Schädiger begünstigenden Grundrechte, z.B. Art. 5, 8 GG, oder besondere Rechtfertigungsgründe, wie etwa die Wahrnehmung berechtigter Interessen nach § 193 StGB) einzubeziehen. Es ist festzustellen, in welche Sphäre eingegriffen worden ist (*Kropholler* § 823 BGB Rz. 15). Ferner sind weitere Faktoren, insbesondere die Art und Schwere der Beeinträchtigung, ihre Motivation, der Zweck und das Verhalten des Verletzten selbst zu berücksichtigen (BGHZ **13**, 334, 338; BGH NJW **04**, 596; *Fikentscher* Rz. 1225; *Kötz/Wagner* Rz. 633). Die Beweislast dafür, dass der Eingriff in sein allgemeines Persönlichkeitsrecht rechtswidrig erfolgte, obliegt dem Verletzten (BVerfG NJW **1980**, 2070).

Wurde ein Eingriff in die **Intimsphäre** bejaht, so ist aufgrund der Schutzbedürftigkeit dieser Sphäre ein Eingriff **generell rechtswidrig** (*Palandt/Sprau* § 823 BGB Rz. 87). Dieser absolut unantastbare Bereich ist vor jeglichen Eingriffen Dritter geschützt (BVerfGE **6**, 32, 41 – Elfes). Eine Rechtfertigung des Eingriffs kann aufgrund des absoluten Persönlichkeitsschutz somit **nie** erfolgen.

Beispiel:

Der Jurastudent J installiert heimlich im Bad seiner Mitbewohnerin M eine Webcam und stellt die Aufnahmen ohne Wissen der M in das Internet. Die Aufnahmen zeigen die M bei ihrer täglichen Körperpflege.

In der Veröffentlichung der Aufnahmen liegt ein Eingriff in die Intimsphäre der M. Eine Rechtfertigung für J hinsichtlich dieses Eingriffs kann und darf es nicht geben.

Liegt hingegen ein Eingriff in die **Privatsphäre** vor, so ist dieser gerechtfertigt, soweit er aus **besonderen Gründen der Allgemeinheit** erforderlich ist. Der Schutz des engeren persönlichen Lebensbereiches kann demnach zugunsten Dritter zurückstehen.

Beispiel:

Im Rahmen der Sendung XY werden Bilder und Informationen über den eines Bankraubs tatverdächtigen B ausgestrahlt, um zweckdienliche Hinweise aus der Bevölkerung über den Aufenthaltsort des B zu erhalten.

Die Mitteilung von Bild und Namen des Tatverdächtigen soll auch in unterhaltenden Fernsehsendungen im Fahndungsinteresse zulässig sein (*Jauernig/Teichmann* § 823 BGB Rz. 75).

Ein Eingriff in die **Individualsphäre** ist schon bei **berechtigtem Interesse** gerechtfertigt.

> **Beispiel:**
>
> Die deutsche Politikerin M unterstützt kritiklos die Ansicht des Präsidenten des Landes A, dass auch die Bundeswehr zum Auslandseinsatz im Land I antreten müsse. Zum Karneval wird auf einem Festzug nunmehr die M als Karikatur gezeigt, wie sie gerade mit Anlauf dem ebenfalls als Pappfigur nachgebildeten Präsidenten in das dargestellte Hinterteil hineinläuft. Hiermit soll mit Humor Kritik hinsichtlich des Verhaltens der M geäußert werden.

Satirische Darstellungen können im individuellen Fall als Kunst einzustufen sein (*Schulze/Staudinger* § 823 BGB Rz. 106). Satire und Karikatur ist wesenseigen, dass sie mit Übertreibungen, Verzerrungen, Verfremdungen arbeiten und zum Lachen reizen wollen (*Palandt/Sprau* § 823 BGB Rz. 107).

Ein aufwendig über das Jahr hin erstellter Motivwagen mit politischem Bezug ist als Kunst zu sehen. Auch steht die M im öffentlichen Leben und muss akzeptieren, dass ihre politische Arbeit auch mit dem Mittel der Kunst und insbesondere der Satire von der Gesellschaft kritisiert wird. Die Möglichkeit, Kritik öffentlich auszuüben, ist in einer Demokratie unerlässlich und stellt ein berechtigtes Interesse dar, welches dem Schutzes der Individualsphäre in diesem Falle auch vorgeht.

V. Schadensersatz

Problematisch ist in diesem Zusammenhang der **Umfang** des Schadensersatzes. Bei der Verletzung des allgemeinen Persönlichkeitsrechts kann der Geschädigte ebenso nach §§ 249 ff. BGB Wiederherstellung des Zustandes verlangen, der ohne das schadensstiftende Ereignis bestünde (*Kötz/Wagner* Rz. 637).

Da das allgemeine Persönlichkeitsrecht nicht nur ideelle, sondern auch kommerzielle Interessen schützt, steht dem Rechtsträger im Hinblick auf die kommerzielle Nutzung ein Schadensersatzanspruch aus § 823 Abs. 1 BGB zu, soweit vermögenswerte Bestandteile des allgemeinen Persönlichkeitsrechts durch eine unberechtigte Verwendung des Bildnisses, des Namens etc. schuldhaft verletzt werden (BGHZ **143**, 214, 219 – Marlene Dietrich).

Beispiel:

Einer Filmschauspielerin werden, nachdem sie fälschlicherweise mit der Unterstützung der Pelzindustrie in Verbindung gebracht wird, keine Schauspielrollen mehr angeboten, so dass sie Einkommensminderungen hinzunehmen hat.

Der Geschädigte hat demnach bei Vorliegen eines rechtswidrigen Eingriffs die Möglichkeit, die **Beseitigung** der eingetretenen Schadensfolgen zu verlangen,

- bei Verschulden nach § 249 Satz 1 BGB (Naturalrestitution)
- ohne Verschulden nach § 1004 BGB analog

oder er kann die **Unterlassung** der Beeinträchtigung nach § 1004 BGB analog verlangen. Im Rahmen der Verletzung des allgemeinen Persönlichkeitsrechts ist jedoch oftmals ein zahlenmäßig belegbarer Vermögensschaden nicht entstanden. In den Fällen, in denen eine Beseitigung oder ein Unterlassen als **Genugtuung** nicht ausreicht, hat die Rechtsprechung einen Anspruch des Verletzten auf Ersatz des immateriellen Schadens aus § 253 Abs. 2 BGB bejaht (BGH NJW **2002**, 2317, 2318 – Marlene Dietrich).

Die Judikatur stützte diesen Anspruch anfangs auf eine Analogie zu § 847 Abs. 1 BGB a.F., leitet ihn aber nunmehr unabhängig hiervon unmittelbar aus § 823 Abs. 1 BGB i.V.m. dem Schutzauftrag aus Art. 1 Abs. 1, Art. 2 Abs. 1 GG ab (*Schulze/Staudinger* § 823 BGB Rz. 112).

Allerdings nur, soweit folgende **Voraussetzungen** gegeben sind (*Schulze/Staudinger* § 823 BGB Rz. 112):

- schwerwiegende Beeinträchtigung des Persönlichkeitsrechts
- Genugtuung hierfür darf nach der Art der Verletzung auf andere Weise (Unterlassen, Widerruf) nicht erreichbar sein.

Beispiel:

Der BGH konstruierte bei Ehrenschutzverletzungen einen Schutzauftrag aus Art. 1, 2 Abs. 1 GG (BGH NJW **1996**, 984). Als über *Caroline von Monaco* wahrheitswidrig verbreitet wurde, sie habe Krebs, erhielt sie aufgrund dessen eine Entschädigung zugesprochen.

Im Unterschied zum Schmerzensgeld tritt die Genugtuung des Geschädigten in diesem Zusammenhang in den Vordergrund. Der Ausgleichsgedanke rückt in diesen Fällen in den Hintergrund.

Beachte:

Wird das postmortale Persönlichkeitsrecht verletzt, scheidet ein Anspruch auf Geldentschädigung aus, da logischerweise kein Bedürfnis mehr für eine Genugtuung besteht (*Schulze/Staudinger* § 823 BGB Rz. 112).

VI. Haftungsausfüllende Kausalität

Im Rahmen dieses Prüfungspunktes wird der Ursachenzusammenhang zwischen dem rechtswidrigen Eingriff in das allgemeine Persönlichkeitsrecht und dem entstandenen Schaden untersucht.

VII. Zusammenfassung

I. Subsidiarität

- § 12 BGB, §§ 22 ff. KunstUrhG, § 11 UrhG, BDSG

II. Gegenstand des allgemeinen Persönlichkeitsrechts

- es umfasst das Recht des Einzelnen auf Achtung und Entfaltung seiner Persönlichkeit
- Unterteilung in drei Bereiche: Individual-, Privat-, Intimsphäre

→ bei Beeinträchtigung einer der 3 Sphären ist ein Eingriff in § 823 I BGB (+)

III. Rechtswidrigkeit

- sog. Rahmenrecht → positive Feststellung eines Eingriffs durch umfassende Güter- und Interessenabwägung
- Eingriff in Intimsphäre: Eingriff immer rechtswidrig
- Eingriff in Privatsphäre: Eingriff nur zulässig, wenn aus bes. Gründen der Allgemeinheit erforderlich
- Eingriff in Individualsphäre: Eingriff bei berechtigten Interessen gerechtfertigt

IV. Verschulden

V. Schaden

VI. Haftungsausfüllende Kausalität

- Ursachenzusammenhang zwischen rechtswidrigen Eingriff und entstandenem Schaden

B. Recht am eingerichteten und ausgeübten Gewerbebetrieb

Ein weiteres Rahmenrecht und damit ein **sonstiges Recht** im Sinne des § 823 Abs. 1 BGB stellt das Recht am eingerichteten und ausgeübten Gewerbebetrieb dar (*Larenz/Canaris* II/2 § 75 I 4 b).

Prüfungsschema des Rechts am Gewerbebetrieb

1. Subsidiarität
2. Eingriff in das Recht am eingerichteten und ausgeübten Gewerbebetrieb
3. Betriebsbezogenheit des Eingriffs
4. Rechtswidrigkeit
5. Verschulden
6. Schaden
7. Haftungsausfüllende Kausalität

I. Subsidiarität

Das Recht am eingerichteten und ausgeübten Gewerbebetrieb soll lediglich Lücken im gewerblichen Rechtsschutz ausfüllen (BGHZ **45**, 296, 307; BGH NJW **2003**, 1041). Aus diesem Grunde ist es gegenüber Tatbeständen aus dem UWG, UrhG, GWB und den in § 823 Abs. 1 BGB ausdrücklich genannten Rechtsgütern sowie gegenüber den §§ 823 Abs. 2, 824 ff. BGB **subsidiär** (*Jauernig/Teichmann* § 823 BGB Rz. 96). Dem Recht am eingerichteten und ausgeübten Gewerbebetrieb kommt folglich ebenso wie dem allgemeinen Persönlichkeitsrecht nur Auffangcharakter zu (*Soergel/Beater* Anh. V § 823 BGB Rz. 15).

Folgende Normen gehen vor:

- § 823 Abs. 1 BGB schützt gegen Verletzungen der dem Gewerbetreibenden zu seinem Eigentum oder Besitz gehörenden betriebseigenen Gegenstände.
- § 824 BGB schützt gegen Schädigungen des geschäftlichen Rufs eines Gewerbes durch unwahre Tatsachenbehauptungen.
- § 14 UWG schützt gegen Abwertungen im Wettbewerb.
- § 33 GWB schützt gegen bestimmte Beschränkungen des Wettbewerbs.
- § 823 Abs. 2 BGB schützt in Verbindung mit mehreren Einzelvorschriften.

Merke:

Subsidiarität! Soweit also eine Rechtsgutsverletzung der oben genannten Vorschriften vorliegt, darf eine Verletzung des Rechts am eingerichteten und ausgeübten Gewerbebetrieb **nicht** mehr geprüft werden.

II. Eingriff in das Recht am eingerichteten und ausgeübten Gewerbebetrieb

Das Recht am eingerichteten und ausgeübten Gewerbebetrieb schützt den Inhaber eines Gewerbebetriebs vor Beeinträchtigungen Dritter (*Medicus* SR II Rz. 819). Begrifflich umfasst es alles, was in der Gesamtheit den **wirtschaftlichen Wert** des Betriebs ausmacht (BGH DB **71**, 571). Ein **Gewerbe** ist jede erlaubte und auf Dauer angelegte, mit Gewinnerzielungsabsicht ausgeübte, selbständige Tätigkeit (*Schulze/Staudinger* § 823 BGB Rz. 121; *Jauernig/Teichmann* § 823 BGB Rz. 95). Ausgenommen davon sind Urproduktionen, die Verwaltung eigenen Vermögens, wissenschaftliche, künstlerische und schriftstellerische Tätigkeiten. Mitumfasst ist nach einer im Vordringen befindlichen Meinung die Tätigkeit der **freien Berufe** (z.B. Arzt, Rechtsanwalt, Künstler), obwohl diese kein eigentliches Gewerbe betreiben (*Schulze/Staudinger* § 823 BGB Rz. 121). Diese Tätigkeiten sind ebenso gewerblich ausgerichtet, so dass sie unter den Schutz des Rechts am eingerichteten und ausgeübten Gewerbebetrieb fallen, wenn unmittelbar in ihre Berufstätigkeit eingegriffen wird (*MünchKomm/Mertens* § 823 BGB Rz. 488). Nach der Rechtsprechung des BGH schützt das Recht am eingerichteten und ausgeübten Gewerbebetrieb **nicht nur** vor solchen Eingriffen, die gegen den Bestand des Betriebs (z.B. Betriebsräume, Grundstücke, Maschinen) als solchen gerichtet sind (*Palandt/Sprau*, § 823 BGB Rz. 127; *Bamberger/Roth/Spindler* § 823 BGB Rz. 105). Vielmehr ist dadurch auch der Schutz der betriebseigenen Erscheinungsformen, die dem Gewerbebetrieb spezifisch anhaften, mitumfasst (BGHZ **3**, 270, 279; *MüKo/Mertens* § 823 BGB Rz. 485).

Beispiel:

Organisationsstruktur, Kundenstamm (BGHZ **23**, 157, 162), Außenstände, Geschäftsverbindungen, Betriebsgeheimnisse (BGHZ **107**, 117, 122) und der gesamte unternehmerische Tätigkeitskreis (BGHZ **3**, 270, 279)

III. Betriebsbezogenheit des Eingriffs

Die aufgezeigte Weite des Schutzbereiches des Rechts am eingerichteten und ausgeübten Gewerbetriebs wird durch die Voraussetzung, dass nur unmittelbare und betriebsbezogene Eingriffe eine Rechtsverletzung auslösen können, eingeschränkt (BGHZ **69**, 128, 138 f.). Der Grund dieser Einschränkung liegt darin, dass ohne dieses einschränkende Kriterium die Schadensersatzpflicht über das Recht am eingerichteten und ausgeübten Gewerbebetrieb ansonsten zu einem allgemeinen Vermögensschutz ausgeweitet werden würde (*Bamberger/Roth/Spindler* § 823 BGB Rz. 108).

Betriebsbezogene Eingriffe stellen nur solche Eingriffe dar, die unmittelbar gegen den Betrieb als solchen gerichtet sind und vom Gewerbebetrieb nicht ohne weiteres ablösbare Rechte oder Rechtsgüter betreffen (BGHZ **138**, 311, 317; BGH NJW 2001, 3115, 3117). Es muss sich demzufolge um einen gezielten Eingriff in den **betriebseigenen Organismus** oder in die **unternehmerische Entscheidungsfreiheit** handeln (*Palandt/Sprau* § 823 BGB Rz. 128).

Ein betriebsbezogener Eingriff wird **verneint**, wenn z.B. nur einzelne, zum Betrieb gehörende Arbeitnehmer (BGHZ **7**, 30, 36), Fahrzeuge (BGHZ **29**, 65, 74) oder Maschinen (BGH VersR **1983**, 346, 347) betroffen werden, auch wenn dadurch Produktionsausfälle entstehen. Diese Beurteilung ändert sich ebenso nicht dadurch, wenn sie besonders wichtige Bestandteile des Betriebs darstellen. Das Merkmal der **Betriebsbezogenheit liegt** jedoch **vor**, wenn der Ausfall der Arbeitnehmer oder der Betriebsmittel den Betrieb gänzlich zum Erliegen bringt und er dadurch in seiner **Substanz ernsthaft gefährdet** ist. Bei der Verletzung von Betriebsmitteln, Arbeitnehmern etc. ist allerdings an eine Haftung aus § 823 Abs. 1 BGB zu denken.

Beispiel:

A beschädigt eine zum Betrieb des B gehörende Maschine zum Abfüllen von Frostschutzmittel. Daraufhin erleidet B einen Produktionsausfall und verlangt nach § 823 Abs. 1 BGB Schadensersatz. Zwar liegt ein Schadensersatzanspruch des B gegen A gemäß § 823 Abs. 1 BGB aufgrund einer Eigentumsverletzung an der Abfüllmaschine vor. Allerdings kann B nicht den Produktionsausfall als Schadensersatz nach § 823 Abs. 1 BGB infolge eines Eingriffs in den Gewerbebetrieb ersetzt verlangen. Denn das Eigentum an der Abfüllmaschine stellt ein vom Gewerbebetrieb ablösbares Rechtsgut dar, so dass der Eingriff mangels des Kriteriums der Unmittelbarkeit nicht betriebsbezogen ist.

IV. Fallgruppen

Um das Kriterium der Betriebsbezogenheit zu bestimmen, haben sich verschiedene **Fallgruppen** herausgebildet:

1. Schutzrechtsverwarnung

Diese Gruppe umfasst Fälle, in denen jemand von einem anderen erfolgreich die Einstellung einer bestimmten gewerblichen Tätigkeit unter Berufung auf ein Schutzrecht (Patent, Warenzeichen, Gebrauchsmuster etc.) verlangt (*Larenz/Canaris* II/2 § 81 I 1 a). Stellt sich nachträglich heraus, dass ein solches Schutzrecht nicht bestand, so haftet der Untersagende für den von ihm schuldhaft verursachten Schaden, der dem Untersagten infolge der Einstellung der Tätigkeit entstanden ist (RGZ **58**, 24 – Jutefaser). Dies gilt auch dann, wenn der Untersagende die Unrichtigkeit seiner Behauptung nur infolge unsorgfältiger Überprüfung, also fahrlässig, nicht kennt (*Kötz/Wagner* Rz. 78).

2. Gewerbeschädigende Werturteile

Darunter werden jene Fälle gefasst, bei denen die Abwägung zwischen dem Recht am eingerichteten und ausgeübten Gewerbebetrieb und dem Recht auf Meinungsäußerung bzw. der Pressefreiheit ergibt, dass von letzterer in unzulässiger Weise Gebrauch gemacht wurde (BGHZ **3**, 270 – Constanze). Demnach ist der Gewerbebetreiber gegen gewerbeschädigende herabsetzende Werturteile geschützt (*Larenz/Canaris* II/2 § 81 I 1 a). Oft würde in diesen Fällen eine Lücke des gewerblichen Rechtsschutzes bestehen, da § 826 BGB mangels Verstoßes des Werturteils gegen die guten Sitten oder mangels vorsätzlicher Schädigung nicht eingreift. Ferner fehlt es auch an einem Schutz durch § 824 BGB, da diese Regelung nur vor unwahren Tatsachenbehauptungen schützt (*Kötz/Wagner* DR Rz. 78).

3. Boykottaufruf

Umfasst werden hiervon solche Fallgestaltungen, in denen gezielt Boykottaufrufe, insbesondere durch die Medien, geführt werden, um andere zu bewegen, bestehende Geschäftsbeziehungen zu bestimmten Gewerbebetrieben abzubrechen oder aufzunehmen. Erfolgt der Boykott zu Wettbewerbszwecken, so richtet sich der Schadensersatz nach UWG (Unternehmenswettbewerbsgesetz). Verfolgt der Boykott dagegen nichtwirtschaftliche Interessen, so kommt eine Verletzung des Rechts am eingerichteten und ausgeübten Gewerbebetrieb in Betracht (BGH NJW **1985**, 1620).

4. Rechtswidrige Streiks

Rechtswidrige Streiks stellen Arbeitskampfmaßnahmen dar, die durch Art. 9 Abs. 3 GG nicht gedeckt sind (BAG NJW **1989**, 57, 61). Diese stellen eine Verletzung des Rechts am Gewerbebetrieb dar (BAG NJW **1978**, 2144). Trotz der Rechtmäßigkeit eines Streiks können allerdings auch einzelne im Rahmen des Streiks vorgenommene rechtswidrige Aktivitäten das Recht am eingerichteten und ausgeübten Gewerbebetrieb verletzen (BAG NJW **1989**, 57).

V. Rechtswidrigkeit

Die Ausführungen zum allgemeinen Persönlichkeitsrecht zur Notwendigkeit einer Güter- und Interessenabwägung gelten hier entsprechend.

Beachte:

Auch hier gilt, dass die Tatbestandsmäßigkeit **nicht** automatisch auch die Rechtswidrigkeit indiziert. Vielmehr hat eine positive Feststellung der Rechtswidrigkeit durch eine umfassende Güter- und Interessenabwägung zu erfolgen (*Kropholler* § 823 BGB Rz. 13).

Dabei sind auf Seiten des Geschädigten die **Schwere des Eingriffs** und sein **eigenes Verhalten** zu berücksichtigen (*Kropholler* § 823 BGB Rz. 13).

Auf Seiten des Schädigers muss in die Abwägung hingegen der **Zweck des Eingriffs** und eventuell ausgeübte **Grundrechte** (z.B. Art. 5 und 8 GG), die aufgrund ihrer mittelbaren Drittwirkung einen Eingriff rechtfertigen können, einfließen (*Jauernig/Teichmann* § 823 BGB Rz. 99). Ferner muss untersucht werden, ob das Verhalten des Schädigers ein angemessenes Mittel zur Erreichung des angestrebten Zwecks darstellt (*Kropholler* § 823 BGB Rz. 13).

Beispiele:

- Handeln des Schädigers in Ausübung der Meinungs- und Pressefreiheit (Grenze: unsachliche »Schmähkritik« vgl. BGHZ **3**, 270; **45**, 296)
- Warnung vor Gesundheitsgefahren, BGH NJW **1984**, 1956

VI. Zusammenfassung

1. Subsidiarität

- § 823 Abs. 1 BGB, ausdrücklich genannten Rechtsgüter, §§ 823 Abs. 2, 824 ff. BGB, UWG, UrhG, GWB

2. Eingriff in das Recht am eingerichteten und ausgeübten Gewerbebetrieb

- umfasst die Gesamtheit des wirtschaftlichen Werts des Betriebs

3. Betriebsbezogenheit des Eingriffs

- Eingriff muss sich unmittelbar gegen den eingerichteten und ausgeübten Gewerbebetrieb als solchen richten

4. Rechtswidrigkeit

- sog. Rahmenrecht → positive Feststellung eines Eingriffs durch umfassende Güter- und Interessenabwägung

5. Verschulden

6. Schaden

7. Haftungsausfüllende Kausalität

- Ursachenzusammenhang zwischen rechtswidrigem Eingriff und entstandenem Schaden

Kapitel 4: Verletzung eines Schutzgesetzes – Die Verschuldenshaftung aus § 823 Abs. 2 BGB i.V.m. einem Schutzgesetz

Sinn und Zweck des § 823 Abs. 2 BGB ist es, denjenigen zum Schadensersatz zu verpflichten, der rechtswidrig und schuldhaft »**gegen ein den Schutz des anderen bezweckendes Gesetz verstößt**« und dadurch einem anderen einen Schaden zufügt.

Von der Haftungsform des § 823 Abs. 2 BGB werden also die Fälle erfasst, in denen der Täter gerade kein Rechtsgut oder Recht im Sinne des § 823 Abs. 1 BGB verletzt, sondern einen anderen dadurch schädigt, dass er ein **Schutzgesetz** verletzt (*Brox/Walker* SR BT § 41 Rz. 65). Die Haftung nach § 823 Abs. 2 BGB hängt demnach im Gegensatz zu § 823 Abs. 1 BGB nicht von einem Erfolg, sondern von einem Verhalten, nämlich dem Verstoß gegen ein Schutzgesetz, ab (*Esser/Weyers* SR II/2 § 56 I).

Keine eigenständige Bedeutung hat § 823 Abs. 2 BGB bei der Verletzung von Schutzgesetzen, wenn sie ohnehin die in § 823 Abs. 1 BGB geschützten Rechtsgüter wie Leben, Körper, Freiheit und Eigentum betreffen (*Medicus* SR BT Rz. 822). Solche Schutzgesetze stellen beispielsweise die entsprechenden Normen aus dem StGB dar (§§ 211 ff., 223 ff., 234 ff., 242 ff., 303 ff.). In Verbindung mit diesen Schutzgesetzen kann § 823 Abs. 2 BGB keine über § 823 Abs. 1 BGB hinausgehenden Ansprüche begründen.

Da § 823 Abs. 2 BGB eben keine Rechtsgutsverletzung voraussetzt, erlangt er aber gerade dann besondere Bedeutung, wenn es um den Ersatz des **reinen Vermögensschadens** geht. Wie bereits im vorangegangenen Kapitel festgestellt, wird von § 823 Abs. 1 BGB ein solcher Vermögensschaden nicht erfasst, weil hier nur Vermögensschäden ersetzt werden können, die auf eine Rechtsgutverletzung unmittelbar zurückzuführen sind und das Vermögen als solches kein geschütztes Rechtsgut im Sinne des § 823 Abs. 1 BGB ist (*Larenz/Canaris* II/2 § 77 I 1 c).

Beispiel:

B betrügt A. Da das Vermögen als relatives Recht nicht unter den Schutz des § 823 Abs. 1 BGB fällt, kann A gegen B keinen Schadensersatzanspruch aus Abs. 1 geltend machen. B hat aber den Tatbestand des § 263 StGB erfüllt und somit gegen »ein den Schutz des anderen bezweckendes Gesetz« verstoßen. B ist demnach gemäß § 823 Abs. 2 i.V.m. § 263 StGB gegenüber A schadensersatzpflichtig.

Klausur-Tipp:

Zu beachten ist, dass hinsichtlich § 823 Abs. 2 BGB keine Besonderheiten für die Verhältnisse deliktischer Ansprüche zu den anderen Regelungen des BGB gelten (vgl. Kapitel 7.). Es ist demnach an die Sperrwirkung des EBV nach § 993 Abs. 1 Halbsatz 2 BGB sowie an die berechtigten GoA nach §§ 677, 683 Satz 1 BGB zu denken, die ebenso eine Anwendung des § 823 Abs. 2 BGB ausschließen. Zu § 826 BGB besteht eine Anspruchskonkurrenz, die Normen können demnach bei vorsätzlichen Handlungen nebeneinander angewandt werden (*Larenz/Canaris* II/2 § 77 I 2 b).

Prüfungsschema des § 823 Abs. 2 BGB i.V.m. einem Schutzgesetz

I. Tatbestand
   1. Vorliegen eines Schutzgesetzes
   2. Verletzung des Schutzgesetzes

II. Rechtswidrigkeit

III. Verschulden

IV. Schaden

V. Haftungsausfüllende Kausalität

VI. Rechtsfolgen

I. Tatbestand

Der Tatbestand des § 823 Abs. 2 BGB ist erfüllt, wenn der Schädiger gegen ein Schutzgesetz verstößt und dadurch einen Schaden verursacht.

1. Vorliegen eines Schutzgesetzes

Voraussetzung für einen Anspruch aus § 823 Abs. 2 BGB ist demnach, dass das verletzte Gesetz ein Schutzgesetz darstellt.

Als Schutzgesetz i.S.v. § 823 Abs. 2 BGB kommt gemäß Art. 2 EGBGB grundsätzlich **jede Rechtsnorm** in Betracht (*Esser/Weyers* SR II/2 § 56 I; *Larenz/Canaris* II/2 § 77 II 1). Nach dem Gesetzeswortlaut ist dieser Begriff also sehr weit zu verstehen. Schutzgesetze können daher sowohl Gesetze im formellen Sinn als auch im materiellen Sinne sein, wie Verordnungen, öffentlich rechtliche Satzungen und sogar Gewohnheitsrecht oder im Wege der Rechtsfortbildung entwickelt werden, soweit sie ein Ge- oder Verbot enthalten (*Larenz/Canaris* II/2 § 77 II 1). Allerdings muss das betroffene Schutzgesetz im Zeitpunkt der Verletzung wirksam gewesen sein.

Beispiel:

Bundesgesetze (StVO, StGB, BImSchG), Landesgesetze (Nachbargesetz, Wassergesetz), Polizeiverordnung, Hackfleischverordnung Gemeindesatzung über die Streupflicht, über Vorsichtsmaßnahmen in tollwutgefährdeten Gebieten. **Keine** Schutzgesetze i.S.d. § 823 Abs. 2 BGB stellen die so genannten Verkehrssicherungspflichten dar (BGH NJW **1987**, 2671, 2672).

a. Individualschutz

Entscheidende Voraussetzung für die Annahme eines Schutzgesetz i.S.d. § 823 Abs. 2 BGB ist weiterhin, dass das betreffende Gesetz einen **Individualschutz** beinhaltet (BGHZ **66**, 388, 399). Ein Gesetz mit Individualschutz hat im Gegensatz zum Schutz der Allgemeinheit zum Ziel, gerade den Schutz des Einzelnen oder eines bestimmten Personenkreises zu gewährleisten (*Larenz/Canaris* II/2 § 77 II 2). Dies ist dann der Fall, wenn es dazu dienen soll, dem Einzelnen Schutz vor Verletzungen seiner Rechte, Rechtsgüter oder rechtlich geschützter Interessen zu gewähren (BGHZ **12**, 146, 148; BGH NJW **2004**, 356, 357; *Palandt/Sprau* § 823 BGB Rz. 141). Gerade die meisten Strafvorschriften sind Schutzgesetze im Sinne des § 823 Abs. 2 BGB. Zu beachten ist jedoch, dass Normen, die ausschließlich dem Schutz der Allgemeinheit oder des Staates dienen und nur mittelbar dem Einzelnen zu Gute kommen, nicht als Gesetze mit Individualschutz gelten (*Esser/Weyers* SR II/2 § 56 I).

Beispiel 1:

Die strafrechtlichen Vorschriften über den Hoch- und Landesverrat §§ 80 ff. StGB dienen nur dem Schutz des Staates und seiner Einrichtungen.

Allerdings genügt es, dass die Regelungen auch das Interesse des Einzelnen schützen sollen, obwohl primäres Ziel des Gesetzes der Schutz der Allgemeinheit ist (BGH NJW **1992**, 242).

Beispiel 2:

Aussage- und Eidesdelikte nach §§ 153 ff. BGB stellen anerkanntermaßen Schutzgesetze dar, obwohl sie in erster Linie die Rechtspflege als Institution schützen sollen (BGHZ **42**, 313, 318).

b. Einzelne Schutzgesetze

Die Schutzgesetze finden sich nicht nur im Zivilrecht, sondern auch im Handels- und Gesellschaftsrecht und im öffentlichen Recht, insbesondere im Strafrecht. Dem Schutz eines anderen und zugleich dem Schutz des Vermögens dient vor allem der zivilrechtliche Nachbarschutz nach den §§ 906 ff. BGB, die Vorschriften des BImSchG und die Straftatbestände, wobei insbesondere die §§ 263 ff. StGB hervorzuheben sind.

Beispiel 1:

Schutzgesetze des Strafrechts

§ 315 b StGB »Gefährliche Eingriffe in den Straßenverkehr«

Hier wird neben der Sicherheit des Straßenverkehrs auch der einzelne Verkehrsteilnehmer vor Verletzungen von Körper, Gesundheit und Leben sowie vor Verletzungen des Eigentums von nicht geringem Wert geschützt.

§ 123 StGB »Hausfriedensbruch«

Geschützt wird erst in zweiter Linie die öffentliche Ordnung, in erster Linie aber das Hausrecht (*Tröndle/Fischer* § 123 StGB Rz. 2). Das Hausrecht ist mit der persönlichen Freiheit nahe verwandt, nämlich als Gesamtheit der rechtlich geschützten Befugnisse, über die geschützten Bereiche tatsächlich frei verfügen zu können. Der Inhaber des Hausrechts muss nicht Eigentümer sein, er muss lediglich ein stärkeres Recht als der Störer innehaben.

§ 142 StGB »Unerlaubtes Entfernen vom Unfallort«

Das geschützte Rechtsgut dieser Vorschrift ist nicht das öffentliche Interesse an lückenloser Erfassung von Verkehrsunfällen und Unfallbeteiligten. Es dient nicht vorrangig dazu, durch Strafen und Maßnahmen die Verkehrssicherheit zu erhöhen, und auch nicht der effektiven Verfolgung von Trunkenheitsfahrten. Im Vordergrund steht die Feststellung und Sicherung der durch einen Unfall entstandenen zivilrechtlichen Ansprüche sowie der Schutz vor unberechtigten Ansprüchen (*Tröndle/Fischer* § 142 StGB Rz. 4).

§ 164 StGB »Falsche Verdächtigungen«

Hier ist neben dem Schutz der Rechtspflege auch die Sicherheit des Opfers vor ungerechtfertigten staatlichen Verfolgungsmaßnahmen in den Vordergrund gestellt.

§§ 185 ff. StGB »Vorschriften zum Schutz der Ehre« (z.B. Beleidigung)

Der Schutz der Ehre ist ein personales Rechtsgut, das untrennbar mit dem sozialen Achtungsanspruch und der personalen Würde des Einzelnen verbunden ist. Der Angriff auf die Ehre durch Kundgabe von Miss- oder Nichtachtung kann den ethischen Wert eines anderen treffen, den dieser als Individuum unabhängig von sozialer Anerkennung innehat (*Tröndle/Fischer* vor § 185 StGB Rz. 3).

§§ 211 ff. StGB »Tötungsdelikte«

Eindeutig stellt im Rahmen der Tötungsdelikte das menschliche Leben eines anderen das Schutzgut dar.

§§ 223 ff. StGB »Körperverletzungsdelikte«

In diesem Zusammenhang sind Rechtsgut und Angriffsgegenstand die körperliche Unversehrtheit und Gesundheit eines anderen Menschen.

§ 234 ff. StGB »Delikte gegen die persönliche Freiheit«

Als Rechtsgut steht hier die persönliche Freiheit des Einzelnen im Vordergrund. Dies ist der Zustand eines Menschen, indem er seine natürliche Fähigkeit zur Selbstbestimmung körperlich ungehindert zur Geltung bringen kann (*Tröndle/Fischer* § 234 StGB Rz. 1).

§§ 257, 259 StGB »Begünstigung und Hehlerei«

Hinsichtlich der (sachlichen) Begünstigung im Sinne des § 257 StGB ist streitig, was hier als geschütztes Rechtsgut zu erachten ist. Sowohl die überwiegende Rspr. als auch die h.M im Schrifttum sehen als Rechtgut die Rechtspflege in ihrer Aufgabe, die Wirkung von Straftaten zu beseitigen an. Dem gegenüber betrachtet eine beachtliche Mindermeinung die Begünstigung als gegen das Vermögen oder dasselbe Rechtsgut wie die Vortat gerichtetes Delikt.

In § 259 StGB richtet sich die Tat gegen das Vermögen des Einzelnen, so dass unstreitig der Schutz des Vermögens jedes Einzelnen zu schützen ist.

§§ 242 ff., §§ 263 ff. StGB »Vermögensdelikte«

In den Fällen der §§ 242 ff. StGB ist das Eigentum das geschützte Rechtsgut. Die §§ 263 ff. StGB schützen nicht die Verfügungsfreiheit des Vermögensinhabers und daher auch nicht nur die Vereitelung einer Vermögensvermehrung, sondern es handelt sich um ausschließlich gegen das Vermögen gerichtete Verschiebungsdelikte (*Tröndle/Fischer* § 263 StGB Rz. 1 b). Also wird weitgehend das Vermögen geschützt.

Beachte:

§ 267 StGB, die »Urkundenfälschung«, hingegen stellt kein Schutzgesetz dar, denn Aufgabe dieses Straftatbestandes ist es nur, die Sicherheit und Zuverlässigkeit des Rechtsverkehrs mit Urkunden zu gewährleisen. Schutzgut ist also die Gewährleistung im Rechtsverkehr (BGHZ **100**, 13).

Beispiel 2:

Schutzgesetze aus dem Zivilrecht und öffentlichen Recht

Im Zivilrecht:

§ 803 Abs. 1 ZPO

Verbot der Überpfändung in der Zwangsvollstreckung

§ 858 BGB

Die Entziehung des Besitzes stellt ein Schutzgesetz dar (BGHZ **79**, 232).

Im sonstigen Öffentlichen Recht (ohne StGB):

StVO

So ist z.B. hinsichtlich des Verbots des Parkens auf dem Gehsteig nach der StVO wichtig, dass damit dem Schutz der Fußgänger vor Verletzungen eines parkenden Fahrzeugs Rechnung getragen wird.

Art. 9 Abs. 3 GG

Die Koalitionsfreiheit.

Art. 5 GG

Die Pressefreiheit.

Regelungen im Geräte- und Produktsicherheitsgesetz

- Vorschriften des Arzneimittelgesetztes
- Arbeitgeberpflichten nach der Gewerbeordnung
- Anzeigepflichten aus dem Viehseuchengesetz

Merke:

Familienrechtliche Normen stellen keine Schutzgesetze im Sinne des § 823 Abs. 2 BGB dar. Die Rechtsfolgen sind abschließend im Familienrecht geregelt (§§ 1297– 921 BGB).

c. Persönlicher und sachlicher Schutzbereich

Dass eine Norm ein individuell schützendes Gesetz darstellt, genügt zur Begründung eines Ersatzanspruches nach § 823 Abs. 2 BGB nicht. Vielmehr muss die Norm auch das konkret beeinträchtigte Individualinteresse des Anspruchsstellers schützen (*Medicus* SR BT Rz. 827).

Folglich muss der Geschädigte zunächst zum **persönlichen Schutzbereich** des Schutzgesetzes gehören. Dies wird bejaht, wenn der Verletzte zu dem Personenkreis der Norm zählt, den das Schutzgesetz gerade schützen will (*Esser/Weyers* SR II/2 § 56 I).

Beispiel (BGH VersR 1991, 196):

B fährt mit dem Fahrzeug des A, obwohl er keine Fahrerlaubnis besitzt. Infolge eines Verkehrsunfalls kommt er zu Schaden. B kann gegen A nun keinen Schadensersatzanspruch gemäß § 823 Abs. 2 i.V.m. § 21 Abs. 1 Nr. 2 StVG geltend machen, denn § 21 Abs. 1 Nr. 2 StVG schützt eben nur andere Personen vor Verkehrsteilnehmern, die im Straßenverkehr ein Fahrzeug ohne Fahrerlaubnis führen. Zum geschützten Personenkreis gehört also nicht derjenige Verkehrsteilnehmer, der selbst unter Verstoß gegen diese Regelung ein Fahrzeug im Straßenverkehr führt und ohne Fahrerlaubnis fährt.

Für das Bestehen eines **sachlichen Schutzbereichs** muss die einschlägige Norm das vom Geschädigten geltend gemachte Interesse gerade schützen (*Brox/Walker* SR BT § 41 Rz. 73). Fällt das verletzte Rechtsgut nicht in den sachlichen Schutzbereich der verletzten Norm, so ist seine Ersatzfähigkeit zu verneinen (BGHZ **39**, 366, 369). Es muss also immer untersucht werden, welche Rechtsgüter durch das Schutzgesetz geschützt und welche konkret verletzt worden sind.

Beispiel:

Der Straftatbestand der Baugefährdung nach § 319 StGB schützt die Rechtsgüter Körper und Gesundheit, allerdings nicht das Vermögen. Ein Vermögensschaden wird demnach nicht vom sachlichen Schutzzweck umfasst, so dass ein auf einen vermögensrechtlichen Ausgleich gerichteter Anspruch nach § 823 Abs. 2 i.V.m. § 319 StGB nicht in Betracht kommt.

Klausur-Tipp:

Zunächst muss in einer Klausur festgestellt werden, ob ein Schutzgesetzes im Sinne des § 823 Abs. 2 BGB gegeben ist oder womöglich nicht. Es ist also bei jeder Prüfung neu nach einem einschlägigen Schutzgesetz zu suchen. Weiterhin darf innerhalb der Prüfung nicht vergessen werden, zu kontrollieren, ob das gefundene Schutzgesetz auch wirklich dem Schutz des Einzelnen dient und ob dieser und der entstandene Schaden davon erfasst sind.

2. Verletzung des Schutzgesetzes

Als weitere Voraussetzung muss der Schädiger gegen das Schutzgesetz verstoßen haben. Das Schutzgesetz ist erst dann verletzt, wenn sowohl der objektive als auch subjektive Tatbestand der Norm gänzlich erfüllt ist (*Schlechtriem* BT SR § 4 Rz. 876). Dies orientiert sich an den individuellen Voraussetzungen der einschlägigen Rechtsnorm. So müssen beispielsweise bei einem Schutzgesetz aus dem StGB Tatbestand, Rechtswidrigkeit und Schuld vorliegen. Wenn für die Verwirklichung des Tatbestands auch noch Vorsatz erforderlich ist, muss auch dieser zu bejahen sein (*Medicus* SR BT Rz. 830).

Beachte:

Im Unterschied zu § 823 Abs. 1 BGB ist bei der Tatbestandsmäßigkeit in diesem Zusammenhang nicht auf eine besondere Rechts(-gut)verletzung abzustellen, sondern darauf, ob ein Schutzgesetz verletzt worden ist.

Beispiel: »Frau Wunderlich im Porzellanladen«

Die etwas ungeschickte Frau Wunderlich befinder sich in einem Porzellanladen. Sie betrachtet das kostspielige Rosenthal-Service. Um dessen Echtheit zu überprüfen, dreht sie eines der Ausstellungsstücke um, wobei ihr dieses bedingt durch ihre angeborene Ungeschicklichkeit, aus den Händen gleitet und auf dem Boden in tausend Stücke zerspringt. Das in Betracht kommende Schutzgesetz könnte hier § 303 StGB (Sachbeschädigung) sein, so dass ein Schadensersatzanspruch des Ladeninhabers aus § 823 Abs. 2 BGB i.V.m. § 303 StGB gegeben wäre. Dem steht jedoch entgegen, dass die Sachbeschädigung im Sinne des § 303 StGB ein vorsätzliches Handeln voraussetzt. Frau Wunderlich hat hier jedoch aufgrund ihrer Ungeschicklichkeit das Ausstellungsstück fallen lassen und wollte die Sache nicht vorsätzlich beschädigen oder gar zerstören. Frau Wunderlich kann hier nur ein fahrlässiges Handeln vorgeworfen werden, so dass der Tatbestand des § 303 StGB nicht erfüllt und damit ein Schadensersatzanspruch aus § 823 Abs. 2 i.V.m. § 303 StGB ausgeschlossen ist. Jedoch muss Frau Wunderlich einen Anspruch auf Schadensersatz aus § 823 Abs. 1 BGB gegen sich gelten lassen, denn hier genügt Fahrlässigkeit, um die rechtswidrige und schuldhafte Verletzung des Eigentums des Geschäftsinhabers zu begründen.

Falls ein Strafgesetz verletzt worden ist, so verweist § 823 Abs. 2 BGB auf dessen gesamte Merkmale des Straftatbestands.

Beachte:

Hierbei kann auch innerhalb der Prüfung, ob ein Schutzgesetz verletzt worden ist, bereits mit festgestellt werden, ob Rechtswidrigkeit und Schuld im Sinne des Straftatbestands vorliegen (*Brox/Walker* SR BT § 41 Rz. 70). Hiergegen spricht zwar der herkömmliche dreigliedrige Aufbau der deliktischen Haftungsvoraussetzungen in Tatbestand, Rechtswidrigkeit und Schuld. Im Ergebnis entstehen aber keine sachlichen Differenzen bei Verwendung dieser Art der Prüfungsreihenfolge.

Unbeachtlich ist im Rahmen des § 823 Abs. 2 BGB jedoch, ob es sich bei der einschlägigen strafrechtlichen Norm um ein Antragsdelikt handelt und ob dieser Antrag auch tatsächlich gestellt wurde. Dies ist darin begründet, dass zum einen die Strafantragsstellung eines Antragsdelikts lediglich eine Prozessvoraussetzung ist und das Vorliegen einer materiellen Straftat nicht tangiert. Zum anderen soll ein Schadensersatzberechtigter nicht zu einem Strafantrag gezwungen werden, um seine zivilrechtlichen Ansprüche nicht zu verlieren (*Medicus* SR BT Rz. 830).

II. Rechtswidrigkeit

Die Verletzung des Schutzgesetzes ist immer dann rechtswidrig, wenn dem keine Rechtfertigungsgründe entgegenzuhalten sind (*Schlechtriem* BT SR § 4 Rz. 875). Folglich indiziert die Verletzung des Schutzgesetzes die Rechtswidrigkeit.

Die Rechtswidrigkeit muss auch dann vorliegen, wenn es sich bei dem betroffenen Schutzgesetz um **kein** Strafgesetz handelt. Dies ist darin begründet, dass nur mit einer rechtswidrigen Verletzung eines Schutzgesetztes auch eine unerlaubte Handlung besteht.

Klausur-Tipp:

Setzt das Schutzgesetz selbst ein rechtswidriges Verhalten voraus, wie insbesondere strafrechtliche Normen, so wird innerhalb der Prüfung der Verletzung des Schutzgesetzes bereits die Rechtswidrigkeit festgestellt worden sein, so dass sich längere Ausführungen hinsichtlich dieses Prüfungspunktes dann erübrigen.

III. Verschulden

Nach § 823 Abs. 2 BGB muss eine schuldhafte Verletzung des Schutzgesetzes vorliegen. Das Verschulden muss sich lediglich auf den Verstoß gegen das Schutzgesetz selbst beziehen, nicht jedoch auf die Verletzung des betreffenden Rechtsguts oder Interesses (BGHZ **34**, 375, 381; *Brox/Walker* SR BT § 41 Rz. 74). Ob der Schädiger die Folgen seiner Gesetzesverletzung voraussah oder hätte voraussehen können, ist gleichgültig (BGHZ **103**, 197, 200).

Das Maß des erforderlichen Verschuldens richtet sich grundsätzlich nach dem verletzten Schutzgesetz. Denn die vom Gesetzgeber an das verletzte Schutzgesetz vorausgesetzten subjektiven Anforderungen müssen ebenso im deliktischen Haftungsrecht gelten (*Larenz/Canaris* II/2 § 77 IV 2). Setzt demnach das Schutzgesetz ein vorsätzliches Verhalten voraus, so besteht ein Anspruch nach § 823 Abs. 2 BGB nur bei Vorliegen des Vorsatzes.

Beispiel 1:

B verwechselt, als er die Kneipe verlässt, versehentlich seinen Mantel mit dem des A. Er nimmt den Mantel des A in der Annahme, es sei sein eigener mit nach Hause. Der Diebstahl nach § 242 StGB setzt allerdings vorsätzliches Verhalten voraus, so dass ein Schadensersatzanspruch nach § 823 Abs. 2 BGB i.V.m. § 242 StGB bei nur fahrlässigem Verhalten ausscheidet. In Betracht käme aber ein Anspruch aus § 823 Abs. 1 BGB, da dieser eine fahrlässige Eigentumsverletzung umfasst.

Beispiel 2:

Dahingegen kann die Insolvenzverschleppung nach § 64 GmbHG auch fährlässig begangen werden. Somit wird gegen den Geschäftsführer ein Schadensersatzanspruch nach § 823 Abs. 2 BGB i.V.m. § 64 GmbHG ausgelöst, wenn er fahrlässig den Insolvenzantrag wegen Zahlungsunfähigkeit nicht stellt (BGHZ **29**, 100, 105).

Erfordert das Schutzgesetz selbst kein Verschulden, so ist nach § 823 Abs. 2 Satz 2 BGB ein Verschulden nach den zivilrechtlichen Grundsätzen erforderlich (*Medicus* SR BT Rz. 831). Insoweit richtet sich das Verschulden nach den §§ 276, 827, 828 BGB, so dass auf die obigen Ausführungen zu § 823 Abs. 1 BGB verwiesen werden kann. Es muss demzufolge zumindest Fahrlässigkeit seitens des Schädigers bestehen (*Schlechtriem* BT SR § 4 Rz. 876). Ist aber ein objektiver Verstoß gegen das Schutzgesetz gegeben, so spricht die tatsächliche Vermutung für das Verschulden des Schädigers. Er muss aus diesem Grunde Umstände darlegen, die geeignet sind, die Annahme des Verschuldens zu beseitigen (BGHZ **51**, 91, 103; BGH VersR **1985**, 452).

IV. Schaden

Schaden ist in diesem Zusammenhang jeder Nachteil, der an den Rechtsgütern einer Person hervorgerufen wird. Umfasst ist davon zum einen der **Vermögensschaden**, aber auch der **immaterielle Schaden** (*MüKo/Gursky* Vor § 249 BGB Rz. 47). Ein immaterieller Schaden kann in verursachten Schmerzen oder anhaltenden Depressionen, z.B. bedingt durch einen Verkehrsunfall bestehen.

V. Haftungsausfüllende Kausalität

Es muss durch den Verstoß gegen das Schutzgesetzes ein adäquat kausaler Schaden entstanden sein (*Esser/Weyers* SR II/2 § 56 I). Dies ist ebenso wie im Rahmen des § 823 Abs. 1 BGB sowohl anhand der Äquivalenz- und Adäquanztheorie als auch mithilfe der Lehre vom Schutzzweck der Norm festzustellen. Unter die Schadensersatzverpflichtung nach § 823 Abs. 2 BGB fallen demnach nur solche Schäden, die an durch das Schutzgesetz geschützten Rechtsgüter und Interessen eingetreten sind, deren Eintritt nach Sinn und Zweck des Schutzgesetzes gerade verhindert werden sollen.

Merke:

Gemäß § 823 Abs. 2 BGB fallen nur solche Schäden unter die Schadensersatzpflicht, die an einem Rechtsgut eingetreten sind, das von einem Schutzgesetz umfasst wird. Es handelt sich also um Schäden, die gerade durch das bestehende Schutzgesetz vermieden werden sollen.

VI. Rechtsfolge

Der haftungsausfüllende Tatbestand stellt die Rechtsfolgen dar, wenn der Schädiger den § 823 Abs. 2 BGB i.V.m. Schutzgesetz rechtswidrig und schuldhaft verwirklicht hat. Der Schädiger muss ferner durch die Verletzung des Schutzgesetzes einen Schaden als kausale Folge verursacht haben.

Hieraus ergibt sich, dass der Schädiger den aus dem Schutzgesetzverstoß entstandenen Schaden zu ersetzen hat. Es gelten diesbezüglich die zu § 823 Abs. 1 BGB gemachten Ausführungen, so dass sich Art, Inhalt und Umfang des Schadensersatzes nach §§ 249 ff., 842, 843 BGB richten.

VII. Zusammenfassung

Vorprüfung: Anwendbarkeit

Kein Ausschluss wegen §§ 987 ff. oder §§ 677, 683 Satz 1 BGB

I. Tatbestand

1. Vorliegen eines Schutzgesetzes

a. jede materielle Rechtsnorm (vgl. Art. 2 EGBGB)

b. mit Individualschutz

c. persönlicher und sachlicher Schutzbereich

2. Verletzung des Schutzgesetzes

der Täter muss das Schutzgesetz objektiv und subjektiv verwirklicht haben

II. Rechtswidrigkeit

die Tatbestandsmäßigkeit indiziert die Rechtswidrigkeit

III. Verschulden

Maßstab ist das Schutzgesetz

IV. Schaden

V. Haftungsausfüllende Kausalität

der Verstoß gegen das Schutzgesetz muss einen adäquat kausalen Schaden verursacht haben

VI. Rechtsfolgen

Schadensersatz nach §§ 249 ff. BGB,

§§ 842, 843 BGB

Kapitel 5: Sonstige Anspruchsgrundlagen im Rahmen der Verschuldenshaftung

A. Die Kreditgefährdung gemäß § 824 BGB

Durch den § 824 BGB wird die wirtschaftliche Wertschätzung von Personen und Unternehmen vor unmittelbaren Beeinträchtigungen, die durch die Verbreitung unwahrer Behauptungen über sie herbeigeführt werden, geschützt (*Palandt/Sprau* § 824 BGB Rz. 1). Die Vorschrift ist jedoch **keine Spezialvorschrift** zu dem vorangehenden § 823 Abs. 2 BGB i.V.m. den §§ 185 ff. StGB, sondern lediglich daneben anwendbar (*Palandt/Sprau* § 824 BGB Rz. 1).

Sie stellt im Wesentlichen eine Ausdehnung des Schutzes der sogenannten Geschäftsehre, also der wirtschaftlichen Wertschätzung gegenüber fahrlässigen Angriffen dar (BGH NJW **63**, 1872).

Die Kreditgefährdung im Rahmen des § 824 BGB setzt voraus, dass der Schädiger unwahre Tatsachen behauptet oder verbreitet und damit auch **unmittelbar wirtschaftliche Interessen** des Geschädigten beeinträchtigt (*Larenz/Canaris* II/2 § 79 I 3.b. c.).

Man könnte annehmen, dass bereits durch den Tatbestand des § 823 Abs. 1 BGB und den dort enthaltenen Schutz des eingerichteten und ausgeübten Gewerbebetriebs diese Konstellation erfasst sei. Dem ist jedoch nicht so, denn in den Fällen des § 824 BGB ist die schädigende Handlung nicht unmittelbar gegen einen bestimmten Betrieb gerichtet und damit nicht als betriebsbezogen zu bewerten, sondern wirkt sich nur mittelbar aus (*Schulze/Staudinger* § 824 BGB Rz. 7).

Prüfungsschema des § 824 BGB

I. Haftungsbegründender Tatbestand
   1. Behauptung oder Verbreitung unwahrer Tatsachen
      a) Tatsachen
      b) Unwahrheit
   2. Unmittelbare Beeinträchtigung wirtschaftlicher Interessen
II. Haftungsbegründende Kausalität
III. Rechtswidrigkeit
Beachte: Rechtfertigungsgrund aus § 824 Abs. 2 BGB
IV. Verschulden
V. Haftungsausfüllender Tatbestand (Rechtsfolgen)

I. Haftungsbegründender Tatbestand

1. Behauptung oder Verbreitung unwahrer Tatsachen

Der Schädiger muss zur Erfüllung des Tatbestands unwahre Tatsachen behauptet oder verbreitet haben.

a. Tatsachen

Den Gegensatz von Tatsachen stellen Werturteile dar. Für die Unterscheidung kommt es darauf an, ob der **Gehalt der Äußerung** einer objektiven Klärung zugänglich ist und als etwas Geschehenes grundsätzlich dem Beweis offen steht (*Jauernig/Teichmann* § 824 BGB Rz. 4). Eine Tatsachenbehauptung kann wahr oder unwahr sein und ist dem Wahrheitsbeweis zugänglich (*Schulze/Staudinger* § 824 BGB Rz. 4). Werturteile und Meinungsäußerungen sind hingegen durch die subjektive Beziehung des sich Äußernden zum Inhalt seiner Aussage gekennzeichnet (*Palandt/Sprau* § 824 BGB Rz. 2). Dabei können sie, je nach Standpunkt des Äußernden, entweder als falsch »abgelehnt« oder als richtig »akzeptiert« werden (*Palandt/Sprau* § 824 BGB Rz. 2).

b. Unwahrheit

Die Unwahrheit einer Tatsachenbehauptung beurteilt sich danach, wie die beanstandete Mitteilung nach ihrem Aussagegehalt vom durchschnittlichen Empfänger, Leser, Hörer unbefangen zu verstehen ist (*Palandt/Sprau* § 824 BGB Rz. 2). Falls sich sowohl wahre als auch unwahre Tatsachenbehauptungen in einem Bericht wiederfinden, so kommt es darauf an, ob sich der Kern der gesamten Aussage in einem falschen Licht darstellt (BGHZ **139**, 102; BGH NJW **2000**, 657; *Jauernig/Teichmann* § 824 BGB Rz. 6).

2. Unmittelbare Beeinträchtigung wirtschaftlicher Interessen

Geschützt wird von § 824 Abs. 1 BGB nur die Gefährdung und unmittelbare Beeinträchtigung wirtschaftlicher Interessen (*Palandt/Sprau* § 824 BGB Rz. 4). Daraus ergibt sich, dass die unwahre Tatsachenbehauptung **geeignet** gewesen sein muss, den Kredit eines anderen zu gefährden oder sonstige erhebliche Nachteile für den Erwerb oder das Fortkommen herbeizuführen. Dies stellt eine Beeinträchtigung der wirtschaftlichen Wertschätzung dar (BGH NJW **65**, 37).

Keine Voraussetzung ist hingegen, dass die Tatsache ehrenrührig war (BGH NJW **65**, 37).

II. Haftungsbegründende Kausalität

Die Äußerung ist kausal für die Kreditgefährdung, wenn sie geeignet ist, eine Kreditgefährdung herbeizurufen, die Mitteilung der Tatsache muss also nach allgemeiner Lebenserfahrung zu negativen Reaktionen bei dem Geschäftspartner führen können (*Jauernig/Teichmann* § 824 BGB Rz. 7).

Beispiele:

- Unrichtige Nachricht von einer angeblichen Pfändung (OLG Frankfurt WM **88**, 159)
- Nachricht von der angeblichen Insolvenz oder Geschäftsaufgabe (BGHZ **59**, 79)
- Unrichtige Nachricht von der Nichtzulassung eines Arztes zur Krankenkasse (HRR **33** Nr. 1506)

III. Rechtswidrigkeit

Die Rechtswidrigkeit der Äußerung richtet sich nach den **allgemeinen Regeln** zur Rechtswidrigkeit aus § 823 Abs. 1 BGB. Insoweit ist § 824 Abs. 2 BGB jedoch noch zu beachten.

Beachte: § 824 Abs. 2 BGB

§ 824 Abs. 2 BGB lässt den Anspruch als solchen entfallen, soweit dem Mitteilenden die Unwahrheit der Mitteilung nicht bekannt gewesen ist und er oder der Empfänger an der Mitteilung ein **berechtigtes Interesse** haben, vgl. Art. 5 Abs. 1 Satz 2 GG (BGHZ **139**, 104 f.; BGH NJW **74**, 1710; *Jauernig/Teichmann* § 824 BGB Rz. 10, 12).

Innerhalb einer Interessenabwägung zwischen dem Interesse an der Mitteilung und der Schutzwürdigkeit des angegriffenen Rechtsguts wird auch das Verhalten des Angegriffenen vor dem Angriff zu berücksichtigen sein (BGHZ **31**, 308).

IV. Verschulden

Nach § 824 Abs. 1 BGB kann die Kreditgefährdung mit Vorsatz oder durch Fahrlässigkeit im Sinne des § 276 BGB begangen werden.

V. Haftungsausfüllender Tatbestand

Der Mitteilende hat hinsichtlich des entstandenen Schadens eine Ersatzpflicht gegenüber dem Angegriffenen.

Der Anspruch auf Unterlassung und Widerruf bei rechtswidrigen Verletzungen und der Anspruch auf Schadensersatz bei schuldhaften Verletzungen außerhalb des § 824 Abs. 2 BGB entspricht den Ansprüchen bei Persönlichkeitsverletzungen (*Jauernig/Teichmann* § 824 BGB Rz. 13).

B. Bestimmung zu sexuellen Handlungen gemäß § 825 BGB

Der Tatbestand des § 825 BGB ist meist durch Verletzung des »allgemeinen Persönlichkeitsrechts« nach § 823 Abs. 1 BGB verwirklicht. Ebenso ist eine Verletzung eines Schutzgesetzes im Sinne des § 823 Abs. 2 BGB i.V.m. § 177 StGB überwiegend gegeben. Hierdurch entsteht zwischen § 825 BGB und § 823 Abs. 1 BGB eine »Anspruchskonkurrenz« (*Jauernig/Teichmann* § 825 BGB Rz. 1).

In der Vergangenheit war § 825 BGB lediglich auf »Frauenpersonen« in seiner Anwendung beschränkt. Dies hat sich jedoch aufgrund der Häufung sexueller Handlungen gegenüber Männern nunmehr geändert, so dass er heute generell für **beide Geschlechter** Anwendung findet (*Schulze/Staudinger* HK § 825 BGB Rz. 1).

Nicht mehr erforderlich ist, dass der oder die Geschädigte das Merkmal der »Unbescholtenheit« aufweist. Jede Einwirkung auf die Willensbildung ist ausreichend. Eine Form der Gewaltanwendung wird nicht vorausgesetzt. Das Alter des Geschädigten oder der Familienstand haben keine Bedeutung mehr (*Palandt/Sprau* § 825 BGB Rz. 2).

Die Bestimmung einer anderen Person zur Vornahme oder Duldung sexueller Handlungen kann zum einen durch **Drohung** oder **Hinterlist**, aber auch unter Missbrauch eines **Abhängigkeitsverhältnisses** erfolgen (*Palandt/Sprau* § 825 BGB Rz.6).

Unter Hinterlist versteht man ein Handeln unter Vorbedacht, die wahre Absicht zu verdecken, um den unvorbereiteten Zustand des Opfers zur Verwirklichung des Vorhabens auszunutzen (*Paland/Sprau* § 823 BGB Rz. 3). Hier kommt vor allem das gezielte Betrunken machen des Opfers als häufigste Variante in Betracht.

Eine Drohung ist das Inaussichtstellen eines empfindlichen Übels, das der Willensbeeinflussung dient.

Unter Missbrauch eines Abhängigkeitsverhältnisses versteht man die Ausnutzung der auf wirtschaftlichen oder anderen Gründen beruhenden tatsächlichen Überlegenheit zum Zweck der Willensbeeinflussung des Opfers (*Palandt/Sprau* § 825 BGB Rz. 6). Klassische Abhängigkeitsverhältnisse sind die zwischen Lehrer(in) und Schüler(in), Arbeitgeber und Arbeitnehmer, sowie (Stief-)Vater und Tochter als auch Hausherrn und Hausgehilfin (*Palandt/Sprau* § 825 BGB Rz. 6). Hierbei besteht dann ein ursächlicher Zusammenhang zwischen Abhängigkeitsverhältnis und Gestaltung der Beiwohnung (*Palandt/Sprau* § 825 BGB Rz. 6).

Nach § 253 Abs. 2 BGB beinhaltet der Schadensersatzanspruch des Opfers nicht nur den Vermögensschaden, sondern auch den Nichtvermögensschaden. In § 253 Abs. 2 ist explizit die sexuelle Selbstbestimmung angeführt, so dass das Opfer auch bei fehlender Körperverletzung noch Schmerzensgeld aus anderen Gründen verlangen kann.

C. Sittenwidrige vorsätzliche Schädigung gemäß § 826 BGB

Die in § 826 BGB normierte sittenwidrige vorsätzliche Schädigung gewährt auch demjenigen einen Ersatzanspruch, der **nicht** in einem der in den §§ 823, 824 BGB geschützten Rechtsgütern verletzt worden ist. Es wird jede nachteilige Einwirkung auf die Vermögenslage, sowie die Beeinträchtigung eines rechtlich anerkannten Interesses und auch jegliche Belastung mit ungewollten Verpflichtungen als Schädigung erfasst (*Erman/Schiemann* § 826 BGB Rz. 2). Die Norm stellt damit prinzipiell eine **Generalklausel** dar, weil sie unabhängig von der Art des Rechtsguts Schadensersatz zuspricht (*Schulze/Staudinger* HK § 826 BGB Rz. 1).

Voraussetzung ist lediglich, dass die Schadenszufügung vorsätzlich begangen wurde und dies zudem in einer gegen die **guten Sitten** verstoßenden Art und Weise erfolgte (*Medicus* SR II Rz. 837).

Im Übrigen findet § 826 BGB eher geringe Anwendung.

Begründet ist dies darin, dass der Geschädigte für Vorsatz und Sittenverstoß des Schädigers darlegungs- und beweispflichtig ist. Folglich wird es dem Geschädigten in der Praxis häufig schwer fallen, dieser Beweispflicht nachzukommen.

Im Verhältnis zu anderen Vorschriften stellt § 826 BGB eine ergänzend eingreifende Norm für den Fall dar, dass erstrangig eine Anfechtung nach den §§ 123, 124 BGB vom Geschädigten erklärt hätte werden können, die Anfechtungsfrist jedoch abgelaufen ist. Jetzt kann zu Gunsten des Geschädigten noch § 826 BGB zum Zuge kommen.

Prüfungsschema des § 826 BGB

I. Haftungsbegründender Tatbestand

1. Schaden
2. Schädigungsvorsatz

   dolus eventualis genügt
3. Verstoß gegen die guten Sitten
4. Persönlicher Schutzbereich

II. Haftungsausfüllender Tatbestand

Ersatz des entstandenen Schadens

I. Haftungsbegründender Tatbestand

1. Schaden

Der Schädiger muss bei dem Verletzten einen Schaden verursacht haben. Der Schaden kann durch die Verletzung bestimmter Rechte und Rechtsgüter eingetreten sein, aber auch am Vermögen des Geschädigten. Die Verletzung und das Hervorrufen eines Schadens am Vermögen ist der überwiegende Anwendungsfall des § 826 BGB.

2. Schädigungsvorsatz

Der Schaden muss vorsätzlich verursacht worden sein.

Der Schädiger muss also gewusst haben, dass durch sein Handeln ein anderer geschädigt wird. Weiter muss er den Eintritt eines Schadens gewollt haben (BGH NJW **2000**, 2896, 2897; *Kötz/Wagner* DR Rz. 188). Hierfür ist ein bedingter Vorsatz (dolus eventualis) ausreichend (*Kropholler* § 826 BGB Rz. 3). Ein Schädigungsvorsatz ist somit bereits dann gegeben, wenn der Schädiger es für möglich gehalten hat, dass sein Verhalten einen anderen schädigen wird, sofern er nur den Schadenseintritt billigend in Kauf nimmt (*Kötz/Wagner* DR Rz. 188).

Keine Vorraussetzung ist jedoch, dass der Schädiger eine konkrete Vorstellung über den Umfang des Schadens oder über die konkret geschädigte Person, hat (*Kötz/Wagner* DR Rz. 188). Zusammenfassend lässt sich feststellen, dass der Vorsatz zwar nicht den gesamten Kausalverlauf und den Umfang des Schadens umschließt, jedoch sowohl die gesamten Schadensfolgen als auch Ziel und Art des Schadens beinhalten muss (BGB NJW **2000**, 2896, 2897).

3. Verstoß gegen die guten Sitten

Ein Verstoß gegen die guten Sitten liegt in der Regel dann vor, wenn Handlungen vorgenommen werden, die gegen das Anstandsgefühl eines jeden billig und gerecht Denkenden verstoßen (*Brox/Walker* SR BT § 41 Rz. 77).

Nicht ausreichend sind Verstöße gegen vertragliche Pflichten oder das geschriebene Gesetz. Auch ein Verhalten, welches generell als unbillig erachtet wird oder nur einen Schaden hervorruft, ist zur Tatbestandserfüllung nicht geeignet (*Palandt/Sprau* § 826 BGB Rz. 2).

Vielmehr muss nach der Rspr. eine besondere Verwerflichkeit im Verhalten erkennbar sein, die sich aus dem verfolgten Ziel, den eingesetzten Mitteln, der zutage tretenden Gesinnung oder den eingetretenen Folgen ergeben kann (BGH NJW **2004**, 2664, 2668).

Merke:

- Im Gegensatz zu § 823 Abs. 1 BGB ist der **Schaden ein Merkmal des haftungsbegründenden Tatbestands**. Der zu ersetzende Schaden muss also gerade nicht durch die Verletzung gewisser Rechtsgüter und Rechte entstanden sein, wie sie in § 823 Abs. 1 BGB aufgeführt sind.
- Durch § 826 BGB wird, im Gegensatz zu § 823 Abs. 1 BGB, auch das Vermögen geschützt.
- Der Vorsatz muss auch den zum Tatbestand gehörenden Schaden mitumfassen.

4. Persönlicher Schutzbereich

Weiter ist zu prüfen, ob das Verhalten des Schädigers gerade dem Geschädigten gegenüber sittenwidrig gewesen ist.

Zum Verständnis ist festzuhalten, dass nicht jedem, der durch ein gegen die guten Sitten verstoßendes Verhalten einen Schaden erleidet, ein Ersatzanspruch gemäß § 826 BGB zu steht (*Brox/Walker* SR BT § 41 Rz 75). Zusätzlich muss hinterfragt werden, ob die Verhaltensregeln, durch deren Missachtung der Schädiger gegen die guten Sitten verstößt, gerade auf den Schutz desjenigen abzielen, der den Anspruch aus § 826 BGB geltend macht (*Kötz/Wagner* DR Rz. 199). Somit muss auch im Rahmen des § 826 BGB nach dem Schutzzweck der Norm gefragt werden.

II. Haftungsausfüllender Tatbestand

Der gesamte entstandene Schaden ist zu ersetzen. Dem Geschädigten stehen **Abwehransprüche und Schadensersatzansprüche** zu (*Jauernig/Teichmann* § 826 BGB Rz. 11). Es gelten hierfür die §§ 249 ff. BGB. Auch ein nichtvermögensrechtlicher Schaden ist in Form einer Wiederherstellung und gegebenenfalls durch Schmerzensgeld ersetzbar. Unter diesen Schadensersatz fallen auch der Verlust einer Erwerbsaussicht, des Kundenstamms oder die Abschneidung einer Bezugsquelle (*Palandt/Sprau* § 826 BGB Rz. 14).

Klassische Fallgruppen zu § 826 BGB:

Verleitung zum Vertragsbruch (BGH NJW-RR 2000, 393 (Die Programmsperre))

Die Verleitung zum Vertragsbruch stellt ein sittenwidriges Handeln im Sinne des § 826 BGB dar. Dabei verleitet eine außenstehende Person einen anderen dazu, sich gegenüber einem Dritten vertragsbrüchig zu verhalten. Ein solches Verhalten kann weder durch dessen Zweck oder Mittel, noch durch die Zweckmittelrelation Rechtfertigung finden. Das Handeln des Außenstehenden ist dann nicht mehr mit einer loyalen Rechtsgesinnung zu vereinbaren, wenn es mit verwerflichen Mitteln ausgeführt wird oder einem verwerflichen Zweck dienen soll.

Die häufigsten Fälle sind hierbei:

- das Abwerben von Arbeitskräften (Headhunting)
- im Rahmen einer umfassenden Globalzession wird zum Verstoß gegen Dauerbindungen verleitet

Arglistiges Verhalten (Täuschung) zwecks Abschlusses eines Vertrages (BGHZ, 151, 162)

Der Schädiger täuscht seinen künftigen Vertragspartner, hinsichtlich der Mitteilung von Tatsachen, die für den Entschluss des Vertragspartners offensichtlich von Bedeutung für den Vertragsabschluss sind, arglistig, indem er ihn in die Irre führt. Die Täuschung kann durch Unterlassen begangen werden, wenn Treu und Glauben eine Offenbarung gebieten. Aber auch das Vorspiegeln oder Verschweigen von Umständen ist sittenwidrig, wenn sie dem zu schädigenden Vertragspartner unbekannt sind, aber nach Treu und Glauben er Kenntnis davon hätte haben müssen, da dieses Verhalten die jeweiligen Vertragsverhandlungen und deren Entscheidung zum Vertragsabschluß wesentlich beeinflusst hat.

Die häufigsten Fälle sind:

- falsche Angabe des Autoverkäufers hinsichtlich der nicht gegebenen Unfallfreiheit des Gebrauchtwagens, welchen er als unfallfrei anpreist
- das Verschweigen der Konkursreife eines Unternehmers gegenüber dem potentiellen Darlehnsgeber stellt ebenfalls eine sittenwidrige Täuschung dar
- das Verschweigens der Zahlungsunfähigkeit
- die Erteilung einer falsche Rechtsauskunft zum Zweckes des Vertragsabschlusses
- das Verschleiern des Verlustrisikos bei Terminoptionsgeschäften

Wie bereits erwähnt kann ein so zustande gekommenes Geschäft über die Anfechtung zu Gunsten des Geschädigten gelöst werden. Jedoch kann er ebenfalls einen Ersatzanspruch aus § 826 BGB geltend machen, und zwar unabhängig von einer Frist, die bei der Anfechtung eingehalten werden muss.

Die Erteilung von wissentlich falschen Auskünften (ZfS 1999, 290 (Autoverkauf))

Der Geschädigte hat einen Anspruch aus § 826 BGB, soweit der Schädiger außerhalb eines Vertragsverhältnisses wissentlich falsche Auskünfte erteilt hat. Dies stellt ebenfalls eine vorsätzliche sittenwidrige Schädigung dar.

Wichtige Fälle sind hierbei:

- ein Arbeitszeugnis, dessen Inhalt hinsichtlich der Leistungen des Arbeitnehmers aus unwahren Angaben besteht und es aufgrund dieser Angaben zur Einstellung bei dem neuen Arbeitgeber führt
- ein Gutachten, das einen überteuerten Wert für ein Schätzobjekt beziffert und damit den Inhalt des Kaufvertrages über dieses Objekt beeinträchtigt oder gar gänzlich bestimmt
- ein Bankunternehmen erteilt eine falsche Auskunft über die Bonität eines potentiellen Kreditnehmers, aufgrund dessen später mit einem anderen Kreditinstitut ein Darlehensvertrag zustande kommt

Missbrauch prozessualer Möglichkeiten (BGHZ 13, 71; 50, 115, 117 (Titel zur Vollstreckung von Kreditschulden mit überhöhten Zinsen))

Unter einem Missbrauch prozessualer Möglichkeiten versteht man vor allem die Erschleichung unrichtiger Titel durch falsche Angaben vor Gericht, aber auch die bewusste Ausnutzung eines solchen unrichtigen Titels, selbst dann, wenn dieser vorher nicht unrechtmäßig erschlichen worden ist. Hierbei wird in Kenntnis der Unrichtigkeit des z.B. erstrittenen Urteils die Zwangsvollstreckung gegen den Geschädigten betrieben.

Generell besteht die Auffassung, dass jedermann sich rechtlicher Mittel bedienen darf, ohne gleich dem Vorwurf sittenwidrigen Verhaltens ausgesetzt zu sein. Die bloße Kenntnis der materiellen Unrichtigkeit eines Prozessbegehrens reicht noch nicht aus. Hinzutreten müssen besondere Umstände in der Art und Weise der Prozesseinleitung oder Durchführung, welche das Vorgehen als sittenwidrig prägen (BGH NJW **2003**, 1934; *Peifer* SR § 3 S. 155).

Missbrauch einer Monopolstellung (BGHZ 13, 71)

Die in unserem Recht verankerte »Vertragsfreiheit« gewährleistet nicht nur im positiven Sinne mit jedermann eine vertragliche Bindung einzugehen, sondern berechtigt auch dazu, sich zu weigern, mit bestimmten Personen einen Vertrag zu schließen. Dieses Recht ist bereits durch Art. 2 des Grundgesetzes geschützt. In gewissen Fällen kann es jedoch möglich sein, dass eine Weigerung des Vertragsschlusses mit bestimmten Personen eine sittenwidrige vorsätzliche Schädigung darstellt. Dies ist dann der Fall, wenn ein faktisches oder rechtliches Monopol besteht. Eine Monopolstellung hat derjenige inne, der einziger Anbieter und Bezugsquelle ist und keine Konkurrenten oder Mitanbieter neben sich hat. Hierdurch entsteht für den in Monopolstellung befindlichen ein »Kontrahierungszwang«. Falls nunmehr der Anbieter diesem nicht nachkommt und damit einen Vertragsabschluss verweigert, wird dies unter Ausnutzung seiner Stellung als sittenwidrig erachtet, soweit kein wichtiger Grund für die Ablehnung vorgelegen hat.

Rechtsfolge ist auch dann, neben dem entstandenen Abschlusszwang, ein Anspruch auf Ersatz des entstandenen Schadens gemäß § 826 BGB wegen vorsätzlicher sittenwidriger Schädigung.

Wichtige Fälle sind hierbei:

- Ablehnung des Vertragsangebots eines Verbrauchers durch einen Anbieter mit Monopolstellung für lebenswichtige Güter (wie z.B. Elektrizität oder Wasser)
- schlechte Belieferung der Kunden durch einen Unternehmer, der aufgrund mangelnder Konkurrenz eine Monopolstellung inne hat und gerade deshalb zu erheblich ungünstigen Bedingungen seine vertraglichen Pflichten erfüllt

Klausur-Tipp:

§ 826 BGB stellt einen Auffangtatbestand dar. Darum muss in einer Klausur zunächst geprüft werden, ob sich bereits eine Haftung aus § 823 Abs. 1 oder Abs. 2 BGB ergibt. Kann eine mögliche Rechtsgutsverletzung innerhalb dieser Prüfung ausgeschlossen werden und ist keine strafrechtliche Norm einschlägig (z.B. Betrug oder Untreue), so dass nach § 823 Abs. 2 BGB ebenfalls keine Schadensersatzpflicht wegen einer Straftat besteht, ist mit der Prüfung des § 826 BGB zu beginnen.

Innerhalb der Prüfung des § 826 BGB sollte der Klausurenbearbeiter vorab klären, ob ein vorsätzliches Handeln unproblematisch zu bejahen ist. Ist dies nicht der Fall, sollte aus Zeitgründen nicht in aller Breite über das Vorliegen der Sittenwidrigkeit im Vorhinein referiert werden. Liegt jedoch eindeutig vorsätzliches Handeln sowie ein Vermögensschaden vor, lässt der Klausurensteller damit deutlich erkennen, dass eine ausführliche Prüfung des § 826 BGB ausdrücklich gewollt ist.

Das oben gezeigte Prüfungsschema ist nicht bindend, so dass aus klausurtaktischen Gründen die Unterpunkte 1.-3. des haftungsbegründenden Tatbestands in eine beliebige Prüfungsreihenfolge gebracht werden können.

D. Haftung für den Verrichtungsgehilfen gemäß § 831 BGB

Bis zu diesem Abschnitt hat immer der Geschädigte direkt gegenüber dem Schädiger seinen Anspruch geltend gemacht. Dies ist bei § 831 BGB nunmehr anders, wie sich bereits aus dem Wortlaut der Norm entnehmen lässt. Hier heißt es, dass derjenige zum Schadensersatz verpflichtet ist, der einen anderen zu einer Verrichtung bestellt hat und der wiederum bei der Verrichtung einem Dritten Schaden zugefügt hat.

Über diese Vorschrift soll nicht mehr der Ausführende, in den meisten fällen der Arbeitnehmer, zum Ersatz des Schadens herangezogen werden, sondern der dahinter stehende Arbeitgeber. Gerade dies wird auch im Sinne des Geschädigten sein, denn meist ist davon auszugehen, dass der Arbeitgeber erheblich leistungsfähiger sein wird als sein den Schaden verursachender Angestellter oder Arbeiter.

Durch die Regelung des § 831 BGB ist es nunmehr möglich, eine Person für das Fehlverhalten einer anderen Person einstehen zu lassen.

Danach haftet derjenige, der einen anderen zu einer Verrichtung bestellt hat, für die von dem anderen in Ausführung der Verrichtung widerrechtlich verursachten Schäden nur dann, wenn festgestellt werden kann, dass ihm persönlich bei der Auswahl des Verrichtungsgehilfen oder bei seiner Anleitung und Überwachung ein Verschulden zur Last fällt (*Kötz/Wagner* DR Rz. 268; *LarenzCanaris* II/2 § 79 III, III.1.).

Merke:

Der Geschäftsherr haftet nicht nach § 831 BGB, weil ihm fremdes Verhalten zugerechnet wird, sondern er haftet nur auf Grund seines **eigenen Fehlverhaltens** beim Einsatz von Hilfspersonen (*Kropholler* § 831 BGB Rz 1; *Palandt/Sprau* § 831 BGB Rz 1). Somit handelt es sich bei § 831 BGB um keine Zurechnungsnorm, sondern um eine eigenständige Anspruchsgrundlage (*Schulze/Staudinger* HK § 831 BGB Rz. 3).

Prüfungsschema des § 831 BGB

I. Haftungsbegründender Tatbestand

1. Geschäftsherr
2. Verrichtungsgehilfe
3. tatbestandsmäßige widerrechtliche Handlung des Verrichtungsgehilfen
4. In Ausführung der Verrichtung (nicht nur bei Gelegenheit)
5. Verschulden des Geschäftsherrn (oder Entlastungsbeweis durch den Unternehmensträger)

II. Haftungsausfüllender Tatbestand

Ersatz des entstandenen Schadens

I. Haftungsbegründender Tatbestand

1. Geschäftsherr

Gemäß § 831 Abs. 1 BGB ist Geschäftsherr die Person, die einen anderen zu einer Verrichtung bestellt.

2. Verrichtungsgehilfe

Die Haftung des Geschäftsherrn für den von einem Dritten angerichteten Schaden setzt voraus, dass der Dritte jemand ist, den der Geschäftsherr **zu einer Verrichtung bestellt** hat (*Kötz/Wagner* DR Rz. 270).

Zu einer Verrichtung bestellt ist, wer von einem anderen in dessen Einflussbereich er allgemein oder im konkreten Fall und zu dem er in einer gewissen Abhängigkeit steht, eine Tätigkeit übertragen worden ist (*Palandt/Sprau* § 831 BGB Rz. 6; *Brox/Walker* SR BT § 42 Rz 3).

Nach dieser Begrifflichkeit sind überwiegend Arbeiter und Angestellte die im Betrieb oder Haushalt des Geschäftsherren arbeiten Verrichtungsgehilfen im Sinne des § 831 BGB, (*Larenz/Canaris* II/2 § 79 III, III.2.). Die Dauer der Tätigkeit ist hier nicht von Relevanz.

Selbstständige Unternehmer werden zwar auch für andere tätig, jedoch sind sie keine Verrichtungsgehilfen (*Kropholler* § 831 BGB Rz. 2).

Klausur-Tipp:

Es ist immer daran zu denken, dass der Geschäftsherr auf die Tätigkeit des Gehilfen Einfluss nehmen können muss. Bei einem Arbeitsverhältnis ist dies meist anzunehmen. In nicht eindeutigen Fällen muss geprüft werden, ob die ausgesuchte Person dem Geschäftsherrn weisungsunterworfen ist. Besonders bei auf den ersten Blick selbstständig arbeitenden Handwerkern in Erfüllung eines Werkvertrages ist genau auf eine mögliche **Weisungsabhängigkeit** zu achten.

3. Tatbestandsmäßige widerrechtliche Handlung des Verrichtungsgehilfen

Der Verrichtungsgehilfe muss den objektiven Tatbestand einer unerlaubten Handlung rechtswidrig erfüllt haben (*Palandt/Sprau* § 831 BGB Rz. 10). Es kann sich sowohl um einen der Tatbestände aus den §§ 823-826, 832 ff. BGB handeln, als auch um unerlaubte Handlungen, die außerhalb des BGB geregelt sind.

Mit der Erfüllung des objektiven Tatbestands ist die Rechtswidrigkeit indiziert (*Fikentscher* SR Rz. 1304). An der Rechtswidrigkeit fehlt es nur dann, wenn dem Verrichtungsgehilfen Rechtfertigungsgründe zustehen.

4. In Ausführung der Verrichtung

Der Verrichtungsgehilfe muss in Ausführung der Verrichtung und nicht nur bei Gelegenheit den Schaden zugefügt haben (*Palandt/Sprau* § 831 BGB Rz. 11). Hiermit ist gemeint, dass ein innerer Zusammenhang zwischen der dem Gehilfen aufgetragenen Verrichtung und der schädigenden Handlung besteht (BGH NJW **1971**, 31, 32).

Begründet wird dies damit, dass Sinn und Zweck des § 831 BGB es gerade ist, dem Geschädigten den Nachweis zu ersparen, dass der Verrichtungsgehilfe den Schaden verschuldet hat und Defizite im Betrieb des Unternehmers bestehen. Diesen Nachweis könnte der Geschädigte nämlich praktisch nie erbringen, da er überhaupt keinen Einblick in die betriebliche Struktur des Unternehmens gewährt bekommt, so dass er auch keine Kenntnis über die Art der Auswahl der Mitarbeiter erhält, um diese zu bemängeln.

Beispiel:

A ist Angestellter in dem Malerbetrieb des M. Dieser schickt ihn zu F mit dem Auftrag, deren 2-Zimmerwohnung rosa zu streichen. Aufgrund einer Unachtsamkeit fällt dem A beim Streichen der Wohnung der rosa Farbeimer von der Leiter. Die Farbe ergießt sich auf das von F gerade neu gekaufte weiße Sofa.

Hier hat A in Ausführung seiner Verrichtung, also dem Streichen der Wohnung auf Weisung seines Meisters hin, einen Schaden an dem Eigentum der F verursacht.

Anders verhält es sich jedoch, wenn A sich beim Streichen im Wohnzimmer der F umschaut und einen Laptop entdeckt, den er schon immer haben wollte. In einem unbeobachteten Moment nimmt er diesen an sich und bringt ihn in seinen Wagen. Danach geht er wieder seiner aufgetragenen Arbeit nach. Jetzt stellt sich die Frage, ob dieses Verhalten des A einen Schadensersatzanspruch gegen M nach § 831 BGB auslösen kann. Problematisch könnte sein, ob es nicht bereits an dem unmittelbaren Zusammenhang zwischen der Ausführung der Verrichtung und der schädigenden Handlung, also dem Diebstahl fehlt.

Es handelt sich hierbei gerade um einen der problematischen Fälle, bei denen das Fehlverhalten des Verrichtungsgehilfen daraus resultiert, dass er von der aufgetragenen Tätigkeit abweicht und damit gegebenenfalls »nur bei Gelegenheit einer Verrichtung« handelt. Eine saubere Abgrenzung stellt sich hier meist als schwierig dar. Der wesentliche Gesichtspunkt dürfte darin liegen, dass der Geschäftsherr vor der Einstandspflicht für solche Taten bewahrt werden soll, bezüglich derer die Einschaltung von Gehilfen keine spezifische Risikoerhöhung darstellt (*Larenz/Canaris* II/2 § 79 III, III.2.d.)

Ob noch von einer »in Ausführung der Verrichtung erfolgten Schädigung« ausgegangen werden kann, lässt die h.M. nämlich dann gelten, wenn die Abweichung noch in einem unmittelbaren Zusammenhang mit der aufgetragenen Tätigkeit liegt (*Larenz/Canaris* II/2 § 79 III, III.2.d.). Verschafft die aufgetragene Tätigkeit also die Gelegenheit, andere zu schädigen, sei es auch durch die Begehung von Straftaten, muss der Unternehmer ebenfalls für dieses Risiko noch einstehen (*Kötz* DR § 4 Rz. 10).

Im vorliegenden Fallbeispiel könnte man nunmehr argumentieren, dass das Streichen in einer fremden Wohnung auch die Möglichkeit verschafft, auf fremdes Eigentum zuzugreifen, so dass M auch für das Risiko einstehen müsste, dass sein Mitarbeiter einen Diebstahl in der Wohnung begeht, während er dort seiner Tätigkeit nachgeht. Jedoch könnte dem entgegengehalten werden, dass der Diebstahl nicht in unmittelbarem Zusammenhang mit dem Streichen der Räume steht. Eine Haftung des Unternehmers müsste hier ausscheiden, soweit er sich im weiteren Prüfungspunkt auch exkulpieren kann. Die h.M argumentiert dagegen, dass ein entsprechendes Verhalten des Geschäftsherrn selbst keineswegs »ebenso gut vorstellbar« wäre und sich also ein spezifisches Risiko des Einsatzes von Gehilfen verwirklicht hat (*Larenz/Canaris* II/2 § 79 III, III.2.d.).

Die Rspr. hingegen sieht ein Verhalten in Ausführung der Verrichtung, wenn die widerrechtliche unerlaubte Handlung in einem **unmittelbaren inneren Zusammenhang** mit der Verrichtung steht, zu welcher der Gehilfe bestellt worden ist (BGH NJW **1971**, 31). Vorsätzliche unerlaubte Handlungen des Gehilfen sind deshalb in der Regel dem Geschäftsherrn nicht zuzurechnen (BGHZ **11**, 151, 153; BGH NJW-RR **1989**, 723).

Im vorliegenden Fall würde nach der h.M. auch der Diebstahl des A als in Ausführung der Verrichtung erachtet werden. Die Rspr. hingegen würde dies ablehnen.

Klausur-Tipp:

In einer Klausur sollte der h.M. gefolgt werden. Zumal auch und nur dann die Prüfung des § 831 BGB fortgesetzt werden kann.

Anders liegt der Fall, wenn ein Gepäckträger einen Diebstahl an einer der zu tragenden Sachen begeht, denn dann hat er die Tat in Ausführung oder als Folge der ihm obliegenden Transporttätigkeit verwirklicht. Eine Haftung des Arbeitgebers, also des Unternehmers nach § 831 BGB, ist dann nach beiden Ansichten zu bejahen.

5. Verschulden des Geschäftherrn

Das Verschulden des Geschäftsherrn wird zunächst vermutet (*Medicus* BT Rz. 856). Er haftet gemäß § 831 Abs. 1 Satz 1 BGB, wenn er sich nicht entlasten oder **exkulpieren** kann (*Kropholler* § 831 BGB Rz. 3; *Medicus* BT Rz. 856). Somit tritt keine Ersatzpflicht ein, wenn der Geschäftsherr bei der Auswahl seines Verrichtungsgehilfen, bei der Beschaffung von Vorrichtungen und Gerätschaften und bei der Leitung der Ausführung der Verrichtung die im Verkehr erforderliche Sorgfalt beachtet hat im Sinne des § 831 Abs. 1 Satz 2, 1. Alt. BGB.

Die Exkulpation dahingehend, den Gehilfen ausreichend sorgfältig ausgewählt, kontrolliert, ausgestattet und überwacht zu haben, erfordert, dass der Unternehmer darlegt und beweist, wie er die vorgeschriebenen Handlungen organisiert hat (*Peifer*, SR § 4 Rz. 12). Als Maßstab ist hier generell zu sagen, dass je größer die mit der Verrichtung verbundenen Gefahren sind, desto größere Anforderungen sind an die Sorgfaltspflichten des Geschäftsherrn bei Auswahl und Überwachung des Verrichtungsgehilfen zu stellen. Hingegen wird es bei größeren Betrieben dem Geschäftsherrn allein nicht möglich sein, jeden seiner Arbeiter oder Angestellten persönlich auszuwählen und einzustellen. Daher wird es in diesen Fällen als ausreichend erachtet, wenn der Geschäftsherr seinen Betrieb sorgfältig organisiert hat und auch die sogenannten »**Zwischenpersonen**« (Personalleiter, Vorarbeiter) ebenfalls einer sorgfältigen Auswahl unterzogen hat und regelmäßig überwacht. Dies wird als »**dezentralistischer Entlastungsbeweis**« bezeichnet (*Palandt/Sprau* § 831 BGB Rz.15; *Jauernig/Teichmann* § 831 BGB Rz. 13). Zu berücksichtigen ist jedoch, dass diese »Zwischenpersonen« wiederum selbst nach § 831 BGB haften können (*Jauernig/Teichmann* § 831 BGB Rz. 15).

Beachte:»Organisationsverschulden« (BGHZ **4**, 1)

Der Unternehmensinhaber eines Großbetriebes kann sich nach dem gerade Gesagten somit exkulpieren, soweit er den dezentralistischen Entlastungsbeweis führt (BGH DB **73**, 1645). Jedoch kann er trotzdem nach § 823 Abs. 1 BGB dem Geschädigten gegenüber für eigenes Organisationsverschulden haften (*Medicus* BT Rz. 859). Dies ist dann der Fall, wenn der Unternehmer zwar seinen Personalleiter sorgfältig ausgewählt hat, aber die generelle Unternehmensorganisation mangelhaft ist (BGHZ **51**, 91). Da jedoch § 823 Abs. 1 im Gegensatz zu § 831 BGB keine Verschuldensvermutung enthält, muss der Geschädigte nunmehr selbst beweisen, dass der Unternehmer eine mangelhafte Unternehmensorganisation aufweist (*Jauernig/Teichmann* § 831 BGB Rz. 16).

Gelingt der Entlastungsbeweis nach § 831 Abs. 1 Satz 2, 1. Alt. BGB jedoch nicht, so hat der Geschäftsherr noch die Möglichkeit nach § 831 Abs. 1 Satz 2, 2. Alt. BGB nachzuweisen, dass auch bei Anwendung der erforderlichen Sorgfalt, bei der Mitarbeiterauswahl und Überwachung, der Schaden entstanden wäre (*Kropholler* § 831 BGB Rz. 3).

Er muss somit darlegen, dass keine Kausalität zwischen der Sorgfaltspflichtverletzung durch seinen Verrichtungsgehilfen und dem eingetretenen Schaden besteht. Also muss er nachweisen, dass auch kein anderer sorgfältiger Verrichtungsgehilfe den Schadenseintritt hätte vermeiden können und, selbst wenn er persönlich die Tätigkeit ausgeführt hätte, es zu dem schädigenden Ereignis gekommen wäre (*Brox/Walker* SR BT § 41 Rz. 9).

II. Haftungsausfüllender Tatbestand

Der Geschäftsherr schuldet dem Geschädigten nunmehr Schadensersatz nach den §§ 249 ff. BGB, soweit er sich nicht exkulpieren kann.

Beachte 1.:

In den meisten Fällen haftet nicht nur der Geschäftsherr nach § 831 BGB dem Geschädigten für den durch den Verrichtungsgehilfen verursachten Schaden, sondern es **haftet** auch der **Verrichtungsgehilfe persönlich** gemäß § 823 Abs. 1 BGB. Die persönliche Haftung des Verrichtungsgehilfen dem Geschädigten gegenüber ist völlig **unabhängig von der Haftung seines Geschäftsherrn** aus § 831 BGB (*Palandt/Sprau* § 831 BGB Rz. 2). Falls Verrichtungsgehilfe und Geschäftherr in beschriebener Form nebeneinander haften, sind sie Gesamtschuldner im Sinne des § 840 Abs. 1 BGB. Hierin enthalten ist dann auch eine Ausgleichspflicht im Innenverhältnis, also zwischen Geschäftsherr und Verrichtungsgehilfen nach § 840 Abs. 2 BGB (*Palandt/Sprau* § 831 BGB Rz. 2).

Beachte 2.:

Wichtig ist auch, den Unterschied zwischen § 831 und § 278 BGB in diesem Zusammenhang zu kennen. Während es sich bei **§ 831 BGB** um eine **eigenständige Anspruchsgrundlage** handelt und damit die Haftung für vermutetes **eigenes Verschulden** bei der Auswahl und Überwachung von Verrichtungsgehilfen begründet, rechnet **§ 278 BGB** hingegen **fremdes Verschulden** zu (das Verschulden des »Erfüllungsgehilfen«). Es handelt sich also um eine reine **Zurechnungsnorm** (*Brox/Walker* SR BT § 41 Rz. 11; *Schulze/Staudinger* HK § 831 BGB Rz. 4). Auch kann § 278 BGB nur im Rahmen von Schuldverhältnissen Anwendung finden (*Palandt/Sprau* § 831 BGB Rz. 3). Die Vorschrift dient lediglich dem Zweck, in einer bereits bestehenden Anspruchsgrundlage das Merkmal des »Vertretenmüssens« auszufüllen. Im Übrigen hat der Geschäftsherr hier keine Möglichkeit, sich zu exkulpieren (*Schulze/Staudinger* HK § 831 BGB Rz. 3).

Sollte eine Handlung sowohl vertragliche als auch deliktische Haftungen gegen den Schädiger auslösen, so entsteht eine »Anspruchskonkurrenz«. Hatte der Anspruchsgegner einen Gehilfen für die Tätigkeit eingeschaltet, so haftet er hinsichtlich der vertraglichen Ansprüche nach § 278 BGB und in Bezug auf den deliktischen Anspruch aus § 831 BGB (*Jauernig/Teichmann* § 831 BGB Rz. 2).

E. Haftung für Aufsichtsbedürftige gemäß § 832 BGB

Die Haftung für Aufsichtsbedürftige regelt, dass der kraft Gesetzes oder Vertrags zur Aufsicht Verpflichtete für den Schaden, den der zu Beaufsichtigende einem Dritten widerrechtlich zugfügt, aufkommen muss(*Medicus* SR BT Rz. 861).

Prüfungsschema des § 832 BGB

I. Haftungsbegründender Tatbestand
1. Aufsichtspflichtiger
2. Aufsichtsbefohlener
3. tatbestandsmäßige und widerrechtliche unerlaubte Handlung des Aufsichtspflichtigen
4. Verschulden (wird vermutet)

II. Haftungsausfüllender Tatbestand
Ersatz des erlittenen Schadens

I. Haftungsbegründender Tatbestand

1. Aufsichtspflichtiger

Der Aufsichtspflichtige muss eine Aufsichtspflicht gegenüber einem Aufsichtsbefohlenen haben.

Diese Aufsichtspflicht kann sich im Rahmen von Gesetzen sowohl aus der Vormundschaft (§§ 1793, 1800 BGB), der Betreuung (§§ 1896 ff. BGB) oder auch aus einem Ausbildungsverhältnis mit einem Minderjährigen (§§ 6, 9 BbiG) ergeben (*Jauernig/Teichmann* § 832 BGB Rz. 4).

Die vertragliche Übernahme kann sowohl ausdrücklich als auch konkludent erfolgen (*Palandt/Sprau* § 832 BGB Rz. 7). Dies setzt eine umfassende Obhut von angemessener Dauer und weitreichender Einwirkungsmöglichkeit voraus. Hierunter fallen vor allem die Pflegeeltern, Kindergärtner oder auch die Einrichtung eines Kinderheims (BGH NJW **1985**, 678; *Palandt/Sprau* § 832 BGB Rz. 7).

Hingegen wird keine vertragliche Übernahme einer Aufsichtspflicht angenommen, wenn das minderjährige Kind lediglich einen Freund besucht oder bei anderen Personen bleibt, bis die Mutter ihre Einkäufe getätigt hat (BGH NJW **1968**, 1874).

2. Aufsichtsbefohlener

Aufsichtsbefohlene sind Minderjährige und Personen, die wegen ihres geistigen oder körperlichen Zustands der Beaufsichtigung bedürfen (*Erman/Schiemann* § 832 BGB Rz. 2).

3. Tatbestandsmäßige und widerrechtliche unerlaubte Handlung des Aufsichtsbefohlenen

Des Weiteren muss der Aufsichtsbedürftige bzw.-befohlene den objektiven Tatbestand einer unerlaubten Handlung im Sinne der §§ 823 ff. BGB rechtswidrig erfüllt haben. Ein Verschulden ist hierbei nicht erforderlich (*Schulze/Staudinger* HK § 832 BGB Rz. 9). Auch auf die Deliktsfähigkeit kommt es in diesem Fall nicht an (*Palandt/Sprau* § 832 BGB Rz. 10). Jedoch ist zu beachten, dass bei einem Verstoß gegen die guten Sitten oder bei Erfüllung des Betrugstatbestandes auch die subjektiven Tatbestandsmerkmale erfüllt sein müssen (*Palandt/Sprau* § 832 BGB Rz. 10). Eine bloße Vermögensschädigung ist nicht ausreichend (*Palandt/Sprau* § 832 BGB Rz. 10).

Hinzu kommt, dass ein Dritter durch das widerrechtliche Verhalten des Aufsichtsbedürftigen auch geschädigt worden sein muss (*Schulze/Staudinger* § 832 BGB Rz. 9).

4. Verschulden

Das Verschulden des Aufsichtspflichtigen wird auch hier, wie bei dem Verschulden des Geschäftsherrn in § 831 BGB, generell vermutet.

Zu seiner Entlastung hat der Aufsichtspflichtige umfassend darzulegen und zu beweisen, was er zur Erfüllung seiner Aufsichtspflicht alles unternommen hat (*Palandt/Sprau* § 832 BGB Rz. 13).

Ebenfalls ist der Entlastungsbeweis dahingehend zu führen, dass der Schaden auch bei umfassender Beaufsichtigung oder wiederholter Belehrung entstanden wäre, es also an der Ursächlichkeit fehle (BGH NJW-RR **2002**, 236).

Nicht ausreichend ist hingegen die bloße Möglichkeit, dass der »Unfall« sich auch bei Erfüllung der Aufsichtspflicht ereignet hätte. Auch hier finden sich wieder Parallelen zu den Exkulpationsmöglichkeiten des Geschäftsherrn nach § 831 BGB (*Jauernig/Teichmann* § 832 BGB Rz. 7).

II. Haftungsausfüllende Kausalität

Rechtsfolge ist, dass der entstandene Schaden, den der Aufsichtsbedürftige dem Dritten zugefügt hat, durch den Aufsichtspflichtigen zu ersetzen ist.

F. Haftung für Tiergefahren gemäß den §§ 833, 834 BGB

Tierisches Verhalten ist unberechenbar, so dass dadurch die Möglichkeit der Rechtsgütergefährdung besteht (BGHZ **67**, 129).

Wenn sich nunmehr eine solche spezifische Tiergefahr verwirklicht, soll der Tieraufseher oder Tierhalter für den angerichteten Schaden haften. Dies ist darin begründet, dass der Tieraufseher bzw. Tierhalter für das schadensverursachende Tier die Verantwortung trägt (*Schulze/Staudinger* HK § 833 BGB Rz. 1).

Die Haftung für Beschädigungen, welche durch Tiere verursacht werden, nimmt Elemente auf, welche auch im Rahmen der Haftung für Verrichtungsgehilfen und Aufsichtspflichtverletzungen auftreten (*Peifer* SR § 4 Rz. 23).

Die Regelung des § 833 BGB beinhaltet sowohl die Tierhalterhaftung für sogenannte »Luxustiere« (§ 833 BGB Satz 1), als auch die Haftung für »Nutztiere« (§ 833 BGB Satz 2).

Merke:

1. Unterscheidung von § 833 Satz 1 und § 833 Satz 2 BGB

Die Haftung für Luxustiere stellt eine **Gefährdungshaftung** dar. Der Tierhalter kann sich auf keinen Entlastungsbeweis nach § 833 Satz 2 BGB berufen. Folglich tritt im Rahmen des **§ 833 Satz 1 BGB** die **Haftung ohne Verschulden des Tierhalters** ein (*Kropholler* § 833 BGB Rz. 1).

Der § 833 Satz 1 BGB ist innerhalb der §§ 823 ff. BGB der einzige Tatbestand mit Gefährdungshaftung (ausführliche Behandlung der Gefährdungshaftung siehe nächstes Kapitel).

Die Haftung knüpft gerade an eine spezielle Gefahr durch ein Tier an. Es hängt nunmehr lediglich davon ab, ob sich diese spezifische Gefahr, die von dem Verantwortlichen nicht beherrscht wird, verwirklicht hat (*Jauernig/Teichmann* § 833 BGB Rz. 4).

Hingegen wird bei dem Halter von einem Nutztier, welches einen Schaden verursacht, das Verschulden vermutet. Es handelt sich folglich bei **§ 833 Satz 2 BGB** um eine **vermutete Verschuldenshaftung** (*Erman/Schiemann* § 833 BGB Rz. 1). Nunmehr ist lediglich die Ersatzpflicht als ausgeschlossen zu erachten, wenn der Tierhalter bei der Beaufsichtigung des Nutztieres die im Verkehr erforderliche Sorgfalt beachtet hat, oder auch bei Anwendung der erforderlichen Sorgfalt dieser Schaden ebenfalls entstanden wäre. Der Tierhalter trägt somit den Beweis für seine Entlastung (*Jauernig/Teichmann* § 833 BGB Rz. 11). Im Übrigen ist ein Nutztier von dem Luxustier hinsichtlich seiner allgemeinen Zweckbestimmung abzugrenzen. Hingegen kommt es für die Abgrenzung nicht auf die konkrete Verwendung an (*Jauernig/Teichmann* § 833 BGB Rz. 7).

2. Abgrenzung zu § 834 BGB »Haftung des Tieraufsehers«

Im Gegensatz zum Tierhalter hat der Tieraufseher die Aufsicht für ein gewisses Tier per Vertrag übernommen (*Erman/Schiemann* § 834 BGB Rz. 2). Zum Wesen der vertraglich übernommenen Führung der Aufsicht über das Tier gemäß § 834 BGB gehört, dass der Übernehmende, auch innerhalb des bestehenden Abhängigkeitsverhältnisses mit dem Tierhalter, selbstständige Gewalt über das Tier erlangt (*Erman/Schiemann* § 834 BGB Rz. 2). Ihm muss folglich ein gewisses Maß an Selbstständigkeit bei der Betreuung des Tieres zukommen. Dieses muss auch dem Schutz Dritter gegen die von dem Tier ausgehende Gefahr umfassen.

Aufbauschema zusammengefasst für § 833 Satz 1 und Satz 2 BGB

I. Haftungsbegründender Tatbestand
- 1. Rechtsgutverletzung bzw. Schädigung eines Dritten
  (Verletzung von Körper, Gesundheit, Leben oder Eigentum)
- 2. durch ein Tier (»Luxustier« oder Nutztier)
  - a. Kausalzusammenhang (Äquivalenztheorie)
  - b. Verwirklichung der spezifischen Tiergefahr
- 3. Tierhalter
  Beachte: bei § 833 Satz 2 BGB Prüfung wie oben, aber zusätzlicher Prüfungspunkt:
- 4. Verschulden (wird vermutet)
  keine Exkulpation gemäß § 833 Satz 2 BGB

II. Haftungsausfüllender Tatbestand (bei § 833 Satz 1 und Satz 2 wieder gleich)
  Ersatz des entstandenen Schadens durch den Tierhalter

I. Haftungsbegründender Tatbestand

1. Rechtsgutsverletzung

Durch das Verhalten eines Tieres muss eine Verletzung des Körpers, der Gesundheit oder des Lebens eines anderen Menschen, oder eine Verletzung seines Eigentums verursacht worden sein (*Schulze/Staudinger* HK § 833 BGB Rz. 2).

2. Durch ein Tier

Der Schaden muss durch ein Tier herbeigeführt worden sein.

Abzustellen ist auf ein biologisches sowie funktionelles Begriffsverständnis (*Schulze/Staudinger* HK § 833 BGB Rz. 4). Erfasst werden hiernach **Tiere jeder Art**, losgelöst davon, ob sie zahm, wild oder gezähmt (vgl. § 960 BGB) sind, bis hin zu Kleinstlebewesen (Insekten wie Bienen oder Wespen) und Bakterien (*Schulze/Staudinger* HK § 833 BGB Rz. 3).

a. Spezifische Tiergefahr

In der Rechtsgutsverletzung muss sich gerade die spezifische Tiergefahr manifestiert haben (BGH NJW **1999**, 3119).

Dies ist immer dann der Fall, wenn sich die spezifische Tiergefahr, d.h. die durch die Unberechenbarkeit tierischen Verhaltens hervorgerufene Gefährdung der aufgeführten Rechtsgüter eines Dritten, verwirklicht hat (*Palandt/Sprau* § 833 BGB Rz. 6). Eine spezifisch verwirklichte Tiergefahr wird jedoch nicht angenommen, wenn ein Tier vollständig unter der Willensführung eines Menschen steht, so dass dadurch die tierische Unberechenbarkeit völlig ausgeschaltet worden ist (*Erman/Schiemann* § 833 BGB Rz. 4). In diesem Fall stellt das Tier lediglich ein Werkzeug des Menschen dar. Ein Schaden kann dann nur durch das falsche Gebrauchen des Werkzeugs, also des willensunterdrückten Tieres liegen (*Erman/Schiemann* § 833 BGB Rz. 4).

Beispiel 1:

Eine fremde Katze wird als Wurfgeschoss missbraucht. Hier fehlt es an der eigenen Energie des Tieres.

Beispiel 2:

Ein Pitbull wird durch massive Willensbeugung (Schläge; Misshandlung) zum Kampfhund erzogen. Das Tier geht nunmehr nur aufgrund eines Befehls auf andere Personen los. In diesem Fall wird der Hund von seinem Herrn als reine Waffe missbraucht und ist jedes eigenen Willens entledigt. (weitere Beispiele siehe unten)

Beispiele für das Vorliegen typischer Tiergefahr:

Das Ausschlagen und Beißen eines Pferdes; wenn das Pferd scheut oder von der Weidekoppel ausbricht; ein Hund, der eine andere Person unvermittelt anspringt oder anfällt, beißt, oder einem Radfahrer in das Rad hineinläuft, um diesen anzugreifen; Brieftaube kollidiert mit dem Triebwerk eines Flugzeuges; vom Tierhalter ungewollter Deckakt gegenüber seiner reinrassigen Zuchthündin usw. (vgl. BGH NJW **1999**, 3119).

Beispiele, in denen das Tier lediglich Werkzeug des Menschen ist:

Fehllenken einer Kutsche; das Hetzen eines Hundes auf einen Menschen; Springpferd gehorcht Lenkung seines Reiters und stürzt dadurch in das Publikum usw.

Beachte:

Zu unterscheiden ist in § 833 BGB zwischen einem Luxustier und einem Nutztier. Noch einmal soll hier angemerkt werden, dass der Entlastungsbeweis nur bei Verursachung des Schadens durch ein sogenanntes **Nutztier** möglich ist.

In § 833 Satz 2 BGB spricht der Gesetzgeber von einem **Haustier**. Hiermit sind nur zahme Tiere gemeint (RGZ **79**, 248). Sie werden vom Menschen in dessen Wirtschaft zu dessen Nutzen gezogen und gehalten (*Palandt/Sprau* § 833 BGB Rz. 14 a). Der Tierhalter hat über das Haustier die tatsächliche Verfügungsgewalt. Hingegen stellt ein gezähmtes Waldtier kein Haustier dar. Bricht ein in einem Gehege gehaltenes Wildtier aus, so haftet der Tierhalter immer aus Gefährdungshaftung (*Palandt/Sprau* § 833 BGB Rz. 14 a mit weiteren Beispielen; *Schulze/Staudinger* HK § 833 BGB Rz. 9).

Man spricht von einem **Luxustier**, wenn das Haustier aufgrund ausschließlicher Liebhaberei gehalten wird und damit nicht gemäß § 833 Satz 2 BGB dem Beruf, der Erwerbstätigkeit oder dem Unterhalt des Tierhalters zu dienen bestimmt ist (Umkehrschluss aus Wortlaut des § 833 Satz 2 BGB).

Durch die Möglichkeit des Entlastungsbeweises bei der Schadensverursachung durch ein Haustier soll das Nutztier an sich schon privilegiert werden gegenüber dem Luxustier, wie es sich bereits aus dem Wortlaut der Norm ergibt.

Stellt ein Tier für den Menschen sowohl ein Mittel der Berufs- und Erwerbstätigkeit, als auch Komponenten des Liebhaberzweckes dar, so ist in der Prüfung, um welche Art von Tier es sich im Einzelfall handelt, darauf zu achten, welche überwiegende Zweckbestimmung dem Tier zukommt (*Schulze/Staudinger* HK § 833 BGB Rz. 10).

b. Kausalzusammenhang

Das Tierverhalten muss ursächlich für den eingetretenen Unfallerfolg gewesen sein. Die Ursächlichkeit bestimmt sich nach der bereits erläuterten Äquivalenztheorie. Jedoch muss das Verhalten des Tieres nicht alleinige Ursache für den Unfallerfolg gewesen sein. Es reicht eine Mitverursachung aus (BGH DB **71**, 333). Sogar eine mittelbare Ursächlichkeit ist als ausreichend zu erachten (Celle VersR **80**, 430).

Beispiel:

Ein mittelbar ursächlicher Zusammenhang wird bejaht, wenn ein tot auf der Straße liegender Hund, der dorthin gelaufen und überfahren worden ist, einen Verkehrsunfall verursacht; ebenso, wenn das Verhalten des Tieres lediglich psychische Auswirkungen oder eine Schrecksituation hervorgerufen hat, wenn z.B. ein Kind infolge des Anspringens durch den Hund in ein Fahrzeug läuft, oder eine alte Frau aus Angst vor einem großen Hund zurückweicht und dabei stürzt (Celle VersR **80**, 430; *Palandt/Sprau* § 833 BGB Rz. 8).

3. Tierhalter

Tierhalter ist, wer die Bestimmungsmacht über das Tier hat, aus eigenem Interesse für die Kosten des Tieres aufkommt, den allgemeinen Wert und Nutzen des Tieres für sich in Anspruch nimmt und das Risiko seines Verlustes trägt (*Palandt/Sprau* § 833 BGB Rz. 9; *Brox/Walker* SR BT § 42 Rz. 20).

4. Verschulden

Beachte: »nur zu prüfen, wenn es sich bei dem Tier um ein Nutztier handelt«

Die Haftung des Tierhalters eines **Nutztieres** ist Haftung für **vermutetes Verschulden**. Die Ersatzpflicht entfällt gemäß § 833 Satz 2 BGB, wenn der Tierhalter bei der Beaufsichtigung des Tieres die erforderliche Sorgfalt nachweisen kann, oder der Schaden trotz Anwendung der gebotenen Sorgfalt ebenfalls eingetreten wäre (*Jauernig/Teichmann* § 833 BGB Rz. 11). Kann er sich nicht entlasten, ist das Verschulden zu bejahen.

II. Haftungsausfüllender Tatbestand

Der Tierhalter haftet für den Schaden, der durch das Tier verursacht worden ist. Nach § 833 Satz 1 und Satz 2 BGB besteht ein Anspruch auf Schadensersatz. Der Umfang des Schadensersatzes ergibt sich aus den §§ 249 ff. BGB. Die Zahlung von Schmerzensgeld ist ebenfalls möglich und richtet sich nach § 253 Abs. 2 BGB.

Beachte:

Ein Mitverschulden des Geschädigten ist im Rahmen des § 254 Abs. 1 BGB zu berücksichtigen (*Schulze/Staudinger* HK § 833 BGB Rz. 13). Wird der Schaden durch ein Tier des Geschädigten mitverursacht, wird seine Tierhalterhaftung ebenfalls nach § 254 BGB (analog) berücksichtigt (*Schulze/Staudinger* HK § 833 BGB Rz. 13).

Exkurs:

Bei der Haftung für ein Luxustier tritt die Haftung ein, ohne dass ein Verschulden vorliegen muss. Somit ist fraglich, wie hier der **Minderjährige als Tierhalter** geschützt werden kann. Nach überwiegender Ansicht werden die §§ 104 ff. BGB analog auf die Haltereigenschaft angewendet. Folge hieraus ist, dass die Tierhaltereigenschaft nicht lediglich rechtlich vorteilhaft ist für den Minderjährigen. Das Halten eines Tieres bringt genauso auch rechtliche Nachteile mit sich (*MüKo/Stein* § 834 BGB Rz. 2).

Eine andere Ansicht will in diesem Problemfall die §§ 828, 829 BGB entsprechend anwenden, obwohl diese Vorschriften ansonsten auf die Gefährdungshaftung keine Anwendung finden.

Nachvollziehbarer ist hier wohl die überwiegende Meinung, da sie weniger gegen die Systematik der Gefährdungshaftung läuft und damit eine Analogie zu den §§ 104 BGB und sich damit besser einfügt, als die eher abwegige analoge Anwendung der §§ 828, 829 BGB.

Aufbauschema des § 834 BGB

I. Haftungsbegründender Tatbestand
  1. Rechtsgutsverletzung
  2. durch ein Tier
  3. Tieraufseher
    kraft Vertrag
  4. Verschulden
    wird vermutetet
II. Haftungsausfüllender Tatbestand
  Ersatz des entstandenen Schadens durch den Tieraufseher

I. Haftungsbegründender Tatbestand

1. Rechtsgutsverletzung

Hinsichtlich der Rechtsgutsverletzung kann auf oben gemachte Ausführungen im Rahmen des § 833 BGB verwiesen werden.

2. Durch ein Tier

Auch hier sind die vorangegangenen Erklärungen in entsprechender Weise gleichlaufend, so dass die Erläuterungen innerhalb des § 833 BGB gleichermaßen Anwendung finden.

3. Tieraufseher

Der Tieraufseher hat die Aufsicht über das Tier mittels eines Vertrages übernommen (*Brox/Walker* SR BT § 42 Rz. 21). Problematisch erscheint nunmehr, ob der § 834 Satz 1 BGB für die Haftung des Tieraufsehers auch einen wirksamen Vertrag voraussetzt.

Beispiel:

Der 14-jährige M geht regelmäßig mit dem Bernhardiner seines Nachbarn N in den Park. Hierfür erhält er 15,- € die Woche. An einem sonnigen Tag lässt M den Hund von der Leine, um ihn im Park frei laufen zu lassen. Der N hatte ihm dies jedoch ausdrücklich untersagt. Nunmehr lief der Bernhardiner seine Freiheit genießend durch den Park und traf auf den tapferen und kleinen Cockerrüden. Der Bernhardiner biss zu seiner Revierverteidigung den Cocker in das rechte Hinterbein. Der Tierhalter des verletzten Tieres will nunmehr die Heilbehandlungskosten von M erstattet haben.

M könnte hier als Tieraufseher die Führung der Aufsicht über den Bernhardiner durch Vertrag mit N übernommen haben. Es handelt sich vorliegend um keine reine Gefälligkeit, da der M von N eine Vergütung für das Ausführen erhalten hat. In Anbetracht der Minderjährigkeit des M ist fraglich, ob dieser Vertrag überhaupt wirksam ist. Dem könnte entgegenstehen, dass der Vertrag nicht lediglich rechtlich vorteilhaft für den M gewesen ist. Nach den §§ 107, 108 Abs. 1 BGB ist der Vertrag, bis zur entgültigen Verweigerung der Genehmigung durch die Eltern, schwebend unwirksam. Da die Eltern ihre Zustimmung vorliegend nicht erteilten und auch eine nachträgliche Genehmigung versagt haben, ist der Vertrag zwischen M und N unwirksam.

Somit spricht auch hier der Schutz des Minderjährigen dafür, dass ein wirksamer Vertrag für den Tieraufseher vorliegen muss.

Merke:

Mit der Tieraufseherhaftung ist ein erhebliches Risiko verbunden, bei Schadenseintritt für vermutetes Verschulden zu haften. Dies kann somit nur dem aufgebürdet werden, der eine wirksame vertragliche Verpflichtung übernommen hat.

Nach h.M. ist es unbillig und entspricht auch nicht dem Rechtsgedanken des § 834 BGB, jemanden, der aus reiner Gefälligkeit handelt, nicht haften zu lassen, aber trotzdem eine Haftung bei einer Person zu bejahen, die einen unwirksamen Vertrag geschlossen hat (*Staudinger/Belling/Eberl-Borges* § 834 BGB Rz. 12; a.A. *MüKo/Stein* § 834 BGB Rz. 2).

Der M haftet somit nach h.M. nicht für den entstandenen Schaden in Form von tierärztlichen Heilbehandlungskosten.

4. Verschulden

Sowohl das Verschulden als auch die haftungsbegründende Kausalität zwischen Sorgfaltsverstoß und Verletzungserfolg werden **widerleglich vermutet**, so dass sich der Tieraufseher **exkulpieren** kann (*Schulze/Staudinger* HK § 834 BGB Rz. 1).

II. Haftungsausfüllender Tatbestand

Der Tieraufseher hat den durch sein Verschulden entstandenen Schaden eines Dritten zu ersetzen. Der Umfang des Schadens richtet sich hier ebenfalls, wie in § 833 BGB, nach den §§ 249 ff. BGB. Gleichzeitig besteht auch eine Verpflichtung zur Zahlung von Schmerzensgeld nach § 253 Abs. 2 BGB. Im Übrigen finden die Regeln des zum § 833 BGB Gesagten Anwendung.

G. Haftung bei Einsturz eines Gebäudes gemäß § 836 BGB

Die Haftung für den Einsturz eines Gebäudes im Sinne des § 836 BGB stellt ein Sonderrecht der **allgemeinen Verkehrssicherungspflicht** dar (*Brox/Walker* SR BT § 42 Rz. 25).

In § 836 BGB steckt der generelle Regelungsgehalt, dass jeder für Beschädigungen, die durch seine Sachen verursacht worden sind, auch aufzukommen hat, soweit diese durch einfache Rücksichtnahme auf die Interessen des Gegenüber hätten verhindert werden können (*Larenz/Canaris* II/2 § 79 VI,1.).

Aufbauschema des § 836 BGB

I. Haftungsbegründender Tatbestand
   1. Rechtsgutsverletzung
   2. durch Einsturz oder Ablösung
   3. aufgrund fehlerhafter Errichtung/oder mangelhafter Unterhaltung
   4. Anspruchsgegner
      Eigenbesitzer oder ehemaliger Besitzer
   5. Verschulden
      (wird vermutet)
II. Haftungsausfüllender Tatbestand
   Ersatz des entstandenen Schadens

I. Haftungsbegründender Tatbestand

Der haftungsbegründende Tatbestand des § 836 BGB setzt voraus, dass eine Rechtsgutsverletzung durch den Einsturz eines Gebäudes oder die Ablösung eines Gebäudeteils, oder durch den Einsturz oder Ablösung eines mit einem Grundstück verbundenen Werks verwirklicht worden ist (*Jauernig/Teichmann* § 836 BGB Rz. 3).

1. Rechtsgutsverletzung

Durch § 836 BGB wird das **Leben** des Einzelnen, wie auch dessen **Gesundheit** und das **Eigentum** geschützt (*Erman/Schiemann* § 836 BGB Rz. 7). Eines dieser Rechtsgüter muss verletzt worden sein.

2. Durch Einsturz oder Ablösung

Wenn das gesamte Werk einbricht, stellt dies einen Einsturz im Sinne des § 836 BGB dar (*Palandt/Sprau* § 836 BGB Rz. 7). Eine Ablösung ist dann anzunehmen, wenn lediglich ein Teil in seinem Zusammenhang mit dem Ganzen oder auch nur in seinem eigenen inneren Zusammenhang getrennt oder gelockert wird (*Medicus* SR BT Rz. 865). Bei der Ablösung bleibt jedoch das übrige Werk unversehrt (*Palandt/Sprau* § 836 BGB Rz. 7).

3. Von Gebäude oder Gebäudeteil oder ein mit einem Grundstück verbundenem Werk

Ein **Gebäude** ist mit dem Erdboden verbunden, in sich geschlossen und betretbar (*Jauernig/Teichmann* § 836 BGB Rz. 4). Auch unbewohnbare Häuser oder Ruinen fallen unter den Begriff des Gebäudes (*Jauernig/Teichmann* § 836 BGB Rz. 4).

Hingegen stellen **Teile eines Gebäudes** Sachen dar, die erst zur Herstellung eines Gebäudes eingefügt worden sind. Die Zugehörigkeit zum Bauganzen ergibt sich vor allem daraus, dass sie in einem festen baulichen Zusammenhang mit dem Gebäude selbst stehen. Die Sache muss aus baulichen Gründen oder zu baulichen Zwecken an dem Gebäude angebracht worden sein (*Palandt/Sprau* § 836 BGB Rz. 4). Nicht als Gebäudeteile werden Sachen erachtet, die lediglich in mechanischer Verbindung mit dem Gebäude stehen (*Palandt/Sprau* § 836 BGB Rz. 4).

Ein **mit einem Grundstück verbundenes Werk** ist jeder einem bestimmten Zweck dienende, nach gewissen Regeln der Kunst oder Erfahrung unter Verbindung mit dem Erdkörper hergestellte Gegenstand, unerheblich, für welche Dauer die Verbindung bestimmt ist (BGH NJW **1961**, 1970; *Palandt/Sprau* § 836 BGB Rz. 4).

Beispiele:

Brücke, im Boden verankerte Kinderschaukel, Wasser- oder Rohrleitung im Erdreich; Denkmäler; Terrassen oder Brunnen usw. (siehe auch *Palandt/Sprau* § 836 BGB Rz. 3 mit weiteren Beispielen).

4. Aufgrund fehlerhafter Errichtung oder mangelhafter Unterhaltung

Kausal für den Einsturz oder die Ablösung muss eine mangelhafte Errichtung oder eine mangelhafte Unterhaltung des Gebäudes gewesen sein (*Medicus* SR BT Rz. 866). Die Kausalität ist gegeben, wenn gerade der Schaden durch die typischen Gefahren des Einsturzes oder der Ablösung hervorgerufen worden ist.

Zwar trägt hierfür der Geschädigte den Beweis, dies stellt jedoch kein Erschwernis für diesen dar, denn ihm kann hier der **Anscheinsbeweis** helfen. Dies ergibt sich daraus, dass der Lebenssachverhalt Schlüsse auf einen bestimmten Verlauf zulässt. Somit muss der Geschädigte lediglich beweisen, dass der eingetretene Erfolg auf einen möglichen ursächlichen Lebenssachverhalt deutlich hinweist. Der Schädiger hingegen muss nunmehr gegenteilige Tatsachen vortragen, um sich entlasten zu können (*Palandt/Sprau* § 836 BGB Rz. 13).

Ein Bau ist fehlerhaft errichtet, wenn er die Gefahr birgt, das Leben und die Gesundheit anderer zu gefährden (BGH DRiZ **62**, 422).

Klausur-Tipp:

Sollte sich aus dem Klausursachverhalt ergeben, dass der fehlerhafte Bau auf das Verschulden einer bestimmten Person zurückzuführen ist, so muss auch neben der Prüfung des § 836 BGB der Anspruch des Geschädigten gegen diese Person im Rahmen des § 823 Abs. 1 BGB festgestellt werden. Die verursachende Person haftet somit auch alleine neben dem Anspruch aus § 836 BGB.

Von der Unterhaltspflicht umfasst ist die Überprüfung des baulichen und technischen Zustands (*Schulze/Staudinger* HK § 836 BGB Rz. 10). Wird diese Überprüfung unterlassen, ist festzustellen, ob dies ursächlich für den Einsturz des Gebäudes bzw. für die Ablösung von Gebäudeteilen war und ob bei einer ordnungsgemäßen Unterhaltung der Einsturz oder die Ablösung verhindert hätte werden können (*Jauernig/Teichmann* § 836 BGB Rz. 10).

5. Anspruchsgegner

Anspruchsgegner kann immer nur die Person sein, die gegenwärtig Eigenbesitzer ist oder früher Eigenbesitzer des Grundstücks war (vgl. §§ 836 Abs. 1 und Abs. 2 BGB). Der Begriff des Eigenbesitzers ist in § 872 BGB legal definiert.

6. Verschulden

Bei dem gegenwärtigen Eigenbesitzer, nach § 836 Abs. 1 Satz 2 BGB, wird das Verschulden vermutet. Es wird von einer schuldhaften Verletzung der Sorgfaltspflicht bei der Errichtung und Unterhaltung eines Gebäudes ausgegangen. Weiterhin wird vermutet, dass die Pflichtverletzung auch ursächlich für den eingetretenen Schaden gewesen ist.

Für den früheren Besitzer nach § 836 Abs. 2 BGB gelten dieselben Kriterien für die Verschuldensvermutung.

Hinzu kommt, dass er sich durch den Nachweis entlasten kann, dass ein Folgebesitzer durch Beachtung der erforderlichen Sorgfalt die Gefahr hätte abwenden können.

II. Haftungsausfüllender Tatbestand

Auch hier hat der gegenwärtige Besitzer, bzw. der frühere Besitzer für den Schaden aufzukommen, der einem anderen durch die Verletzung der Sorgfaltspflicht bei Errichtung oder Erhaltung eines Gebäudes entstanden ist.

Der Umfang des Schadensersatzes bestimmt sich nach den §§ 249 ff. BGB.

Beachte:

- **§ 837 BGB** regelt die Haftung für den **Gebäudebesitzer**. Davon zu unterscheiden ist wiederum die in **§ 838 BGB** geregelte Haftung des **Gebäudeunterhaltspflichtigen**.
- Zusammengefasst kann festgestellt werden, dass der Prüfungsaufbau beider Anspruchsgrundlagen im Wesentlichen dem des § 836 BGB entspricht. Lediglich der Anspruchsgegner ist hier ein anderer.
- Haftungsgrund ist bei jeder dieser Normen der allgemeine Rechtsgedanke, dass jeder für vermeidbare Schäden durch seine Sache einstehen soll (BGHZ **58**, 149; *Schellhammer* BGB Rz. 1083).
- In § 837 BGB ist nunmehr der **Gebäude**besitzer und nicht der **Grundstücks**besitzer Anspruchsgegner.
- Nach § 838 BGB ist der Anspruchsgegner der Gebäudeunterhaltspflichtige. Darunter versteht man die Person, die eine Unterhaltung des Gebäudes vertraglich übernommen hat. Hierunter fallen vor allem Nutzungsberechtigte, wie der Nießbraucher oder der Grunddienstbarkeitsberechtigte, welche zur Unterhaltung des Gebäudes in Anspruch genommen werden können und dann für entstehende Schäden gegenüber Dritten selbst haften.
- Nach §§ 836 bis 838 BGB können Personen- und Sachschäden ersetzt verlangt werden, die von Gebäuden herrühren (*Brox/Walker* SR BT § 42 Rz. 25).
- Es handelt sich lediglich um speziell geregelte Fälle der Verletzung von Verkehrspflichten. Der Schadensersatzanspruch kann auf § 832 Abs. 1 BGB gestützt werden; allerdings muss der Geschädigte dann das Verschulden des Schädigers behaupten und beweisen, wohingegen nach den §§ 836 ff. BGB das Verschulden vermutet wird (*Brox/Walker* SR BT § 42 Rz. 25).

Kapitel 6: Die Gefährdungshaftung

A. Einleitung

I. Rechtsgedanke der Gefährdungshaftung

Bereits mit dem Tatbestand des § 833 Satz 1 BGB haben wir eine Ersatzpflicht des Schädigers für solche Schäden kennen gelernt, die durch eine für andere mit besonderen Gefahren verbundenen Tätigkeit verursacht worden ist. In § 833 Satz 1 BGB entsteht durch die Haltung eines Luxustiers bereits eine tiertypische Gefahr, für die der Tierhalter zu haften hat im Falle eines Schadenseintritts. Dies stellt eine Gefährdungshaftung dar.

Neben dem vom Verschuldensprinzip geprägten Schadensausgleich des Deliktsrechts kommt eine wesentliche Bedeutung auch der **Haftung ohne Verschulden** zu (*Soergel/Spickhoff* vor § 823 BGB Rz. 44).

Im Gegensatz zur Verschuldenshaftung knüpft die Gefährdungshaftung immer an ein grundsätzlich **erlaubtes, rechtmäßiges Verhalten des Ersatzpflichtigen** an (*Erman/Schiemann* vor § 823 BGB Rz. 5).

Sinn und Zweck der **Gefährdungshaftung** ist es also, dass derjenige, der zu seinem Nutzen eine bestimmte typischerweise gefährliche Sache besitzt oder ein bestimmtes typischerweise gefährliches Verhalten an den Tag legt, auch für die Schadensfolgen aufzukommen hat, wenn sich das typische Risiko verwirklicht hat (*Erman/Schiemann* vor § 823 BGB Rz. 5).

Dies muss vor allem **verschuldensunabhängig** geschehen.

Merke:
Gefährdungshaftung ist die **Haftung** für Schäden aus selbst gesetzten und daher zu verantwortenden **Gefahrenquellen** (*Peifer* SR § 6 Rz. 1).

II. Grundrechtseingriff zu Lasten des Schadenspflichtigen

Es muss aber auch bedacht werden, dass mit der Gefährdungshaftung ein **Grundrechtseingriff zu Lasten des Pflichtigen** erfolgt. Der Pflichtige ist nämlich **immer** in der Haftung, ohne dass Rücksicht auf sein wirkliches Verschulden genommen wird (*Schulze/Staudinger* HK vor §§ 823-853 BGB Rz. 5).

Aufgrund dessen muss dem »Vorbehalt des Gesetzes« im Sinne des Art. 20 Abs. 3 GG Rechnung getragen werden. Es ist immer eine formell-gesetzliche Rechtsgrundlage erforderlich, die zusätzlich den ebenfalls verankerten **Grundsatz der Verhältnismäßigkeit** beachten muss (BGHZ **55**, 229).

Dieser Grundgedanke ist außer für § 833 S.1 BGB hinsichtlich des Luxustiers insbesondere für die im Folgenden genannten **spezialgesetzlich geregelten Gefährdungshaftungen** maßgeblich:

§§ 1 ff. HaftpflG

- Für die Schäden, die dadurch entstehen, dass beim Betrieb einer **Schienenbahn** oder einer **Schwebebahn** ein Mensch getötet, an Körper oder Gesundheit verletzt oder dass eine Sache beschädigt wird, haftet nach **§ 1 HaftPflG** grundsätzlich der Betriebsunternehmer.
- Entsteht ein entsprechender Schaden durch die **Wirkung** von **Elektrizität, Gasen, Dämpfen** oder **Flüssigkeiten**, die von einer Stromleitungs- oder Rohrleitungsanlage oder einer Anlage zur Abgabe der bezeichneten Energie oder Stoffen ausgehen, so ist nach § 2 HaftpflG grundsätzlich der Inhaber der Anlage ersatzpflichtig (*Soergel* II/2 vor § 823 BGB Rz. 49).

§ 7 StVG

- Nach § 7 Abs. 1 StVG ist der **Halter eines Fahrzeugs** verpflichtet dem Verletzten den Schaden zu ersetzen der daraus resultiert, dass bei dem Betrieb eines Kraftfahrzeuges ein Mensch getötet, der Körper oder die Gesundheit eines Menschen verletzt oder eine Sache beschädigt wird (vgl. ausführlich weiter unten).

§ 33 LufVG (Luftverkehrshaftpflicht)

- Wird bei dem Betrieb eines Luftfahrzeugs durch Unfall jemand getötet, sein Körper oder seine Gesundheit verletzt oder eine Sache beschädigt, so ist nach § 33 LuftVG der »Halter des Luftfahrzeugs« verpflichtet, den Schaden zu ersetzen. Die Haftung ist hierbei auf **Höchstbeträge** (§ 37 LuftVG) begrenzt.

Beachte:

Bei der Haftung für Unfälle im Luftverkehr unterscheiden die § 33 ff. LuftVG zwischen der Haftung des Halters eines Luftfahrzeugs sowie dem unbefugten Benutzer auf der einen und der des Luftfrachtführers auf der anderen Seite (*Eckert* SR Rz. 1821).

Halter und **Schwarzflieger** haften nach § 33 LuftVG für jeden **bei dem Betrieb eines Luftfahrzeuges** verursachten Unfallschaden. Dies gilt selbst dann, wenn der Unfall auf höherer Gewalt beruht (*Eckert* SR Rz. 1821). Diese strenge Gefährdungshaftung gilt ausschließlich dann, wenn es sich um Geschädigte handelt, die nicht am Betrieb des schadensstiftenden Luftfahrzeug beteiligt gewesen sind (BGH VersR **1991**, 341). Eine Gefährdungshaftung für Schäden der Passagiere oder an beförderten Sachen scheidet damit aus.

Der Luftfrachtführer haftet nach § 44 LuftVG für alle Personen- und Sachschäden, die Passagiere beim Betrieb eines Luftfahrzeugs erleiden oder die an Frachtgütern entstehen (*Soergel* II/2 vor § 823 BGB Rz. 53). Es handelt sich aber in diesem Zusammenhang um keine Gefährdungshaftung, sondern um eine Haftung des Luftfrachtführers für vermutetes Verschulden. Exkulpieren kann er sich, indem er beweist, dass er und seine Mitarbeiter alle erforderlichen Maßnahmen zur Verhütung des Schadens getroffen haben, oder dass er gerade die erforderliche Maßnahme überhaupt nicht hätte treffen können (*Eckert* SR Rz. 1821).

§ 22 WHG (Wasserhaushaltsgesetz)

- Nach dem **Gesetz zur Ordnung des Wasserhaushalts** ist derjenige, der in ein Gewässer Stoffe einbringt oder einleitet oder auf ein Gewässer derart einwirkt, dass die physikalische, chemische oder biologische Beschaffenheit des Wassers verändert wird, zum Ersatz des daraus dem anderen entstehenden Schadens verpflichtet, vgl. § 22 WHG.

§ 84 AMG (Arzneimittelgesetz)

- Das Arzneimittelgesetz legt dem **pharmazeutischen Unternehmer** eine Haftung für die von ihm im Inland in Verkehr gebrachten, **zum Gebrauch des Menschen bestimmten Arzneimittel** auf, die der Pflicht zur Zulassung unterliegen oder durch Rechtsverordnung von der Zulassung befreit worden sind. Im Rahmen gesetzlicher **Höchstbeträge** im Sinne des § 88 AMG ist er zum Ersatz von Schäden verpflichtet, die dadurch entstehen, dass infolge der Anwendung eines solchen, im Inland an den Verbraucher abgegebenen Arzneimittel bei bestimmungsgemäßem Gebrauch schädliche Wirkungen hat, die über ein nach der Erkenntnis der medizinischen Wissenschaft vertretbares Maß hinausgehen, vgl. § 84 Abs. 1 Nr. 1 AMG (*Soergel* II/2 vor § 823 BGB Rz. 60).

§§ 25 ff. AtomG (Atomgesetz)

- Das Atomgesetz regelt in den §§ 25 ff. AtomG die Haftung für Schäden durch Kernenergie (*Eckert* SR Rz. 1822). Dabei unterscheidet es zwischen der Haftung des Inhabers einer Kernanlage oder des Betreibers von »Reaktorschiffen« einerseits und der des Besitzes von radioaktiven oder Kernspaltungsstoffen andererseits.

  Der **Inhaber einer Kernanlage** und der **Betreiber eines Reaktorschiffes** haften nach § 25 AtomG für jeden durch ein **nukleares Ereignis** verursachten Schaden einschließlich reiner Vermögensschäden. Dies gilt auch, wenn der Schaden durch höhere Gewalt eingetreten ist.

  Der **Besitzer** oder **frühere Besitzer** von **Kernspaltungsstoffen, radioaktiven Stoffen oder Beschleunigern** haftet dagegen nach § 26 AtomG nur für Tötung, Körperverletzung und Sachbeschädigung mit Ausnahme reiner Vermögensschäden (*Eckert* SR Rz. 1822).

§§ 114 BbergG

- Nach **Bundesberggesetz** §§ 114 ff. sind der Bergwerksunternehmer und der Bergbauberechtigte zum Ersatz des Schadens verpflichtet, der dadurch entsteht, dass infolge der Ausübung einer näher bezeichneten bergbaurechtlichen Tätigkeit oder durch einen Bergbaubetrieb ein Mensch getötet, der Körper oder die Gesundheit eines Menschen verletzt oder eine Sache beschädigt wird (*Soergel* II/2 vor § 823 BGB Rz. 55).

§ 7 BDSG

- Als Gefährdungshaftung wird ferner gelegentlich die verschuldensunabhängige und in der Höhe begrenzte Ersatzpflicht nach dem **Bundesdatenschutzgesetz** (vgl. §§ 7, 8 BDSG) bezeichnet (BT-Drucks **11/4306** S. 41).

  Sie betrifft Schäden, die eine öffentliche Stelle jemandem durch eine unzulässige oder unrichtige automatisierte Verarbeitung seiner personenbezogenen Daten zufügt, und setzt damit im Unterschied zum klassischen Feld der Gefährdungshaftung ein objektiv rechtswidriges Verhalten voraus (*Soergel* II/2 vor § 823 BGB Rz. 65).

§§ 11, 32 GentechnG (Gentechnikgesetz)

- § 32 GentechnG begründet für den **Betreiber** eine **Gefährdungshaftung** die ausgelöst wird, wenn durch Eigenschaften von Organismen, die auf gentechnischen Arbeiten beruhen, ein Mensch getötet, verletzt oder eine Sache beschädigt wird.

§ 1 ProdHaftG

- Das Produkthaftungsgesetz gibt dem privaten Verbraucher das Recht, einen Anspruch gegen den Hersteller eines fehlerhaften Produkts auf einfache Weise geltend zu machen. Ausführlich wir die Produkthaftung später im Buch behandelt, so dass hier an dieser Stelle noch nicht näher darauf eingegangen werden soll.

§ 1 UmweltHG (Umwelthaftungsgesetz)

- Das Umwelthaftungsgesetz sieht in § 1 eine Gefährdungshaftung des Inhabers bestimmter Anlagen vor, wenn durch eine von diesen ausgehende **Umwelteinwirkung** jemand getötet oder seine Gesundheit verletzt oder eine Sache beschädigt wird. Dabei erstreckt sich die Gefährdungshaftung nicht nur auf Störfälle, sondern auch auf Schäden infolge des Normalbetriebs (**Eckert** SR Rz. 1827).

Merke:
Die Gefährdungshaftung erkennt man in der Regel daran, dass sie entweder den **Betriebsunternehmer**, den **Inhaber einer Anlage** und den **Halter eines Kraft- oder Luftfahrzeuges** trifft.

Beispiel:

Der Kraftfahrzeughalter haftet nach § 7 Abs. 1 StVG verschuldensunabhängig für die Betriebsgefahren des von ihm gehaltenen Fahrzeugs. Dies stellt den typischen Fall dar, bei dem ein Risiko zwar erlaubt, jedoch von strenger Haftung und der Pflicht zur Versicherung möglicher Haftungsrisiken begleitet wird.

Gleiches gilt, nur in größerem Ausmaß, für den Betreiber einer Atomenergieanlage (§ 25 AtomG) oder bei dem Hersteller eines Produkts (§ 1 ProdHaftG).

Hieraus ergibt sich z.B. auch, dass der Betreiber einer gefährlichen Anlage immer nur für bestimmte typische, in der Regel vom Gesetz definierte Risiken, nicht aber für jede denkbare Risikoverwirklichung zu haften hat, denn dies würde wiederum eindeutig das zumutbare Haftungsrisiko überdehnen (*Kötz,* DR Rn. 333).

Um für den Verpflichteten tragbar zu sein und auch gerade, um dem Grundsatz der Verhältnismäßigkeit zu entsprechen, bedarf die Gefährdungshaftung daher dieser besonderen Eingrenzung. Es wäre unverhältnismäßig, wenn der Betreiber eines großen Unternehmens für jegliche Unglücksschäden aufzukommen hätte, die nur im Geringsten mit seiner geschaffenen Gefahrenquelle in Verbindung stünden. Folglich ist eine enge Auslegung im Höchsten Maße wichtig und existenziell entscheidend für einen Betriebsunternehmer oder einen Betreiber einer Anlage.

Zu beachten ist an dieser Stelle noch, dass auch andere nicht normierte gefährliche Verhaltensweisen (z.B. der Schusswaffengebrauch oder das Fallschirmspringen) auch **nicht in analoger Anwendung** zu den bereits bestehenden Gefährdungshaftungstatbeständen zum Zuge kommen können (*Larenz/Canaris* II/2 § 84 I.1.). Neue Risiken müssten dann auch neu durch den Gesetzgeber sanktioniert werden. Eine praktische, besonders wichtige Folge dieser Gesetzestechnik besteht also darin, dass für das Recht der Gefährdungshaftung das **Enumerationsprinzip** gilt, d.h. eine Gefährdungshaftung tritt nur dann ein, wenn sie durch eine spezielle Vorschrift angeordnet wird (BGHZ **55**, 229, 234; *Jauernig/Teichmann* vor § 823 BGB Rz. 9; *Larenz/Canaris* II/2 § 84 I.1.). Die Schaffung zahlreicher spezialgesetzlicher Sonderregelungen mit unterschiedlichen Voraussetzungen und z.T. auch divergierenden Folgen führt nämlich mehr oder weniger zwangsläufig zu einem System verhältnismäßig eng umrissener Einzeltatbestände, das enumerativen Charakter hat (*Larenz/Canaris* II/2 § 84 I.1.).

Merke:

Einen **Generaltatbestand** für die Gefährdungshaftung gibt es **nicht**. Es sind nur die bereits genannten Normen einer Gefährdungshaftung zugänglich. Eine analoge Anwendung auf nicht gesetzlich geregelte Fälle ist nach der Rechtsprechung ausgeschlossen, insbesondere unter Berücksichtigung des »Vorbehalts des Gesetzes« (BGHZ **54**, 336).

Im Folgenden wird in verschiedenen Abschnitten auf die für eine Klausur wesentlichen Gefährdungshaftungstatbestände, in Abgrenzung zu den teilweise darin enthaltenen Verschuldenshaftungen, eingegangen.

Dies sind vor allem die **Kfz-Halterhaftung**, die **Produzentenhaftung** und die **Produkthaftung**. Die weiteren oben angegebenen Normen, die eine Gefährdungshaftung begründen, folgen ebenfalls gleicher Prüfungssystematik, sind aber in der Regel nicht Gegenstand einer Klausur im Deliktsrecht.

B. Die Haftung des Fahrzeughalters gemäß § 7 Abs. 1 StVG

Der Halter eines Kraftfahrzeuges oder Anhängers haftet ohne Rücksicht auf Verschulden für eingetretene Schäden, die dadurch entstanden sind, dass bei dem Betrieb des Fahrzeugs (oder Anhängers) ein Mensch getötet oder der Körper oder die Gesundheit eines Menschen verletzt oder eine Sache beschädigt oder zerstört worden ist. Anspruchsgrundlage für den Geschädigten gegen den Fahrzeughalter ist § 7 Abs. 1 StVG.

Hinzu kommt, dass der Fahrzeughalter gesetzlich verpflichtet ist, eine Haftpflichtversicherung abzuschließen (auch bekannt als Autoversicherung) im Sinne des § 1 PflVG. Hieraus begründet sich zudem ein direkter Anspruch des Geschädigten gegen die Versicherung des Fahrzeughalters gemäß § 3 PflVG. Sinn und Zweck dieser zusätzlichen Haftpflichtversicherung ist es, den Geschädigten davor zu schützen, das mögliche Risiko zu tragen, dass der Fahrzeughalter nicht liquide ist und eine ausreichende Mindestversorgung des Unfallopfers nicht erlangt werden kann (*Peifer* SR § 6 Rz. 5).

Von der Haftung des Kraftfahrzeughalters nach § 7 Abs. 1 StVG ist die Haftung des Fahrzeugführers im Sinne des § 18 Abs. 1 StVG streng zu unterscheiden.

Wie bereits erörtert handelt es sich bei § 7 Abs. 1 StVG um den Tatbestand einer Gefährdungshaftung, er ist somit verschuldensunabhängig. Die **Haftung des Fahrers** gemäß **§ 18 Abs. 1 StVG** ist demgegenüber eine Haftung aus vermutetem Verschulden, sie ist **verschuldensabhängig** (*Brox/Walker* SR BT § 46 Rz. 3). Bereits der Wortlaut des § 18 Abs. 1 Satz 2 StVG lässt erkennen, dass eine Haftung als ausgeschlossen erachtet wird, wenn der entstandene Schaden gerade nicht auf dem Verschulden des Fahrers beruht.

Klausur-Tipp:

Der § 7 Abs. 1 und der § 18 Abs. 1 StVG sind **nebeneinander** zu prüfen, soweit Anspruchskonkurrenz vorliegt. Anspruchskonkurrenz besteht immer dann, wenn Fahrzeugführer und Fahrzeughalter ein und dieselbe Person gewesen sind (*Brox/Walker* SR BT § 46 Rz. 17).

Jedoch ist bei der Prüfung beider Tatbestände zu beachten, dass § 7 Abs. 1 StVG eine Gefährdungshaftung darstellt und § 18 Abs. 1 StVG ein Verschulden des Fahrzeugführers verlangt. Die Haftung aus § 7 oder § 18 StVG kann außerdem **neben** der Unrechtshaftung aus § 823 Abs. 1 BGB eingreifen (*Brox/Walker* SR BT § 46 Rz. 17). Dies ergibt sich aus § 16 StVG. Eine zwingende Prüfungsreihenfolge gibt es nicht. Jedoch handelt es sich bei der Haftung aus dem StVG um die spezielleren Regelungen, so dass angeraten wird, auch mit diesen die Prüfung zu beginnen.

Prüfungsschema des § 7 Abs. 1 StVG

I. Haftungsbegründender Tatbestand
1. Rechtsgutverletzung
2. bei Betrieb eines Kraftfahrzeuges
a) Kausalität i.S.d. Äquivalenztheorie
b) Realisierung der Betriebsgefahr
3. Anspruchsverpflichteter (Fahrzeughalter)
4. Fehlen eines Ausschlusstatbestands
a) höhere Gewalt (§§ 7 Abs. 2 StVG)
b) sonstige Ausschlussgründe (§ 7 Abs. 3, 8, 8 a StVG)
II. Haftungsausfüllender Tatbestand
Ersatz des entstandenen Schadens.

I. Haftungsbegründender Tatbestand

1. Rechtsgutverletzung

Vorraussetzung ist zunächst, dass eines der in § 7 Abs. 1 StVG genannten Rechtsgüter verletzt worden ist. Somit muss entweder ein Mensch getötet, der Körper oder die Gesundheit eines Menschen verletzt oder eine Sache beschädigt worden sein (*Brox/Walker* SR BT § 46 Rz. 6).

2. Bei Betrieb eines Kraftfahrzeuges

Die erforderliche Rechtsgutsverletzung muss zudem »bei Betrieb eines Kraftfahrzeugs« oder eines Anhängers, der dazu bestimmt ist, von einem Kraftfahrzeug mitgeführt zu werden, erfolgt sein. Eine Legaldefinition dieser Begrifflichkeit findet sich in § 1 Abs. 2 StVG. Abzustellen ist auf den Betriebsvorgang, also die Fahrt. Erst wenn die Fahrt ihr Ende gefunden hat, ist auch das Fahrzeug außer Betrieb (*Larenz/Canaris* II/2 § 84 III 1.c.). Zu unterscheiden ist hiervon, dass es nicht zwingend erforderlich ist, dass sich das Fahrzeug zum Zeitpunkt des Schadenseintritts in Bewegung befunden hat (BGH NJW **1972**, 1808). Eine Verwirklichung der »betriebsspezifischen Gefahr« ist auch dann gegeben, wenn der Unfall zumindest noch in einem nahen örtlichen und zeitlichen Zusammenhang mit einem bestimmten Betriebsvorgang oder einer bestimmten Betriebseinrichtung des Fahrzeugs steht (BGH NJW **1972**, 1808; (*Brox/Walker* SR BT § 46 Rz. 6).

a. Kausalität im Sinne der Äquivalenztheorie

Der Kraftfahrzeughalter haftet nach § 7 Abs. 1 StVG, wenn sich eine bei dem Betrieb des KfZ bzw. des Anhängers entstehende Gefahr verwirklicht (*Larenz/Canaris* II/2 § 84 III 1.c.).

Diese strenge Gefährdungshaftung stellt keinen adäquaten kausalen Zusammenhang dar, sondern meint nur die reine Kausalität im Sinne der Äquivalenztheorie (BGHZ **37**, 311).

b. Realisierung der Betriebsgefahr

Zudem muss sich gerade die betriebsspezifische Gefahr in dem entstandenen Unfall verwirklicht haben.

Um festzustellen, ob dies der Fall gewesen ist muss einer am **Schutzzweck der Haftungsnorm**, also hier dem § 7 Abs. 1 StVG, ausgerichteten wertenden Betrachtung beurteilt werden (BGHZ **115**, 84, 86).

Eine Betriebsgefahr des Kraftfahrzeuges ist vor allem die »Entfaltung der Geschwindigkeit«, als auch der »Bremsweg«. Aufgrund des nunmehr erheblich gestiegenen Kraftfahrzeugverkehrs hat die Rechtsprechung auch im öffentlichen Straßenverkehr ruhende Kraftfahrzeuge als gefährlich bewertet (BGH NJW-RR **2004**, 824).

Beispiel:

H fährt mit seinem Fahrzeug eine Landstraße entlang. Plötzlich sind komische Geräusche aus dem Motorbereich zu hören und kurze Zeit später kommt das Fahrzeug mitten auf der Landstraße hinter einer Kuppe zum stehen. Nunmehr ist es denkbar, dass ein weiteres Fahrzeug auf selber Strecke die Kuppel passiert und dem liegen gebliebenen Fahrzeug, aufgrund mangelnder Überschaubarkeit der Straßenverhältnisse, auffährt und dabei Schaden erleidet.

Auch hier wir angenommen, dass eine Betriebsgefahr von dem liegen gebliebenen Fahrzeug ausgegangen ist.

Ein weiteres Beispiel hierfür ist der typische Fall, dass ein Fahrzeug am Straßenrand parkt und der Beifahrer, ohne nach hinten zu schauen, seine Tür zum Aussteigen aufreist und ein von hinten kommender Radfahrer nicht mehr rechtzeitig bremsen kann. Der Radfahrer fährt nunmehr in die offene Tür hinein und verletzt sich. Auch hier hat ein Fahrzeug im ruhenden Verkehr durch seine generelle Gefährlichkeit zu dem Unfallgeschehen geführt.

3. Anspruchsverpflichteter (Fahrzeughalter)

Eine Legaldefinition für den Begriff des Halters kennt das Gesetz nicht. Nach der Auffassung des BGH ist Halter derjenige, der die **tatsächliche Verfügungsgewalt** über das Fahrzeug besitzt und es **für eigene Rechnung gebraucht** (BGHZ **13**, 351, 354). Der Halter muss dabei nicht Volleigentümer sein, es genügt insoweit eine wirtschaftliche Verfügungsgewalt über das Fahrzeug. Diese Verfügungsmacht hat derjenige, der für die Kosten der Unterhaltung aufkommt und gleichzeitig den vollen Sachnutzen aus dem Kraftfahrzeug zieht (BGHZ **116**, 200).

Klausur-Tipp:

Es kann passieren, dass der Halterbegriff keine eindeutige Personenzuordnung zulässt. Dies wird dann immer der Fall sein, wenn sich aus dem Sachverhalt ergibt, dass z.B. der im Fahrzeugbrief eingetragene Eigentümer nicht gleichzeitig auch der Halter des Fahrzeugs ist. Dies kommt häufiger vor, gerade wenn ein Fahranfänger zwar sein erstes eigenes Auto erworben hat, jedoch ein Elternteil sich als Halter hat eintragen lassen. Hintergrund dieser Konstellation ist es, dass der Fahranfänger nicht selbst seinen anfänglichen hohen Versicherungsbeitrag zahlen will und lieber über den Elternteil eine niedrigere Schadensfreiheitsklasse bei der Versicherung in Anspruch nimmt.

Folge hieraus ist, dass hinsichtlich der Haltereigenschaft nicht auf die Eigentumsverhältnisse am Fahrzeug abgestellt werden kann. Somit muss in solchen Fällen hinterfragt werden, ob dem Merkmal der »tatsächlichen Verfügungsgewalt« oder dem der »Besitzverhältnisse« mehr Gewicht zukommt. Im genannten Beispiel ist der Fahranfänger sogar Eigentümer des Fahrzeugs, und er ist auch derjenige, der dieses dauerhaft nutzt und die Kosten selbst übernimmt. Der Elternteil als Halter diente lediglich zur Kostensparung bei der Versicherung. Somit ist nicht Vater oder Mutter **Halter** des Fahrzeugs im Sinne des § 7 Abs. 1 StVG, sondern der Fahranfänger selbst.

Falls ein Fahrzeug jedoch gemietet oder geliehen worden ist, bestehen keine Probleme hinsichtlich des Halterbegriffs. Denn der Verleiher oder Vermieter ist und bleibt Halter des Kraftfahrzeugs. Handelt es sich indessen um einen länger angelegten Leasing-Vertrag mit einem Autohaus wird der Leasingnehmer für die Vertragszeit auch Halter des Fahrzeugs gesehen, obgleich er nicht Eigentümer ist.

Diese Überlegungen sind lediglich für die Prüfung der Haltereigenschaft relevant. Für den Geschädigten bringt es hingegen keinen Nachteil, wenn ihm nicht klar ist wer Halter des gegnerischen Unfallfahrzeuges ist. Der Schädiger hat nämlich immer einen Anspruch gegen die Kfz-Haftpflichtversicherung aus § 3 PflVG.

4. Fehlen eines Ausschlusstatbestands

Weiterhin darf auch kein Ausschlusstatbestand vorliegen. Falls ein solcher vorliegen würde, wäre hiermit die Gefährdungshaftung für den Fahrzeughalter ausgeschlossen.

a. Höhere Gewalt

Die Gefährdungshaftung ist für den Halter des Fahrzeugs ausgeschlossen, soweit der Unfall durch »höhere Gewalt« verursacht wurde, vgl. § 7 Abs. 2 StVG.

Hierbei ist zu beachtlich, dass bis zum 31.07.2002 der Halter eines Fahrzeugs für alle Betriebsgefahren haftete (*Peifer* SR § 6 Rz. 7). Ausgenommen waren von dieser Haftung nur die sogenannten »unabwendbare Ereignisse« (*Medicus* SR BT Rz. 882). Als unabwendbar hat man ein Ereignis erachtet, wenn es auch mit äußerster Sorgfalt nicht abzuwenden gewesen ist (*Medicus* SR BT Rz. 882).

Beispiel:

Der 5-jährige K läuft beim Spielen unkontrolliert auf die Fahrbahn und in das vorschriftsmäßig geführte Fahrzeug des S hinein. S konnte den K vorher nicht sehen, da er aufgrund seiner Größe von einem parkenden Auto verdeckt wurde.

Dieser Fall ist von dem heutigen Begriff der »höheren Gewalt« jedoch nicht mehr erfasst. Der S kann sich nach heutiger Rechtslage nicht auf § 7 Abs. 2 StVG berufen, da kein Haftungsausschluss mehr für ihn vorliegt.

Der S hätte nach der alten Regelung lediglich gehaftet, wenn das »unabwendbare Ereignis« auf einem Fehler der Beschaffenheit des Fahrzeugs oder einem Versagen einer seiner Vorrichtungen beruht hat. Das wäre etwa dann so gewesen, wenn das Fahrzeug des S zu wenig Bremsflüssigkeit hatte und deswegen der Unfall mit dem K verschlimmert wurde.

Diese Neuerung bewirkt also, dass »höhere Gewalt« eine strengere Haftung darstellt (*Peifer* SR § 6 Rz. 7). Insbesondere in Fällen wie eben geschildert, in denen Kinder Unfallbeteiligte sind, hält man es für unangemessen, die Halterhaftung auszuschließen. Begründet wird dies mit der Überlegung, dass auch bei unabwendbaren Ereignissen die Unfallfolgen doch gerade dadurch besonders einschneidend sind, dass der Unfall mit einem Kraftfahrzeug und nicht mit einem Fahrrad oder Skateboard passiert ist (*Peifer* SR § 6 Rz. 7).

Ausreichend ist somit nicht mehr, dass der Unfall selbst mit äußerster Sorgfalt nicht verhindert werden konnte, sondern es muss eine derart außergewöhnliche Unfallursache gegeben haben, dass sie nicht mehr zu einem kalkulierbaren Betriebsrisiko des Fahrzeugs zu zählen ist (*Medicus* SR BT Rz. 882).

Lediglich in § 9 StVG besteht noch die Möglichkeit, zu Gunsten des Fahrzeughalters, auf ein mögliches Mitverschulden des Unfallopfers einzugehen (*Brox/Walker* SR BT § 46 Rz. 15).

Höhere Gewalt ist somit ein betriebsfremdes, von außen durch elementare Naturkräfte oder durch Handlungen Dritter Personen herbeigeführtes Ereignis, das nach menschlicher Einsicht und Erfahrung **unvorhersehbar** ist, mit wirtschaftlich und erträglichen Mitteln auch durch die äußerste, nach der Sachlage vernünftigerweise zu erwartende Sorgfalt nicht verhütet oder unschädlich gemacht werden kann und auch nicht wegen seiner Häufigkeit in Kauf zu nehmen ist (BT-Drucks. **14**/7752 S. 30).

Beispiel:

Ein Fahrzeug kommt auf einer Brücke in Hamburg von der Fahrbahn ab und trifft auf ein anderes Fahrzeug auf der Gegenfahrbahn. Grund für den Ausbruch des Fahrzeugs ist eine Flutwelle, die durch starke Überschwemmungen hervorgerufen worden ist und auch die Brücke noch mit erfasste. Hierin kann man das Vorliegen von höherer Gewalt unproblematisch bejahen. Liegt der Grund für das Abkommen von der Fahrbahn hingegen bei einem Materialfehler an einem Betriebsteil des KfZ, so ist höhere Gewalt ausgeschlossen. Der Kraftfahrzeughalter trägt hierbei die Beweislast für das Vorliegen »höherer Gewalt«. Falls ein Haftungsausschluss nachweislich ist, wird auch eine Fahrerhaftung nach § 18 StVG auszuschließen sein, denn bei Vorliegen »höherer Gewalt« fehlt es meist auch an der hier vorgesehenen Voraussetzung des Verschuldens.

b. Sonstige Ausschlussgründe

Haftungsausschluss nach § 7 Abs. 3 StVG »Schwarzfahrt«

Der Haftungsausschluss nach § 7 Abs. 3 StVG ist gegeben, wenn ein anderer das Fahrzeug ohne Wissen und Wollen des Halters benutzt und dies auch nicht auf dem Verschulden des Halters selbst beruht. Benutzer im Sinne des § 7 Abs. 3 StVG ist, wer sich das Fahrzeug als Fortbewegungsmittel dienstbar macht und sich dadurch Verfügungsmacht über das Fahrzeug verschafft (*Peifer*, Deliktsrecht § 6 Rn. 12).

Beispiel:

Der D ist abends unterwegs, um Autos zu stehlen. Er sieht das Fahrzeug des U, bricht es auf und fährt damit weg. U hatte sein Auto ordnungsgemäß verschlossen. Auf dem Weg zu seiner Garage, wo er das Diebesgut zunächst unterstellen will, kommt es zu einem Unfall mit dem gestohlenen Fahrzeug. An dem anderen beteiligten Fahrzeug ist ein Schaden entstanden, den der D als Fahrer verursacht hat. U kann sich nunmehr auf § 7 Abs. 3 StVG berufen. Den Diebstahl hat der U dem D auch nicht ermöglicht, in dem er z.B. sein Auto unverschlossen zurückgelassen hat, so dass seine Haftung auszuschließen ist.

Haftungsausschluss nach § 8 StVG

- Die Haftung nach § 7 Abs. 1 StVG ist auch dann ausgeschlossen, wenn gemäß § 8 Nr. 1 StVG das Verursacherfahrzeug lediglich eine Höchstgeschwindigkeit von 20 km/h vorweist.
- Ein weiterer Haftungsausschluss besteht, wenn der Verletzte bei dem Betrieb des Kraftfahrzeugs oder Anhängers tätig war im Sinne des § 8 Nr. 2 StVG. Tätig gewesen sein kann der Verletzte, z.B. als Arbeitnehmer oder als freiwilliger Helfer.
- Gemäß § 8 Nr. 3 StVG ist die Haftung auch ausgeschlossen, wenn eine Sache beschädigt worden ist, die durch das Kraftfahrzeugs selbst transportiert worden ist. Ausgenommen hiervon ist die Konstellation, dass eine beförderte Person die Sache bei sich trägt oder mit sich führt.

Haftungsausschluss nach § 15 StVG

Eine Haftung ist hiernach auszuschließen, soweit der Verletzte den Unfall bzw. den Schaden nicht rechtzeitig bei dem Ersatzpflichtigen angezeigt hat.

Vertraglich vereinbarter Haftungsausschluss

Der Haftungsausschluss kann für den Kraftfahrzeughalter auch vertraglich ausgeschlossen werden.

Die Haftung des Halters wegen Tötung oder Verletzung einer entgeltlich oder geschäftsmäßig beförderten Person kann nicht durch vertragliche Vereinbarung ausgeschlossen werden, wie sich aus § 8 a Satz 1 StVG ergibt.

Der Umkehrschluss aus § 8 a Satz 1 StVG ergibt, dass wenn der Verletzt ein Insasse des Kraftfahrzeugs war und es sich um eine unentgeltliche und auch nicht geschäftsmäßige Personenbeförderung gehandelt hat, dann auch die Verpflichtung zum Schadensersatz durch vertragliche Vereinbarung ausgeschlossen oder beschränkt werden kann.

Haftungsausschluss zwischen Halter und Fahrer

Fraglich ist, ob der Halter einen Anspruch aus § 7 bzw. § 18 StVG haben kann, wenn er in seinem eigenen Fahrzeug als Mitfahrer verletzt wird. Ansprüche gegen den Fahrer bestehen hier nicht. Der verletzte Halter kann lediglich vertragliche oder deliktische Ansprüche (§ 823 BGB) gegen den Fahrer geltend machen.

Auch dem Halter, der selbst das Fahrzeug geführt hat und durch dieses geschädigt wird, stehen keine Ansprüche aus den §§ 7, 18 StVG zu, denn der Schutzzweck dieser Normen umfasst nicht die Person, die selbst die Gefahrenquelle geschaffen hat, sondern lediglich die Verkehrsteilnehmer, die vor der Gefahr des Betriebs eines anderen Kraftfahrzeugs geschützt werden sollen.

II. Haftungsausfüllender Tatbestand

Wenn nunmehr keine Gründe für einen Haftungsausschluss bestehen und auch sonst der haftungsbegründende Tatbestand vorliegt, ist der genaue Haftungsumfang zu ermitteln. Hier ist die Frage zu stellen, ob auch dem Geschädigten in irgendeinem Maß die Verursachung des Schadens zuzurechnen ist (*Brox/Walker* SR BT § 46 Rz.15).

Insoweit ist sogar denkbar, dass sich die Haftung des Kraftfahrzeughalters bis auf Null reduziert, wenn sich herausstellt, dass der Verletzte bei Abwägung des Verursachungsanteils den überwiegenden Teil zu verantworten hat.

In Bezug auf das hier beschriebene Mitverschulden an einem Unfallgeschehen müssen zwei verschiedene Fallkonstellationen berücksichtigt werden.

Zum einen gibt es den Fall, dass der Verletzte ein **nicht motorisierter Verkehrsteilnehmer** ist, also ein Fußgänger oder Radfahrer. Ist dies gegeben, so richtet sich sein **Mitverschulden** bei den Ansprüchen aus den §§ 7, 18 StVG nach dem **§ 9 StVG** (*Eckert* SR Rz. 1802). Nach § 9 StVG findet § 254 BGB mit der Maßgabe Anwendung, dass im Fall der Beschädigung einer Sache das Verschulden desjenigen, der die tatsächliche Gewalt über die Sache ausgeübt hat, dem Verschulden des Geschädigten gleichsteht (*Eckert* SR Rz. 1802).

Beispiel:

F ist Fahrradfahrer und mit seinem Rad auf dem Weg zur Arbeit. Es ist Winter und in den frühen Morgenstunden noch dunkel. F fährt Mountenbike und hat dieses nicht mit ausreichender Beleuchtung ausgestaltet. Als er die Ausfahrt des Fahrzeughalters H passiert, wo dieser gerade mit seinem Kraftfahrzeug rückwärts herausfahren will, kommt es zum Zusammenstoß. Der K konnte den ohne Beleuchtung und dunkel gekleideten F nicht erkennen.

Hier ist § 9 StVG einschlägig, denn es handelt sich bei dem F um einen nicht motorisierten Verkehrsteilnehmer, und dieser ist auch durch den Betrieb des Fahrzeugs des Halters H zu Schaden gekommen. Nunmehr muss sich der F seine Mitverantwortlichkeit nach § 9 StVG anrechnen lassen. Die Mitverantwortlichkeit ist bei F gerade in der unzulänglichen Beleuchtung seines Fahrrads und der dunklen Kleidung zu sehen. Folglich muss sich der F diese Mitverantwortlichkeit gemäß § 9 StVG i.V.m. § 254 BGB anspruchsmindernd entgegenhalten lassen.

Ist der Geschädigte hingegen kein Fußgänger oder Fahrradfahrer, sondern selbst Fahrzeughalter oder Fahrer, so ist sein **Mitverschulden nach § 17 Abs. 2 und Abs. 4 StVG** anzurechnen.

Des Weiteren ist nunmehr der Gesamtschaden zwischen den beiden Unfallbeteiligten im Rahmen einer Abwägung nach § 17 Abs. 1 und Abs. 2 StVG entsprechend ihrer jeweiligen Verursachungsbeiträge aufzuteilen. Der Haftungsanteil ergibt sich dabei aus einer Gesamtbetrachtung der aus § 7 Abs. 1 StVG folgenden, grundsätzlich bestehenden Betriebsgefahr sowie aus gefahrerhöhenden Umständen, die sich der Kraftfahrzeughalter im konkreten Fall zurechnen lassen muss (BGH NJW **2004**, 1375, 1375 f.).

Beispiel:

Vorzustellen hat man sich diese Abwägung am Besten in Form einer Waage:

Beide Waagschalen sind zu Beginn der Abwägung ausgeglichen. Dies stellt die ursprüngliche generelle Betriebsgefahr für jeden der Fahrzeughalter dar. Nunmehr kann auf die jeweilige Waagschale eines Halters mehr aufgelegt werden, wenn gefahrerhöhende Umstände auf einer Seite mehr vorlagen als auf der anderen, so dass es zu einer Mehrbelastung auf einer der Waagschalen kommt. Je mehr gefahrerhöhende Umstände also in die Waagschale eines Halters gelegt werden, desto höher wird sein Haftungsanteil (also mehr Gewicht in der Waagschale auf der einen Seite), wobei auf der anderen Seite bei dem anderen Halter die Schale nach oben zieht und damit weniger Haftungsanteil für ihn besteht. Somit wird bildlich gesehen der jeweilige Haftungsanteil beider Halter bestimmt.

Folgende besondere Umstände können eine Erhöhung der Haftung für einen der Fahrzeughalter begründen:

- Versagen des Kraftfahrzeugs oder Mangelhaftigkeit einer seiner Vorrichtungen
- Die Fahrweise war fehlerhaft oder gar verkehrswidrig und hat sich im Unfallgeschehen selbst gerade ausgewirkt
- Fahrer ist im Hinblick auf seine Pflichtverletzung ein besonders grobes Verschulden vorzuwerfen
- Risikobehafteter Verkehrsvorgang z.B. in Form des Überholens oder hohem Tempo auf der Autobahn

Merke:

Die hier genannten gefahrerhöhenden Umstände begründen nur dann einen höheren Haftungsanteil eine Fahrzeughalters, wenn feststeht, dass der Umstand gerade die Schadensentstehung oder die Schadenshöhe bestimmt hat.

Die **Beweislast** hierfür trägt immer die gegnerische Unfallpartei. Falls das Unfallgeschehen hinsichtlich derselben Tatsache nicht aufklärbar ist, führt dies zu einer wechselnden Beweislastentscheidung, d.h. es kommt zu einer Haftung beider Halter von jeweils 50 %, wenn keiner dem anderen sein Fehlverhalten nachweisen kann (BGH NJW 57, 99). Jedoch wird in der Praxis oft der **Anscheinsbeweis** herangezogen. Dieser vermittelt dem Richter die widerlegbare Vermutung, dass ein Geschehnis so verlaufen ist, wie es nach der Lebenserfahrung für gleichartige Geschehnisse typisch ist (z.B. ist der Auffahrende meist derjenige, der zu wenig Abstand zum Vordermann gehalten hat, oder kurze Zeit unaufmerksam war). Entkräftet wird dieser Anscheinsbeweis nur dann, wenn der Beweis von Tatsachen erfolgt, die einen atypischen Verlauf ernsthaft für möglich erscheinen lassen (*Palandt/Sprau* § 823 BGB Rz. 80).

Der Inhalt der Haftpflichtansprüche richtet sich grundsätzlich nach den allgemeinen Regeln. Es gilt also das Prinzip der **Naturalrestitution** gemäß § 249 BGB (*Esser/Weyers* SR II/2 § 63 II, II.5.).

Merke:

Abweichend vom Wortlaut des § 249 BGB schuldet aber der Haftpflichtige bei Personenschäden in erster Linie **Geldersatz** (*Esser/Weyers* SR II/2 § 63 II, II.5.).

C. Die Haftung für fehlerhafte Produkte

Eine Haftung für fehlerhafte Produkte kommt immer dann in Betracht, wenn ein Unternehmer eine Ware herstellt und in Verkehr bringt und diese Ware dann aufgrund ihrer fehlerhaften Beschaffenheit Schäden herbeiführt (*Schulze/Staudinger HK* § 823 BGB Rz. 168).

Nun könnte man zu Recht überlegen, ob eine explizite deliktische Haftung für solche Fälle überhaupt nötig ist. Denn dem Käufer steht bereits aus dem Mangelgewährleistungsrecht, durch die §§ 434 ff. BGB, eine ausreichende Anspruchsvielfalt gegenüber dem Verkäufer einer fehlerhaften Sache zu. Dem ist jedoch entgegenzuhalten, dass im Mangelgewährleistungsrecht kürzere Fristen bestimmt sind als im Deliktsrecht. Auch hat der Verkäufer, mit Blick auf das Kaufrecht, nicht die Pflicht, eine zu veräußernde Sache auf einwandfreie Produktion zu untersuchen, bevor er sie an den Käufer leistet. Der Verkäufer bzw. Händler einer Sache haftet lediglich im Rahmen der vertraglichen Gewährleistung in der Regel nur auf das Äquivalentinteresse, d.h. für die Gebrauchs und Funktionstauglichkeit der Sachen, nicht aber auf das Integritätsinteresse, d.h. für Schäden an den sonstigen Gütern des Käufers (*Peifer* SR § 6 Rz. 14). Somit ist er auch zu keinem Schadensersatz aus den §§ 280 Abs. 1, 282, 241 Abs. 2 BGB verpflichtet. Auch muss sich der Verkäufer eines Produkts, welches er vom Hersteller bereits fehlerhaft erlangt hat, das Fehlverhalten des Produzenten nicht zurechnen lassen, denn der Produzent kann nicht als Erfüllungsgehilfe des Verkäufers gesehen werden.

Es bestehen insgesamt meist keine vertraglichen Beziehungen zwischen dem Hersteller und dem Endverbraucher, da die Sache überwiegend beim Händler erworben wird und gerade nicht beim Produzenten. Folge hieraus ist, dass die deliktischen Ansprüche durchaus ihre Relevanz besitzen hinsichtlich der Ansprüche des Käufers gegen den Hersteller.

Merke:

Anspruchsgrundlagen für den Käufer wegen mangelhafter Produkte gegenüber dem Hersteller sind in **§ 823 Abs. 1 BGB** und **§ 1 ProdHaftG** (Produkthaftungsgesetz) geregelt. Die Haftung im Rahmen des § 823 Abs. 1 BGB wird als **Produzentenhaftung** bezeichnet. Die Haftung im Rahmen des Produkthaftungsrechts nennt sich einfach **Produkthaftung.**

Der Unterschied zwischen den beiden Begrifflichkeiten selbst, und auch zwischen den Ansprüchen generell, besteht vor allem darin, dass im Rahmen der Produkthaftung nicht nur der Hersteller selbst, sondern auch der Importeur und der Marken- oder Firmenträger zur Haftung herangezogen werden kann. Im Rahmen der Produzentenhaftung ist im Übrigen immer die Verletzung einer Verkehrssicherungspflicht erforderlich.

Die Produkthaftung hingegen ist der Gefährdungshaftung stark angenähert, da die Möglichkeit der Exkulpation minimal gehalten wird und allein das Inverkehrbringen eines fehlerhaften Produkts für die Haftung nach § 1 ProdHaftG ausreichend ist (*Peifer*/SR § 6 Rz. 18).

Aus dem gerade erörterten geht hervor, dass sowohl die Produkthaftung als auch die Produzentenhaftung nicht einfach in die Gefährdungshaftung hineinpassen bzw. unproblematisch dieser zuzuordnen sind. Zwar gibt es im Bereich der Produzenten- oder Produkthaftung keine strenge Gefährdungshaftung, jedoch hat die Rechtsprechung über Jahre hinweg immer wieder durch zahlreiche Urteile dokumentiert, dass eine verschärfte deliktische Haftung hier zum Tragen kommen muss. Folglich ist die Produzentenhaftung erst durch die Rechtsprechung mit dem »Hühnerpesturteil« entwickelt und mit zahlreichen weiteren Entscheidungen stetig verfeinert worden (BGHZ **51**, 91).

Grundsatzentscheidung: »Hühnerpesturteil« BGHZ 51, 91

(Vgl. insoweit auch: »Hochzeitsessen« BGHZ **116**, 104 weiter unten)

K betreibt eine große Hühnerfarm. Er lies die Hühner durch einen Tierarzt gegen die Hühnerpest impfen. Hierfür verwandte der Tierarzt einen Impfstoff, den er von der Herstellerin H erworben hat. Einige Tage nachdem der T den Hühnern den Impfstoff verabreicht hatte, brach auf der Farm die Hühnerpest aus. Mehr als 4000 Hühner starben an der Krankheit. Im Nachhinein konnte festgestellt werden, dass der von T verabreichte Impfstoff infolge eines Fabrikationsfehlers bakteriell verunreinigt gewesen ist und der Ausbruch der Hühnerpest in der Farm auf die fehlerhafte Beschaffenheit zurückzuführen war.

Der Bundesgerichtshof kam zu dem Schluss, dass ein Geschädigter, der nicht in unmittelbar vertraglicher Beziehung zum Hersteller steht, Schadensersatz von ihm nur auf deliktischer Ebene verlangen kann. Eine Klage muss demnach auf § 823 Abs. 1 BGB gestützt werden. Die allgemeinen Beweislastregeln wurden zu Gunsten des Geschädigten nunmehr abgeändert (*Kötz*/DR Rz. 442). Danach brauchte er lediglich zu beweisen, dass die Ware in einem objektiv fehlerhafte Zustand das Werk des Herstellers verlassen hat und dass sein Schaden durch jenen Fehler verursacht worden ist (*Kötz*/DR Rz. 442). Bei Führung dieses Beweises durch den Geschädigten steht zunächst die Haftung des Herstellers fest. Einer Haftung kann sich der Hersteller jetzt nur noch entziehen, indem er seinerseits beweist, dass er selbst sowie seine Mitarbeiter, die Kontakt zur Ware hatten und damit während ihrer Herstellung mit dieser in Berührung gekommen sind, sich so verhalten haben, wie es bei Beachtung der notwendigen Sorgfalt erforderlich gewesen ist. Im vorliegenden Fall konnte K beweisen, dass der Impfstoff bei der Herstellung verunreinigt wurde und zum Ausbruch der Hühnerpest, kurz nach der Injektion, geführt hat. Der H jedoch konnte nicht darlegen, wie es zu der Verunreinigung gekommen ist und dass ihm und seinen Angestellten kein Verschulden zur Last falle.

Vor nunmehr 15 Jahren ist durch eine Richtlinie der EU das ProdHaftG ins Leben gerufen worden. Es ist gleichzeitig geregelt worden, dass die bis dahin sich stetig weiter entwickelte Produzentenhaftung neben dem ProdHaftG anwendbar bleibt (*Kropholler* § 823 BGB Rz. 50). Ergebnis dieser Regelung ist es, dass der Geschädigte seine Ersatzansprüche sowohl im Wege der Produkthaftung als auch über § 823 Abs. 1 BGB geltend machen kann.

So begründet nicht nur die verschärfte deliktische Verschuldenshaftung, sondern auch das Verhältnis beider Ansprüche zueinander die systematische Einordnung beider Anspruchsgrundlagen in die Gefährdungshaftung (*Peifer* SR § 6 Rz. 14).

Klausur-Tipp:

Es sollte jedoch aus taktischen Aufbauüberlegungen angemerkt werden, dass die Prüfung des § 823 Abs. 1 BGB sich umfangreicher gestaltet als die der Produkthaftung gemäß § 1 ProdHaftG. Während nach § 1 ProdHaftG der Hersteller, Importeur oder Markenbetreiber bereits für die »Betriebsgefahr«, d.h. durch ein fehlerhaftes Produkt muss ein Mensch verletzt, oder eine Sache beschädigt worden sein, in Haftung genommen werden kann, muss im Rahmen des § 823 Abs. 1 BGB eine umfangreiche und abschließende Verschuldensprüfung für die Haftung zu Grunde gelegt werden.

Kommen mehrer Anspruchsgrundlagen in Betracht, ist zu berücksichtigen, dass im Gutachten das ProdHaftG als spezielleres Gesetz vor Ansprüchen aus § 823 Abs. 1, Abs. 2 BGB oder § 831 BGB zu prüfen ist.

Im Folgenden sollen beide Anspruchsgrundlagen unabhängig voneinander erörtert werden:

I. Produzentenhaftung gemäß § 823 Abs. 1 BGB

Die Produzentenhaftung stellt im Gegensatz zu der Produkthaftung kein eigenes Rechtsinstitut dar. Die Rechtsprechung hat lediglich, wie oben bereits erörtert, die allgemeinen deliktsrechtlichen Darlegungs- und Beweisanforderungen herabgesetzt bzw. umgekehrt (BGHZ **104**, 323, 332).

Prüfungsschema der Produzentenhaftung gemäß § 823 Abs. 1 BGB

I. Haftungsbegründender Tatbestand
- 1. Tatbestand
  - a) Rechtsgutsverletzung
  - b) durch ein Handeln des Herstellers
    - aa) Art der Hersteller
      Händler, Importeur, Zulieferer, Inhaber eines Kleinbetriebs, Produktionsleiter, industrielle Hersteller
    - bb) objektive Pflichtverletzung
      - Konstruktionsfehler
      - Fabrikationsfehler
      - Instruktionsfehler
      - Produktbeobachtungsfehler
      - Entwicklungsfehler
- 2. Rechtswidrigkeit
- 3. Verschulden

II. Haftungsausfüllender Tatbestand

Ersatz des Schadens, der durch die Rechtsgutsverletzung entstand ist.

Hinsichtlich der Prüfung, ob eine Rechtsgutsverletzung durch das Handeln eines anderen erfolgt ist, kann auf das im 2. Kapitel Gesagte verwiesen werden. Es soll nunmehr lediglich auf die besonderen Begrifflichkeiten und Voraussetzungen im Rahmen der Produzentenhaftung eingegangen werden.

1. Hersteller

Hersteller ist, wer das Produkt herstellt und in den Verkehr bringt (*Jauernig/Teichmann* § 823 BGB Rz. 125). Hierunter fallen industrielle Großunternehmer sowie handwerkliche Kleinbetriebe (*Schulze/Staudinger* HK § 823 BGB Rz. 171). Wird eine Ware nicht in einem Unternehmen alleine, sondern durch einen arbeitsteiligen Produktionsprozess gefertigt, so ist im Verhältnis zwischen Endhersteller und Zulieferer grundsätzlich von getrennten Verantwortungsbereichen auszugehen (*Fuchs* JZ **94**, 534). Bei einem aus zugelieferten Teilen zusammengesetzten Produkt hat etwa der Zulieferer für die Fehlerhaftigkeit seiner Einzelteile einzustehen, der Hersteller des Endprodukts (Assembler) dagegen für Montage- und Verarbeitungsfehler (*MüKo/Mertens* § 823 BGB Rz. 278). Der Assembler ist dann für die fehlerhaften Zulieferteile verantwortlich, wenn sie nach seinen Anweisungen oder Plänen gefertigt wurden (BGHZ **67**, 362; *Schulze/Staudinger* HK § 823 BGB Rz. 171).

Beachte:

Ein reiner Vertriebshändler und auch der Importeur haben keine Herstellerpflichten aus § 823 Abs. 1 BGB. Eine Haftung von Händlern oder den so genannten »**Quasi-Herstellern**«, die lediglich ihren Namen oder Handelsmarke an dem Produkt anbringen wird, ebenfalls überwiegend verneint. Begründet wird dies damit, dass der Verbraucher in der Regel das Vertrauen in die Professionalität dem wirklichen Hersteller entgegenbringt. Jedoch kann unter besonderen Umständen, also wenn das Vertrauen gerade dem Namensgeber gegenüber besteht, auch dessen Haftung angenommen werden. Ein großer Bekanntheitsgrad der Marke oder ein außergewöhnlicher Einfluss des Namensgebers auf den Hersteller sind hierfür Anhaltspunkte (BGH NJW **1980**, 1219; **1994**, 517).

2. Produkt

Unter den Begriff »Produkt« fallen Erzeugnisse aller Art, losgelöst von ihrer spezifischen Gefährlichkeit und Herstellungsart, d.h. unabhängig davon, ob sie nunmehr industriell oder handwerklich gefertigt wurden (*Schulze/Staudinger* HK 3 823 BGB Rz. 170). Auch umfasst der Begriff des Produkts alle Erzeugnisse, völlig unabhängig von dem Verwendungszweck, so dass nicht nur technische Anlagen, Maschinen, Konsumgüter und Nahrungsmittel dazugehören, sondern auch kontaminiertes Blut, verkörperte geistige Werke wie Bücher oder Computerprogramme (*MüKo/Mertens* § 823 BGB Rz. 277).

3. Verletzungshandlung

Wie bereits im ersten Kapitel eingehend behandelt setzt eine Haftung aus den §§ 823 ff. BGB voraus, dass der **Haftpflichtige** eine **Sorgfaltspflicht verletzt** hat. Er hat sich folglich anders verhalten, als es die Rechtsordnung von ihm, im Interesse der Vermeidung eines unvernünftigen Risikos der Schädigung anderer, erwartet (*Kötz*, DR Rz. 445). Jedoch stellt alleine das »Inverkehrbringen eines fehlerhaften Produkts«, anders als nach § 1 ProdHaftG, noch keine ausreichende umschriebene Verletzungshandlung dar (*Peifer*, SR § 6 Rz. 18). Dies ist in der Besonderheit des § 823 Abs. 1 BGB begründet, der ein Unterlassen nur dann einem Handeln gleichstellt, wenn eine Pflicht zum Handeln bestand (*Peifer*, SR § 6 Rz. 18). Die Pflicht zum Handeln muss zur Verdeutlichung näher konkretisiert werden.

Folglich müssen **typische Fehler** vorliegen, die auch im Zusammenhang mit dem »Inverkehrbringen des Produktes« eine deliktische Haftung begründen. Die Literatur hat sich in der Entwicklung der Produzentenhaftung zunächst bemüht, das vorgelegenen Fallmaterial nach Schadensursachen zu gliedern (*Schlechtriem* SR BT Rz. 928).

Die Rechtsprechung hat dann die von der Literatur entwickelten und hier im Folgenden erläuterten Schadensursachen übernommen (*Schlechtriem* SR BT Rz. 928).

Merke: »Die 4 typischen Fehler«, die eine Verletzungshandlung darstellen:

Fehler 1: Der Konstruktionsfehler

Schwimmschalterfall BGHZ 67, 359, 362 (aus Kapitel 1 bereits bekannt)

Pistolen (Zubehör) BGB NJW-RR 1993, 990

Den Hersteller trifft eine Verantwortung dafür, dass die von ihm hergestellten Produkte nach ihrer Konstruktion oder Zusammensetzung diejenige Beschaffenheit haben, die man zur Vermeidung einer unvernünftig großen Gefährdung anderer erwarten muss (*Kötz,* DR Rz. 446).

Ein Produkt ist fehlerhaft konstruiert, wenn es eine andere Konstruktion aufweist, als sie ein sorgfältiger Hersteller gewählt hätte, der die Benutzer vor einem unvernünftig großen Gefahrenrisiko schützen will (*Kötz,* DR Rz. 447).

Der Mangel haftet meist der ganzen Serie des Produkts an (*Bamberger/Roth/Spindler* § 823 BGB Rz. 494). Der Fehler kann aus der falschen Konstruktion des Produkts resultieren (OLG Frankfurt VersR **1990**, 981,982), aber auch aus der Verwendung ungeeigneter Einzelteile (BGHZ **67**, 359, 362).

Beispiel:

A erwarb eine Reinigungs- und Entfettungsanlage. Ein Schwimmschalter, der einen Wert von wenigen Euro hat, war schon defekt als der A die Anlage erwarb. Er sorgt normalerweise für eine automatische Stromabschaltung, falls sich die Anlage überhitzen sollte. Durch den defekten Schwimmschalter kam es zu keiner Stromabschaltung. Die Anlage überhitzte sich und es kam zu einem Brandt, bei dem die gesamte Anlage zerstört wurde.

Hier resultierte der Fehler aus der Verwendung eines zu schwachen oder ungeeigneten Einzelteils.

Weitere Fälle:

Eine Gabelschaft eines Fahrrades aus ungeeignetem Material (BGH NJW 1990, 1219)

Unsachgemäß konstruierte Dachfolien (BGH NJW 1985, 194)

Unzureichende Befestigung eines Ölablaufrohres (OLG Nürnberg NJW-RR 1988, 378)

Fehler 2: Der Fabrikationsfehler

Mineralwasserflaschenfall BGHZ 104, 323, 330

Hochzeitsessen BGHZ 116, 104

Der Hersteller haftet für Fabrikationsfehler, wenn an einem einzelnen Produkt bei der **Fertigung** oder **Qualitätskontrolle** ein Fehler unterlaufen ist, der die Sache mangelhaft macht und der auf einer mangelhaften Herstellungsorganisation beruht. Den Maßstab für die Herstellerpflichten bilden die berechtigten Sicherheitserwartungen des Verkehrs, der Stand der Technik, die produktimmanente Gefährlichkeit sowie die Verhältnismäßigkeit zwischen Sicherheitsaufwand und Gefahr (*Bamberger/Roth/Spindler* § 823 BGB Rz. 496).

Beispiel:

Für eine Hochzeit ist ein Partyservice beauftragt worden. Einer der Mitarbeiter des Unternehmens verwendet für den Nachtisch rohe Eier. Allerdings sind diese bereits schlecht und mit Salmonellen verseucht. Mehrer Gäste kommen unmittelbar nach dem Verzehr des Desserts mit einer Salmonellenvergiftung ins Krankenhaus.

Ein Fabrikationsfehler ist gegeben, denn die Zubereitung des Desserts erfolgte unter Auswahl verdorbener Zutaten. Die Herstellerpflicht bestand vorliegend in der Auswahl frischer und unbedenklicher Rohstoffen in Form von Lebensmitteln (BGHZ **116**, 104).

Beachte:

Während die übrigen Fehlerquellen regelmäßig eine Haftung aus eigenem Verschulden des Herstellers nach sich ziehen, gilt dies für die Fabrikationsfehler nicht. Hier geht es meist um Fälle nachlässiger Arbeit einzelner Mitarbeiter im Produktionsbetrieb, so dass der Hersteller nicht aus § 823 BGB, sondern nur aus § 831 BGB haften würde (*Eckert* SR Rz. 1756). Insbesondere könnte er den Entlastungsbeweis nach § 831 Abs. 1 Satz 2 BGB führen, was zu einer weitergehenden Rechtlosigkeit des Kunden führen würde (*Eckert* SR Rz. 1756). Eine Umkehr der Beweislast ist hier erforderlich. Der Geschädigte muss danach zunächst nachweisen, dass das Produkt fehlerhaft war, die Fehlerhaftigkeit im Produktions- und Organisationsbereich des Produzenten ihre Ursache hat und der Mangel für den Schaden ursächlich ist. Zum Beweis des ursächlichen Zusammenhangs zwischen einem Fehler des Produkts und dem Schadensereignis genügt dabei der Anscheinsbeweis (*Eckert* SR Rz. 1756).

Weitere Beispiele:

Verunreinigung eines Hühnerpestimpfstoffes (BGHZ 51, 91, 102 f.)

Verunreinigung von Fischfutter durch Antibiotika (BGHZ 105, 346, 350)

Fehlende Sterilisierung von Milch gegenüber Typhusbazillen (BGH VersR 1954, 100 f.)

Fehler 3: Instruktionsfehler

Gezuckerter Kinder-Tee BGHZ 116, 60 m. Anm. Damm JZ 1992, 637

Karies durch Dauernuckeln (»Baby-Bottel –Syndrom«) **BGH NJW 1994, 932**

Der Hersteller muss auch für Schäden einstehen, die dadurch eintreten, dass er die Verwender des Produkts pflichtwidrig nicht auf die Gefahren hingewiesen hat, die sich trotz einwandfreier Herstellung aus der Verwendung der Sache ergeben können (BGHZ **64**, 46, 49). Die Instruktionspflicht erstreckt sich auch auf den nahe liegenden Fehlgebrauch (BGHZ **105**, 346, 351). Je größer die vom Produkt und dessen Fehlgebrauch drohende Gefahr, desto intensiver und eindringlicher muss die Instruktion für den Abnehmer ausfallen (*Bamberger/Roth/Spindler* § 823 BGB Rz. 505).

Beispiel:

Der Hersteller von Kindersaugflaschen hat keinen Warnhinweis am Produkt angebracht, indem darauf hingewiesen wird, dass durch das Dauernuckeln die Gefahr für Kariesbefall besteht. Zahlreiche Kleinkinder haben hierdurch erhebliche Schäden im Zahnbereich erlitten.

Fehler 4: Produktbeobachtungsfehler

Pistolen (Zubehör) BGH NJW-RR 1993, 990

Atemüberwachungsgerät BGH NJW 1994, 3349

Der Hersteller ist ab der Inverkehrgabe zu einer **aktiven Produktbeobachtung** im Hinblick auf zuvor unbekannten Gefahren verpflichtet (BGHZ **80**, 199, 202 f.). Er darf sich nicht auf die zufällige, rein passive Kenntniserlangung von Gefahren des Produkts verlassen, also die Kenntniserlangung von der Fehlerhaftigkeit erst mit Reklamation des Kunden (BGH NJW **1994**, 517, 519). Ein Ende der Produktbeobachtungspflicht nach längerer Bewährung des Produkts kann nur dort eintreten, wo keine Langzeitschäden zu befürchten sind (*Bamberger/Roth/Spindler* § 823 BGB Rz. 512). Sind Produktgefahren bereits aufgetreten ist der Hersteller verpflichtet zumindest vor diesen zu warnen und die Abnehmer zu Instruieren (*Bamberger/Roth/Spindler* § 823 BGB Rz. 514). Die Rückrufaktion ist wohl die bekannteste Form der Ausübung der Warnpflicht durch den Hersteller.

Beispiel:

Eine neue Spielkonsole findet zu Weihnachten rasenden Absatz. Es handelt sich um ein System, das bereits mehrer Jahre von der Firma S auf dem Markt vertrieben wird und nunmehr mit verbesserter Grafik und erweiterten Funktionen neu angeboten wurde. Nach einigen Monaten stellt sich heraus, dass das dazugehörige Netzteil einen Kurzschluss nach dauerhafter Inbetriebnahme verursacht und eine potenzielle Brandgefahr besteht. Die Firma S startete aufgrund dessen eine landesweite Rückrufaktion, indem sie in allen Tageszeitungen und Medien auf den Defekt und die damit verbundene Gefahr hinweist. Weiterhin wird der Verbraucher aufgefordert, das Netzteil kostenlos zurückzusenden, um es gegen ein mangelfreies Ersatzteil austauschen zu können.

3. Rechtswidrigkeit

Der Verstoß gegen die dem Hersteller obliegende Verkehrssicherungspflicht begründet die Rechtswidrigkeit (*Palandt/Sprau* § 823 BGB Rz. 166; *Brox/Walker* SR BT § 41 Rz. 51).

4. Verschulden

Der Abnehmer muss nur noch den objektiven Pflichtverstoß des Produzenten nachweisen (*Brox/Walker* SR BT § 41 Rz. 42). Hierunter versteht man folglich den Nachweis des Geschädigten darüber, dass seine Rechtsgutsverletzung durch einen Produktfehler verursacht wurde, der aus dem Verantwortungsbereich des Herstellers stammt (BGHZ **114**, 296). Insoweit handelt es sich nicht um innerbetriebliche, sondern um äußere Umstände, für die keine Beweisnot besteht (*Schulze/Staudinger* HK § 823 BGB Rz. 181). Das Verschulden wird dann vermutet.

Zu seiner Entlastung muss der Produzent beweisen, dass er keine Erkenntnismöglichkeit über die Gefahr hatte und auch nicht haben konnte (*Brox/Walker* SR BT § 41 Rz. 42).

5. Rechtsfolge

Rechtsfolge der deliktischen Produzentenhaftung nach § 823 Abs. 1 BGB ist Ersatz der aus der Rechts(guts)verletzung entstehenden Schadenspositionen, einschließlich der sekundären Vermögensfolgeschäden (*Schulze/Staudinger* HK § 823 BGB Rz. 178). Auch können immaterielle Schäden nach § 253 Abs. 2 BGB in Form von Schmerzensgeld ersetzt verlangt werden (*Erman/Schiemann* § 823 BGB Rz. 124).

II. Gefährdungshaftung nach dem ProdHaftG

Das Produkthaftungsgesetz vom 15.12.1989 beruht auf einer EG-Richtlinie vom 25.7.1985 und wurde am 29.06.1992 ergänzt durch die Richtlinien über die allgemeine Produktsicherung. Aus Gründen des Konsumentenschutzes sollte hierdurch ein allgemeiner Mindeststandard für die Produkthaftung in den Mitgliedsstaaten geschaffen werden (*Kropholler* § 823 BGB Rz. 50; ergänzend *Jauernig/Teichmann* § 823 Rz. 138). Das Produkthaftungsgesetz stellt somit die Umsetzung in das deutsche Recht dar.

Haftungstatbestand ist das Inverkehrbringen (§ 1 Abs. 3 ProdHaftG) eines fehlerhaften (§ 3 ProdHaftG) Produktes (§ 2 ProdHaftG) durch einen Hersteller (§ 4 ProdHaftG). Das ProdHaftG knüpft also an dieselben Merkmale wie § 823 BGB an, schafft allerdings eine **verschuldensunabhängige Haftung** (*Jauernig/Teichmann* § 823 BGB Rz. 140).

Es handelt sich im Gegensatz zu § 7 StVG um keine Halter-, sondern eine **Handlungshaftung**, da sie nicht den Inhaber des Produkts, sondern denjenigen trifft, der dieses hergestellt bzw. in den Verkehr gebracht hat (*Larenz/Canaris* II/2 § 84 VI 1.). Eine zweite Besonderheit liegt darin, dass Produkte bzw. ihre Herstellung nicht als abstrakt oder generell gefährlich bezeichnet werden können (*Larenz/Canaris* II/2 § 84 VI 1.).

Merke:

- Das ProdHaftG ist im Gutachten als spezielleres Gesetz vor Ansprüchen aus § 823 Abs. 1, Abs. 2 BGB oder § 831 BGB zu prüfen.
- Die Gefährdungshaftung nach dem ProdHaftG schließt eine Haftung aus § 823 Abs. 1, Abs. 2 BGB jedoch nicht aus.
- § 823 BGB bleibt die richtige Anspruchsgrundlage für Schmerzensgeld, für Schäden, die das ProdHaftG nicht deckt (vgl. §§ 10, 11 ProdHaftG), für die Haftung von leitenden Angestellten, die keine Hersteller sind (BGHZ 129, 353) und schließlich für Produkte, die schon vor dem 1.1.1990 in Verkehr gebracht wurden (§§ 16, 19 ProdHaftG).
- Die Verpflichtung zur **Produktbeobachtung, Befundsicherung** oder **Rückruf** nebst kostenloser Mängelbeseitigung gibt es nur als Verkehrssicherungspflicht im Rahmen des § 823 Abs. 1 BGB (BGHZ 80, 199; *Schellhammer* BGB Rz. 1131) und ist nicht vom ProdHaftG erfasst.

Prüfungsschema des § 1 ProdHaftG

I. Haftungsausfüllender Tatbestand
(beim Endverbraucher)
1. Rechtsgutsverletzung
2. durch ein fehlerhaftes Produkts
a) Produkt (§ 2 Satz 1 ProdHaftG)
b) Fehler (§ 3 ProdHaftG)
3. Hersteller des Produkts (§ 4 ProdHaftG)
– tatsächlicher Hersteller
– Quasi-Hersteller
– Importeur
– Lieferant
4.) Fehlen eines Ausschlusstatbestands
II. Haftungsausfüllender Tatbestand
– Ersatz des entstandenen Schadens

1. Rechtsgutsverletzung

Erforderlich ist eine Rechtsgutsverletzung im Sinne des § 1 ProdHaftG, d.h. eine Tötung, Körper- bzw. Gesundheitsverletzung oder eine Sachbeschädigung. Die Rechtsgüter werden in § 1 Abs. 1 Satz 1 ProdHaftG abschließend aufgezählt, so dass etwa eine Beeinträchtigung der Freiheit oder Persönlichkeit keine Ersatzpflicht auslöst und primäre Vermögensschäden nicht auszugleichen sind (*Schulze/Staudinger* HK § 823 BGB Rz. 192).

Sachschäden werden nur insoweit erfasst, als »eine andere Sache als das fehlerhafte Produkt« beschädigt wird (*Kropholler* § 823 BGB Rz. 51). Es werden nur Schäden an solchen Sachen ersetzt, die zum **Privatgebrauch** (objektiv) bestimmt sind und die vom Geschädigten (subjektiv) hauptsächlich auch privat genutzt werden (*Kropholler* § 823 BGB Rz. 51).

2. Durch ein fehlerhaftes Produkt

a. Der Begriff »Produkt«

Weitere Voraussetzung des § 1 ProdHaftG ist, dass ein Produkt im Sinne des § 2 Satz 1 ProdHaftG gegeben ist. Der Begriff umfasst jede (gebrauchte) bewegliche Sache, losgelöst von ihrer spezifischen Gefährlichkeit, Herstellungsart (handwerklich oder industriell gefertigt), oder ihrem besonderen Verwendungszweck (*Schulze/Staudinger* HK § 823 BGB Rz. 196).

b. Der Begriff »Fehler«

Fehler bedeutet hier nicht mangelnde Gebrauchstauglichkeit des Produkts; es geht vielmehr darum, den Verbraucher in seiner körperlichen Integrität und in seinem persönlichen Eigentum zu schützen (*Brox/Walker* SR BT § 46 Rz. 31). Daher ist ein Produkt als fehlerhaft zu bezeichnen, wenn es nicht die Sicherheit bietet, die unter Berücksichtigung aller Umstände berechtigterweise erwartet werden kann (vgl. § 3 ProdHaftG).

3. Hersteller des Produkts

In § 4 ProdHaftG enthalten sind der tatsächliche Hersteller, der Quasi-Hersteller, der Importeur und der Lieferant.

- Der Wortlaut des § 4 Abs. 1 Satz 1 bezeichnet den tatsächlichen Hersteller als denjenigen, der das Endprodukt, einen Grundstoff oder ein Teilprodukt hergestellt hat. Zu beachten ist im Rahmen dieser Haftung, dass auch der Hersteller eines Teilprodukts für den Schaden haftet, der durch einen Fehler dieses Teilprodukts am Endprodukt verursacht worden ist.

Beispiel:

A ist Hersteller von Bremsanlagen. Diese werden an den M geliefert, der sie in seine Fahrzeuge einbaut. Die Bremsanlagen des A sind fehlerhaft in der Form, dass sie nicht richtig reagieren. Der A haftet für den Schaden, den die defekte Bremsanlage am Fahrzeug verursacht. Durch den Einbau der fehlerhaften Bremsanlagen ist auch das Endprodukt, nämlich das von M hergestellte Fahrzeug fehlerhaft geworden. Folglich haftet auch der M für die Fehlerhaftigkeit seines Endprodukts.

- Nach § 4 Abs. 1 Satz 2 ist Quasi-Hersteller, wer sich durch das Anbringen seines Namens, seiner Marke oder eines anderen unterscheidungskräftigen Kennzeichens als Hersteller ausgibt. Er wird dem tatsächlichen Hersteller gleichgestellt, weil er durch sein Verhalten den Eindruck erweckt, dass er der Hersteller sei (*Brox/Walker* SR BT § 46 Rz. 33).

Beispiel:

Das bekannte Versandhaus Q lässt von A Fernseher herstellen. Im Anschluss werden diese mit dem Firmenzeichen von Q versehen und verkauft.

- Importeur ist nach § 4 Abs. 2 ProdHaftG, wer ein Produkt zum Zweck des Vertriebs im Rahmen seiner geschäftlichen Tätigkeit in den Geltungsbereich des Abkommens über den europäischen Wirtschaftsraum aus einem Land außerhalb dieses Raumes einführt oder verbringt. Diese Haftung des Importeurs soll dem Geschädigten die Rechtsverfolgung erleichtern, weil diese in Drittstaaten regelmäßig unüberwindbare Probleme bereitet (*Brox/Walker* SR BT § 46 Rz. 34).

Beispiel:

O hat Obst gekauft, welches komplett verdorben ist. Die Ware ist durch X aus Afrika importiert worden. Nunmehr wird es für O zu schwierig sein, den eigentlichen Hersteller des Obstes zu erreichen, so dass der Importeur zur Haftung heranzuziehen ist.

- Ausnahmsweise soll auch der Lieferant als Hersteller gelten, und zwar nach § 4 Abs. 3 ProHaftG. Durch diese Auffanghaftung sollen Schutzlücken geschlossen werden (BT-Drucks. **11**/2447, 20). Der Lieferant kann seine Ersatzpflicht dadurch abwenden, dass er innerhalb eines Monats nach Aufforderung durch den Geschädigten den Hersteller oder Vorlieferanten benennt (*Schulze/Staudinger* HK § 823 BGB Rz. 201).

4. Kein Ausschlusstatbestand

Es darf kein Haftungsausschluss nach § 1 Abs. 2 und Abs. 3 ProdHaftG vorliegen.

Haftungsausschlussgründe sind (§ 1 Abs. 2 Nr. 1–5 und Abs. 3 Satz 1 ProdHaftG):

- Hersteller hat das Produkt nicht in den Verkehr gebracht gemäß § 1 Abs. 2 Nr. 1 ProHaftG (z.B. Vorübergehende Überlassung an Dritte zu Testzwecken; Diebstahl)
- Der Fehler ist erst nach dem Inverkehrbringen eingetreten gemäß § 1 Abs. 2 Nr. 2 ProdHaftG
- Hersteller hat das Produkt weder für einen Vertrieb mit wirtschaftlichem Zweck, noch im Rahmen seiner beruflichen Tätigkeit hergestellt oder vertrieben gemäß § 1 Abs. 2 Nr. 3 ProdHaftG. Die Voraussetzungen müssen hierbei kummulativ vorliegen (*Schulze/Staudinger* HK § 823 Rz. 203). So haftet der Hersteller auch, wenn er in seiner Fabrik produzierte Waren später für einen karitativen Zweck stiftet.
- Der Fehler beruht auf einer zwingenden Rechtsvorschrift (Gesetze und Verordnungen) gemäß § 1 Abs. 2 Nr. 4 ProdHaftG
- Der Fehler war zum Zeitpunkt des Inverkehrbringens nach dem Stand der Wissenschaft und Technik nicht erkennbar gemäß § 1 Abs. 2 Nr. 5 ProdHaftG.
- Der Teil- bzw. Grundstoffhersteller haftet nicht, wenn die Ursache des Fehlers allein auf der Konstruktion des Endherstellers beruht, das Teilprodukt selbst mithin fehlerfrei ist gemäß § 1 Abs. 3 Satz 1 1. Fall ProdHaftG, oder nach Abs. 3 Satz 1 2. Fall der Fehler auf der Anleitung des Endherstellers basiert.

Ausgeschlossen ist dann die Ersatzpflicht des Herstellers, wenn er behauptet und bei bestreiten beweist, dass einer der oben genannten Tatbestände erfüllt ist (vgl. § 1 Abs. 4 Satz 2 ProdHaftG). Ein vertraglich vereinbarter Haftungsausschluss im Voraus ist gemäß § 14 ProdHaftG nichtig (*Schellhammer* BGB Rz. 1134).

Exkurs: »Erlöschen und Verjährung der Ansprüche im ProdHaftG«

Der Anspruch nach dem Produkthaftungsgesetz erlischt zehn Jahre nach dem Zeitpunkt, in dem der Hersteller das Produkt in den Verkehr gebracht hat im Sinne des § 13 Abs. 1 Satz 1 ProdHaftG. Dies gilt nicht, soweit über den Anspruch ein gerichtliches Verfahren anhängig, er rechtskräftig festgestellt oder über ihn eine außergerichtliche Einigung erzielt worden ist, d.h. der Geschädigte verfolgt bereits seinen Anspruch (vgl. § 13 Abs. 1 Satz 2, Abs. 2 ProdHaftG). Hiervon zu unterscheiden ist jedoch die Verjährung. Insoweit gilt § 12 ProdHaftG. Der Anspruch verjährt bereits nach drei Jahren, was der regelmäßigen Verjährungsfrist nach § 195 BGB entspricht (*Brox/Walker* SR BT § 46 Rz. 46). Nach § 12 Abs. 1 ProdHaftG beginnt die Verjährung nicht nur bei Kenntnis von dem Schaden, dem Fehler und der Person des Ersatzpflichtigen, sondern auch schon bei fahrlässiger Unkenntnis (*Brox/Walker* SR BT § 46 Rz. 46).

5. Umfang des Ersatzanspruchs

Der Umfang des Schadensersatzanspruchs richtet sich danach, ob ein Mensch getötet oder verletzt oder ob eine Sache beschädigt worden ist (*Brox/Walker* SR BT § 46 Rz. 48).

Ein Anspruch auf Schadensersatz richtet sich nach den §§ 7-11 ProdHaftG.

Zu ersetzen sind:

Im Fall der Tötung

- der Personenschaden, den das Opfer zu Lebzeiten selbst erlitten hat, hierbei entspricht § 7 Abs. 1 Satz 1 ProdHaftG dem § 249 BGB
- die Beerdigungskosten, wobei § 7 Abs. 1 Satz 2 ProdHaftG dem § 844 Abs. 1 BGB entspricht
- der Unterhaltsschaden Dritter (z.B. Ehegatten und Kinder), ebenfalls entsprechen die §§ 7 Abs. 2, 9 ProdHaftG dem § 844 Abs. 2 BGB

Im Fall der Körperverletzung

- Heilungskosten, Verdienstausfall und der Mehrbedarf. Wobei die §§ 8,9 ProdHaftG den §§ 249, 252, 842, 843 BGB entsprechen. Ein redaktioneller Unterschied besteht jedoch darin, dass die Art der Ersatzleistung durch Rente nicht in § 8 ProdHaftG einbezogen ist wie in § 843 BGB, sondern in § 9 ProdHaftG geregelt ist (*Palandt/Sprau* ProdHaftG 8 Rz. 2).

Beachte:

Die Haftung für Personenschäden ist auf einen Höchstbetrag von 85 Millionen Euro begrenzt (vgl. § 10 Abs. 1 ProdHaftG). Sind hingegen mehrere Personen geschädigt und überschreitet die Gesamtschadenssumme den Höchstbetrag, verringern sich die Ansprüche der einzelnen Geschädigten verhältnismäßig im Sinne des § 10 Abs. 2 ProdHaftG.

Im Fall der Sachbeschädigung

Hier muss eine **andere Sache** als das fehlerhafte Produkt beschädigt worden sein (*Brox/Walker* SR BT § 46 Rz. 37). Auch muss die Sache nur für den privaten Ge- oder Verbrauch bestimmt gewesen sein nach § 1 Abs. 1 Satz 2 ProdHaftG (*Medicus* SR BT § 78 Rz. 111). Geschützt wird also nur der Verbraucher in seinem privaten Bereich (*Brox/Walker* SR BT § 46 Rz. 37). Das ProdHaftG erfasst unter diesen Voraussetzungen somit nicht den bereits erörterten »Hühnerpestfall« (BGHZ **51**, 91) oder den »Schwimmschalterfall « (BGHZ **67**, 359). Für Sachbeschädigungen gilt die Höchstbetragregelung gemäß § 10 Abs. 1 ProdHaftG nicht. Nach § 11 ProdHaftG ist aber eine Selbstbeteiligung pro Person (nicht pro Sache) in Höhe von 500 Euro vorgesehen. Sinn und Zweck dieser Selbstbeteiligung ist es, die verschuldensunabhängige Haftung auf größere Schäden zu beschränken um der Entlastung der Gerichte Rechnung zu tragen (*Kropholler* § 823 BGB Rz. 53).

Kapitel 7: Die Haftung mehrerer Schädiger

Die Haftung mehrerer Schädiger im Deliktsrecht regeln die §§ 830, 840, 841 BGB. Von § 830 BGB werden **drei selbstständige Anspruchsgrundlagen** erfasst, in denen mehrere Personen an einer unerlaubten Handlung nach §§ 823 ff. BGB beteiligt sind und ein anderer dadurch zu Schaden gekommen ist (*Palandt/Sprau* § 830 BGB Rz. 1). Demgegenüber legt § 840 BGB i.V.m. §§ 421 ff. BGB fest, wie die verantwortlichen Schädiger **nach außen** gegenüber dem Geschädigten haften und wie ein **Innenausgleich** zwischen den Verantwortlichen zu erfolgen hat (*Brox/Walker* SR § 43 Rz. 1).

A. Mittäter und Beteiligte nach § 830 BGB

§ 830 BGB beinhaltet **drei** Fallgruppen, wonach jeder Beteiligter haftet, ohne dass explizit festgestellt sein müsste, dass gerade er durch sein Verhalten den Schaden verursacht hat (BGHZ **67**, 14; **72**, 355):

1. Fallgruppe: § 830 Abs. 1 Satz 1 BGB – Mittäterschaft

Unter diese Fallgruppe fallen Sachverhalte, in denen Mittäter **gemeinschaftlich** eine unerlaubte Handlung begehen.

2. Fallgruppe: § 830 Abs. 2 BGB – Teilnahme

Diese Fallgruppe erfasst Fälle in denen der **Anstifter** oder der **Gehilfe** an einer unerlaubten Handlung beteiligt ist.

3. Fallgruppe: § 830 Abs. 1 Satz 2 BGB – Beteiligung

Von dieser Fallgruppe werden Konstellationen erfasst, in denen nicht zu ermitteln ist, wer von den **Beteiligten** den Schaden gerade durch seine Handlung verursacht hat.

I. Die Haftung der Mittäter

Nach § 830 Abs. 1 Satz 1 BGB ist jeder von mehreren in Betracht kommenden Schädigern zum Ersatz des gesamten Schadens verpflichtet, soweit der Schaden auf einer **gemeinschaftlich** begangenen unerlaubten Handlung beruht.

Prüfungsschema des § 830 Abs. 1 Satz 1 BGB

I. Haftungsbegründender Tatbestand
    Unerlaubte Handlung der Mittäter nach §§ 823 ff. BGB
    1. Rechts(-guts)verletzung
    2. Verletzungshandlung durch einen oder alle Mittäter
    3. haftungsbegründende Kausalität
        – Rechtsgutsverletzung mit Sicherheit durch einen der Mittäter oder durch alle verursacht
    4. Schaden
    5. haftungsausfüllende Kausalität
II. Rechtswidrigkeit
III. Verschulden

1. Haftungsbegründender Tatbestand

Ein Anspruch gemäß § 830 Abs. 1 Satz 1 BGB setzt voraus, dass mehrere Schädiger **gemeinschaftlich** eine rechtswidrige und schuldhafte unerlaubte Handlung nach §§ 823 ff. BGB begangen haben. Für eine gemeinschaftliche Begehung als Mittäter bedarf es eines gemeinschaftlichen Entschlusses in der Form, dass zumindest bedingter **Vorsatz** bzgl. der gemeinschaftlich begangenen unerlaubten Handlung gegeben ist. Insoweit ist »gemeinschaftliche Begehung« i.S.d. § 830 Abs. 1 Satz 1 BGB wie die strafrechtliche Mittäterschaft nach § 25 Abs. 2 StGB zu verstehen (BGHZ **8**, 288, 292; *Palandt/Sprau* § 830 BGB Rz. 3). Entscheidend ist demnach das **bewusste** und **gewollte Zusammenwirken Mehrerer** zur Herbeiführung eines Erfolges (BGH NJW **1972**, 40). Jeder Schädiger muss demnach sowohl **Kenntnisse** über die Tatumstände als auch den **Willen** zur gemeinschaftlichen Tatausführung aufweisen. Ferner wird – wie im Strafrecht – eine **Tatbeteiligung** vorausgesetzt, wobei es nicht auf das Gewicht des Tatbeitrages des einzelnen ankommt (*Brox/Walker* SR § 43 Rz. 2). Es genügt demnach auch die geistige Beeinflussung durch einen Mittäter (BGHZ **8**, 288).

Beispiel:

A und B wollen das Fahrzeug des C beschädigen. A entwickelt alleine den Tatplan, zusammen mit B das Fahrzeug zu zerkratzen, während C Montagabends regelmäßig im Fitnessstudio ist. B übernimmt den Hauptteil der Tatausführung, indem er mehrmals einen Schlüssel entlang des Fahrzeuges zieht.

Ebenso genügt für die Annahme einer mittäterschaftlichen Handlung ein nur psychischer Tatbeitrag (BGHZ **8**, 288).

Beispiel:

A und B wollen das Auto des C zerkratzen. Während A Schmiere steht, zieht B einen Schlüssel entlang des Fahrzeuges des C.

Entscheidend ist, ob der Wille des Mittäters auf eine Rechts(-guts)verletzung gerichtet war und dies **nach außen** erkennbar geworden ist (OLG Celle VersR **1982**, 598). Die Begrenzung der eigenen Verantwortung erfolgt durch die Reichweite des gemeinschaftlichen Willens. Demzufolge werden **Exzesse** der anderen Schädiger untereinander nicht zugerechnet (BGHZ **63**, 124).

Beachte:

Das vorsätzliche Mitwirken an der Verletzungshandlung ist sowohl für eine Haftung nach § 830 Abs. 1 Satz 1 BGB als auch nach § 830 Abs. 2 BGB erforderlich. Auf den eingetretenen Schaden muss sich der Vorsatz nicht beziehen, insoweit genügt Fahrlässigkeit, soweit gesetzlich – wie in § 826 BGB – nicht etwas anderes bestimmt ist (OLG Koblenz NJW-RR **2004**, 528).

Der Tatbeitrag des einen Schädigers wird dem anderen als eigene Verletzungshandlung **zugerechnet**, da ebenso wie im Strafrecht das Verhalten jedes Mittäters vom Willen des anderen getragen wird (BGH NJW **1984**, 1226). Ein Anspruch aus § 830 Abs. 1 Satz 1 BGB verzichtet demzufolge zwar nicht auf das Erfordernis der Kausalität des Verhaltens der Mittäter, aber auf den **Nachweis**, welcher der Beteiligten im konkreten Fall durch seine Handlung den Verletzungserfolg bzw. den Schaden herbeigeführt hat. Es genügt also, dass der Verletzungserfolg bzw. der Schaden mit Sicherheit durch einen der Mittäter bzw. durch alle herbeigeführt worden war. Hat somit der Geschädigte einen Verletzungserfolg bzw. einen Schaden erlitten, so muss die Verletzungshandlung eines oder aller Mittäter kausal dafür sein.

Im Außenverhältnis zwischen Geschädigtem und Schädiger hat in allen Fällen des § 830 BGB jeder Beteiligte den ganzen Schaden zu ersetzen (*Palandt/Sprau* § 830 BGB Rz. 14). Die Schädiger haften dem Geschädigten gegenüber als Gesamtschuldner nach § 840 BGB.

Beispiel:

Die Studenten A, B und C lauern dem Professor P auf dem Parkplatz auf, um ihm eine Lektion für die letzte misslungene Klausur zu erteilen. Als P sich seinem Fahrzeug nähert, treten die drei an ihn heran. A hält P fest, B schlägt auf ihn ein und C beobachtet die Umgebung, um gegebenenfalls A und B zu warnen, falls jemand kommt. A, B und C haben gemeinschaftlich gehandelt, so dass das jeweilige Verhalten, das zur Rechts(-guts)verletzung bzw. zum Schaden geführt hat, jeweils zugerechnet wird. Gemäß § 830 Abs. 1 Satz 1 BGB hat P gegen A, B und C einen Schadensersatzanspruch. Welchen Anspruchsgegner er wählt, bleibt ihm überlassen, dieser hätte dann den gesamten Schaden zu begleichen, da A, B und C nach § 840 BGB als Gesamtschuldner haften. Im Innenverhältnis würde ein Schadensausgleich nach § 426 BGB erfolgen.

2. Rechtswidrigkeit und Verschulden

Ferner müssen die Mittäter rechtswidrig und schuldhaft gehandelt haben. Diesbezüglich wird auf die Ausführungen zu Rechtswidrigkeit und Verschulden im Rahmen des § 823 Abs. 1 BGB verwiesen.

Merke:

Fälle der so genannten **Nebentäterschaft**, d.h. wenn mehrere Täter durch selbstständige Einzelhandlungen **ohne bewusstes Zusammenwirken** einen Schaden mitverursacht haben, fallen nicht unter § 830 Abs. 1 Satz 1 BGB (BGHZ **30**, 203, 206).

II. Die Haftung der Teilnehmer

Die Haftung von Anstifter und Gehilfen stehen gemäß § 830 Abs. 2 BGB den Mittätern **gleich**. Die aus dem Strafrecht bekannte Abgrenzung zwischen Täterschaft und Teilnahme ist demnach vom Ergebnis her bedeutungslos (*Brox/Walker* SR § 43 Rz. 4).

Prüfungsschema des § 830 Abs. 2 BGB

I. Haftungsbegründender Tatbestand

Unerlaubte Handlung des Teilnehmers nach §§ 823 ff. BGB

1. Rechts(-guts)verletzung
2. Verletzungshandlung durch einen Teilnehmer
3. haftungsbegründende Kausalität
   – Rechtsgutsverletzung mit Sicherheit durch einen Teilnehmer verursacht
4. Schaden
5. haftungsausfüllende Kausalität

II. Rechtswidrigkeit

III. Verschulden

Die Begrifflichkeiten der Teilnehmer sind ebenso wie im Strafrecht nach §§ 26, 27 StGB zu verstehen (*Palandt/Sprau* § 830 BGB Rz. 4). Anstifter ist demnach, wer vorsätzlich in einem anderen den Tatentschluss zu einer vorsätzlich zu begehenden unerlaubten Handlung hervorruft. Gehilfe ist, wer ohne einen eigenen Täterwillen zu haben, dem Täter in irgendeiner Form bei einer vorsätzlichen unerlaubten Handlung Hilfe leistet (*Brox/Walker* SR § 43 Rz. 3 f.). In beiden Fällen genügt zumindest eine bedingt vorsätzliche Unterstützung.

Für eine Haftung von Hehlern nach § 259 StGB und Begünstigende nach § 258 StGB ist § 830 Abs. 2 BGB übrigens nicht anwendbar (BGH NJW **2002**, 2525).

Im Übrigen wird auf die Ausführungen zu der mittäterschaftlichen Haftung nach § 830 Abs. 1 Satz 1 BGB verwiesen.

III. Die Haftung der Beteiligten

Nach § 830 Abs. 1 Satz 2 BGB sind mehrere Beteiligte haftbar, wenn nicht zu ermitteln ist, wer von den Beteiligten den Schaden durch seine Handlung verursacht hat (so genannte **Alternativtäterschaft**). Es ist dabei unerheblich, ob nicht feststellbar ist, welcher Beteiligter den Schaden durch seine Handlung verursacht hat oder für welchen Anteil an dem Gesamtschaden jeder einzelne ursächlich geworden ist (*Palandt/Sprau* § 830 BGB Rz. 7). Der Anspruchsgegner muss bei **unterstellter Kausalität** seines Verhaltens eine rechtswidrige und schuldhafte unerlaubte Handlung nach §§ 823 ff. BGB begangen haben und demnach schadensersatzpflichtig sein. Insoweit ist dieser Anspruch **subsidiär** zu den §§ 830 Abs. 1 Satz 1, Abs. 2 BGB, bei denen die Tatbeiträge gegenseitig zugerechnet werden. Der Unterschied zur Mittäterschaft bzw. Teilnahme liegt darin, dass die Beteiligten eben **nicht einvernehmlich** zusammengewirkt und den Schaden gemeinsam verursacht haben. Vielmehr kann nur **ein Tatbeitrag** eines Täters kausal gewesen sein, aber mehrere Beteiligte kommen dafür in Betracht, ohne dass die Kausalität dafür aufgeklärt werden kann. Somit wird hier – im Gegensatz zu § 830 Abs. 1 Satz 1 BGB – auf den **Nachweis** der **haftungsbegründenden** oder der **haftungsausfüllenden Kausalität verzichtet** (*Larenz/Canaris* II/2 § 82 II 2 c).

Beispiel (OLG Oldenburg VersR 1992, 980):

Schiedsrichter S wird nach einem Fussballspiel von der unterlegenen Mannschaft verprügelt und verletzt. Bei einem gemeinsamen zielgerichteten Handeln der Spieler ist eine gesamtschuldnerische Haftung aller nach § 830 Abs. 1 Satz 1 BGB unabhängig davon gegeben, wessen Handlung letztlich kausal für die Verletzungen des S war. Haben die Spieler nicht gemeinsam zielgerichtet gehandelt, liegt eine gesamtschuldnerische Haftung nach § 830 Abs. 1 Satz 2 BGB all derjenigen Spieler vor, die als Verursacher in Betracht kommen.

Merke:

§ 830 Abs. 1 Satz 2 BGB verzichtet auf den Nachweis der **haftungsbegründenden** oder der **haftungsausfüllenden Kausalität**. Im Gegensatz dazu muss bei § 830 Abs. 1 Satz 1 BGB nicht nachweisbar sein, wessen **Verhalten** im Einzelnen zu dem Schadenseintritt geführt hat.

Nach heute h.M. stellt auch § 830 Abs. 1 Satz 2 BGB eine **eigenständige Anspruchsgrundlage** dar und eben nicht nur eine bloße Beweislastregel für die Kausalität zugunsten des Geschädigten (BGHZ **67**, 14; **72**, 355; *Palandt/Sprau* § 830 BGB Rz. 1; a.A. *Larenz/Canaris* SR II/2 § 82 II 1 c; *Brox/Walker* SR § 43 Rz. 5). Während im Strafrecht in derartigen Fällen die Beteiligten aufgrund des Grundsatzes in dubio pro reo freizusprechen sind, haften im Zivilrecht alle mutmaßlichen Schädiger als **Gesamtschuldner** nach § 840 BGB. Dadurch trägt der BGH der Tatsache Rechnung, dass bei einem gefährdenden Verhalten durch mehrere Personen nicht immer geklärt werden kann, wer letztlich die Ursache für den Schadenseintritt gesetzt hat (BGH **55**, 86). Der Geschädigte soll allerdings seinen Ersatzanspruch nicht dadurch verlieren, dass er den Nachweis der Kausalität einem Einzelnen gegenüber nicht führen kann (BGHZ **67**, 14; **72**, 355). Zur Begründung wird die Feststellung herangezogen, dass der Geschädigte wenigstens gegen einen Alternativtäter, nämlich gegen denjenigen, der Verletzungserfolg und Schaden kausal verursacht hat, einen Anspruch auf Schadensersatz nach §§ 823 ff. BGB hätte. So erscheint es gerechtfertigt, den Schaden nicht vom Geschädigten selber, sondern zunächst von all denen tragen zu lassen, deren Verhalten möglicherweise kausal für den Schaden war (*Brox/Walker* SR § 43 Rz. 5). Die Verursachungsproblematik wird somit von dem Außenverhältnis (Geschädigter – Schädiger) in das Innverhältnis zwischen die potentiellen Schädigern im Rahmen des Gesamtschuldnerregresses nach §§ 426, 254 BGB verlagert.

Prüfungsschema des § 830 Abs. 1 Satz 2 BGB

I. Haftungsbegründender Tatbestand
   1. Unerlaubte Handlung als Beteiligter nach §§ 823 ff. BGB
      a) Rechts(-guts)verletzung
      b) Verletzungshandlung
         (durch selbstständige Beteiligung mehrerer)
      c) Schaden
   2. Rechtsgutsverletzung/Schaden
      – mit Sicherheit durch einen der Beteiligten verursacht
      – oder durch alle
   3. bei keinem der Beteiligten
      – lässt sich die haftungsbegründende
      – oder -ausfüllende Kausalität nachweisen

II. Rechtswidrigkeit

III. Verschulden

1. Haftungsbegründender Tatbestand

§ 830 Abs. 1 Satz 2 BGB setzt voraus, dass der Geschädigte eine Rechts(-guts)verletzung und einen Schaden durch eine der selbstständigen Handlungen der Beteiligten erlitten hat. Der Anspruchsgegner muss also aus einer unerlaubten Handlung nach §§ 823 ff. BGB dem Geschädigten gegenüber voll verantwortlich sein, wobei ein **Nachweis** der haftungsbegründenden oder der haftungsausfüllenden Kausalität gerade **nicht** erforderlich ist (*Palandt/Sprau* § 830 BGB Rz. 7). § 830 Abs. 1 Satz 2 BGB umfasst also sowohl Fälle der so genannten Urheberzweifel, als auch so genannter Anteilszweifel (*Palandt/Sprau* § 830 BGB Rz. 8). In Fallkonstellationen so genannter **Urheberzweifel** kann innerhalb der **haftungsbegründenden** Kausalität nicht aufgeklärt werden, wessen Handlung die Rechts(-guts)verletzung letztlich herbeigeführt hat (BGH **25**, 271). In Fällen so genannter **Anteilszweifel** bleibt im Rahmen der **haftungsausfüllenden** Kausalität der von den Beteiligten jeweils verursachte Schadensumfang ungewiss (BGH NJW **1994**, 931 – Milupa-Alete-Fall).

Beispiel:

A geht zum Campen mit Freunden in den Wald. Am Abend verursacht das Lagerfeuer einen Brand. Unabhängig davon ist B zur gleichen Zeit mit seiner Freundin am anderen Ende des Waldes und schmeißt eine brennende Zigarette in das trockene Unterholz wodurch ebenfalls ein Brand entsteht. Die Waldbrände an verschiedenen Stellen des Waldes breiten sich aus und führen schließlich zur Vernichtung einer im

Wald stehenden Jägerhütte des Jägers J. Ungeklärt bleibt, von welchem Brandherd aus das Feuer die Jägerhütte zuerst erreichte und zerstörte. Mangels Feststellung der haftungsbegründenden Kausalität scheitert ein Anspruch des J aus § 823 Abs. 1 BGB und § 823 Abs. 2 BGB i.V.m. Schutzgesetz sowohl gegen A als auch gegen B. Allerdings bedarf es für einen Anspruch des J aus § 830 Abs. 1 Satz 2 BGB eben nicht des Nachweises der Kausalität, so dass ein solcher Schadensersatzanspruch zu bejahen ist.

Allerdings muss für **jeden Beteiligten** im Übrigen der haftungsbegründende Tatbestand des § 830 Abs. 1 Satz 2 BGB voll erfüllt sein. Folglich greift § 830 Abs. 1 Satz 2 BGB nicht ein, wenn es schon an einer nachweisbaren Handlung, die zum Verletzungserfolg geführt hat, mangelt.

Indessen muss feststehen, dass die Rechts(-guts)verletzung und der Schaden mit Sicherheit entweder durch einen der Beteiligten oder durch alle Beteiligten verursacht worden sein. Voraussetzung ist also, dass mehrere Beteiligte am Verletzungserfolg beteiligt waren und die von jedem zu vertretende Gefährdung auch geeignet war, den gesamten Schaden herbeizuführen. Durch dieses Erfordernis werden Fälle, in denen der Geschädigte den Schaden selber verursacht haben kann, aus dem Anwendungsbereich des § 830 Abs. 1 Satz 2 BGB ausgeschlossen (BGHZ **60**, 177, 181; BGH NJW **1973**, 1283).

Beispiel:

A befährt mit seinem Fahrzeug die Autobahn und gerät ohne Einwirkung Dritter ins Schleudern. Dabei wird er aus seinem Fahrzeug hinaus, auf die linke Fahrspur der Autobahn, geschleudert. Kfz-Fahrer B kann trotz Vollbremsung nicht verhindern, dass er A überfährt. A erliegt seinen Verletzungen. Nun ist es nicht nachweisbar, ob der Tod des A bereits dadurch verursacht worden ist, dass A auf die Fahrbahn geschleudert wurde, oder ob erst das Überfahren zum Unfalltod führte. Da nicht auszuschließen ist, dass der A selbst verschuldet hat, dass er die Kontrolle über den Wagen verliert und der infolge dessen auf die Fahrbahn geschleudert wird, greift ein Anspruch der Erben des A gegen B nicht gemäß § 830 Abs. 1 Satz 2 BGB durch.

Der Verursachungsbeitrag ist **geeignet** den gesamten Schaden allein herbeizuführen, wenn er den Verletzungstatbestand auch alleine, d.h. ohne die alternativ in Frage kommenden Beiträge erfüllen könnte (BGHZ NJW **1994**, 932, 934). Soweit nicht jeder Verursachungsbeitrag geeignet war, soll die Haftung des § 830 Abs. 1 Satz 2 BGB nur zu einem gegebenenfalls nach § 287 ZPO zu schätzenden Schadensanteil führen (BGH NJW **1994**, 931, 934). Die Verursachungsvermutung kann jeder Beteiligter durch den Nachweis entkräften, dass sein Handeln den Schaden nicht herbeigeführt hat (BGH MDR **1999**, 805; *Brox/Walker* SR § 43 Rz. 9).

Im Unterschied zu § 830 Abs. 1 Satz 1 BGB kommt es für die Alternativtäterschaft gerade nicht auf ein bewusstes und gewolltes Zusammenwirken der Beteiligten an (*Fikentscher* SR Rz. 1314). Vielmehr genügt es, wenn die mehreren Handlungen der Beteiligten einen sachlichen, räumlichen und zeitlich einheitlichen Vorgang bilden

(BGHZ **25**, 271, 274; **33**, 286, 291). Die Handlungen der Beteiligten müssen demnach derart verbunden sein, dass sie nach der Verkehrsanschauung einen einheitlichen tatsächlichen Vorgang darstellen. Die verschiedenen Gefährdungshandlungen müssen dafür insbesondere gleichartig sein. Ein gegenseitiges Wissen der Beteiligten voneinander wird allerdings nicht vorausgesetzt (BGHZ **72**, 355).

Beispiel:

A wird bei einem Verkehrsunfall von mehreren Fahrzeugen hintereinander überfahren. Die Einheitlich wird aufgrund dieser zeitlich aufeinander folgenden Handlungen bejaht (BGHZ **33**, 286; **72**, 355).

2. Rechtswidrigkeit und Verschulden

Ein Anspruch aus § 830 Abs. 1 Satz 2 BGB setzt ferner voraus, dass bei unterstellter Kausalität zwischen Verletzungserfolg und Verletzungshandlung bzw. zwischen Verletzungserfolg und Schaden jeder der Beteiligten **rechtswidrig** gehandelt haben muss (*Palandt/Sprau* § 830 BGB Rz. 11). Die Haftung aller Beteiligten entfällt demnach, wenn die Haftung eines Beteiligten durch einen **Rechtfertigungsgrund** gedeckt ist, da der Verletzungserfolg dann durch einen rechtmäßig Handelnden herbeigeführt sein kann (BGH LM § 830 BGB Nr. 2; *Larenz/Canaris* II/2 § 82 II 3 a). Ebenso wie im Rahmen der Rechtswidrigkeitsprüfung muss innerhalb des Verschuldens untersucht werden, ob bei allen Beteiligten ein **Verschulden**, also Vorsatz oder Fahrlässigkeit, vorliegt. Demzufolge entfällt die Haftung aller Beteiligten, wenn einer von ihnen bei unterstellter Kausalität wegen fehlenden Verschuldens nicht verpflichtet wäre, Schadensersatz zu leisten (*Larenz/Canaris* II/2 § 82 II 3 a).

Fehlt die Verschuldensfähigkeit oder das Verschulden eines der Beteiligten, so haftete er nach § 830 Abs. 1 Satz 2 BGB nur, sofern er im Falle seiner Verursachung des Schadens nach Deliktsrecht haften würde (*Brox/Walker* SR § 43 Rz. 10).

Beispiel:

Ein Deliktsunfähiger haftet bei Vorliegen der Voraussetzungen über § 829 BGB. Bei Vorliegen eines Anspruchs aus § 7 StVG haftet der Beteiligte auch über § 830 Abs. 1 Satz 2 BGB, da er dort auch ohne Verschulden zum Schadensersatz verpflichtet ist.

Merke:

§ 830 Abs. 1 Satz 2 BGB stellt ebenso eine **selbstständige Anspruchsgrundlage** dar und nicht nur eine bloße Beweislastregel für die Kausalität.

Nach der Rechtsprechung des BGH ist § 830 Abs. 1 Satz 2 BGB ebenso auf **vertragliche Schadensersatzansprüche analog** anzuwenden (BGH NJW **2001**, 2538, 2539). In der gleichen Entscheidung hat der BGH sogar den Gedanken des § 830 Abs. 1 Satz 2 BGB angewendet, wenn unklar ist, welche von mehreren denkbaren Ursachen einen

Schaden herbeigeführt hat, weil der Geschädigte dann in derselben Weise in Beweisnot gerät wie bei mehreren potentiellen Schädigern (BGH NJW **2001**, 2538 m. Bespr. *Müller* JuS **2002**, 432). Nach h.M. ist § 830 Abs. 1 Satz 2 BGB ebenso auf Tatbestände der **Gefährdungshaftung** anwendbar, insbesondere auf § 7 StVG bei Verkehrsunfällen (BGHZ **55**, 96; NJW **1969**, 2136).

Beachte:

Kann die Kausalität für einen Beteiligten nachgewiesen werden, so scheidet ein Anspruch gegenüber die anderen Beteiligten nach § 830 Abs. 1 Satz 2 BGB aus (BGHZ **72**, 355). Denn Sinn und Zweck dieser Vorschrift ist es, den Geschädigten über Beweisschwierigkeiten hinweghelfen, um ihm davor zu bewahren, den Schaden selbst zu tragen (*Palandt/Sprau* § 830 BGB Rz. 7). Die Regelung soll dem Geschädigten eben keinen zusätzlichen Anspruch neben §§ 823 ff. BGB oder einen zusätzlichen Anspruchsgegner verschaffen.

B. Die Haftung mehrerer Personen nach § 840 BGB

Mit § 840 BGB hat der Gesetzgeber **keine** eigenständige Anspruchsgrundlage geschaffen (BGH NJW **1979**, 544), vielmehr regelt § 840 BGB die Rechtsfolgen der Haftung im **Außenverhältnis**. Die Haftung im **Innenverhältnis** zwischen den einzelnen Schädigern richtet sich nach § 426 BGB. Nach dem Wortlaut muss sich diese Haftung aus unerlaubter Handlung ergeben. Begrifflich umfasst „unerlaubte Handlung" i.S.d. § 840 Abs. 1 BGB sowohl die Tatbestände der Verschuldens- und Gefährdungshaftung, als auch die Tatbestände für vermutetes Verschulden (*Palandt/Sprau* § 840 BGB Rz. 1). Hinsichtlich der Tatbestände der Gefährdungshaftung spielt es dabei keine Rolle, ob sie im BGB oder in anderen Gesetzen geregelt sind (*Brox/Walker* SR § 43 Rz. 13). Haftet ein Schädiger aus Delikt, ein anderer aufgrund einer Vertragsverletzung, wird dagegen eine Gesamtschuld durch einen direkten Rückgriff auf § 421 BGB angenommen (BGH WM **1983**, 1189, 1191).

I. Die Haftung im Außenverhältnis

Soweit mehrere Beteiligte eine unerlaubte Handlung begangen haben, so sind sie dem Geschädigten gegenüber im **Außenverhältnis** nach § 840 Abs. 1 BGB i.V.m. §§ 421 ff. BGB als **Gesamtschuldner** haftbar (*Brox/Walker* SR § 43 Rz. 13). Als Konsequenz daraus ergibt sich, dass jeder Schädiger im Außenverhältnis für den **gesamten Schaden** gegenüber dem Geschädigten haften muss. Der Geschädigte darf den Ersatz des Schadens aber nur einmal fordern (§ 421 BGB). Voraussetzung dafür ist jedoch, dass die Beteiligten **nebeneinander verantwortlich** gehandelt haben (*Palandt/Sprau* § 840 BGB Rz. 2).

Beispiel:

Nebeneinander verantwortlich sind mehrere z.B., wenn jeder von ihnen nach § 830 Abs. 1 Satz 1 BGB als Mittäter, nach Abs. 2 als Teilnehmer oder nach Abs. 1 Satz 2 als Alternativtäter oder als sonstige Nebentäter haftet oder wenn mehrere nicht miteinander in Verbindung stehende Personen selbstständig als Nebentäter denselben Schaden verursacht haben (BGH LM § 840 BGB Nr. 7 a), wie mehrere Tierhalter oder Kfz-Halter.

Die Haftung im Außenverhältnis ist **unabhängig** von dem Gewicht des Schadensbeitrages für die Schadenshöhe; er hat nur Bedeutung für den Innenausgleich (*Schlechtriem* SR BT § 9 Rz. 989).

II. Die Haftung im Innenverhältnis

Für den Geschädigten hat die Zusammenfassung der Schädiger zu Gesamtschuldnern den Vorteil, dass er nach seinem Belieben von jedem Schädiger ganz oder teilweise, insgesamt aber nur einmal, den Schadensersatz geltend machen kann (§ 421 BGB). Im **Innenverhältnis** der Schädiger zueinander ist § 426 Abs. 1 Satz 1 BGB als eigene Anspruchsgrundlage zu beachten. Diese Regelung bezweckt, dass derjenige Schädiger, den der Geschädigte in Anspruch genommen hat, letztlich den gesamten Schaden **nicht alleine** zu tragen hat (*Brox/Walker* SR § 43 Rz. 14). Danach sind die Gesamtschuldner im Verhältnis zueinander zu gleichen Teilen verpflichtet, soweit nicht ein anderes bestimmt ist (*Palandt/Sprau* § 840 BGB Rz. 7). Von der Regel des § 426 Abs. 1 BGB sind abweichende Sonderregelungen für die Gesamtschuldner des § 840 Abs. 1 BGB z.B. in **§§ 840 Abs. 2, 3 BGB, § 841 BGB** sowie in **§ 17 StVG, § 5 ProdHaftG** enthalten. Vor allem aber kann bei deliktischen Ansprüchen im Innenverhältnis aus dem Rechtsgedanken des § 254 BGB eine andere als die in § 426 Abs. 1 BGB vorgesehene Schadensverteilung erfolgen (*Larenz/Canaris* II/2 § 82 IV 2). Danach geschieht die Schadensaufteilung durch eine entsprechende Quotelung nach **§ 254 BGB analog** hinsichtlich der jeweiligen Verantwortungsbeiträge, also anhand des Ausmaßes der Verursachung und des Verschuldens (BGHZ **59**, 97, 103).

Beachte:

Die für den Schadensersatzanspruch geltenden Regeln sind auf den internen Ausgleichsanspruch **nicht** entsprechend anwendbar. Vielmehr sind beide Ansprüche selbstständig nach den für sie geltenden Normen zu beurteilen (BGHZ **11**, 172).

Kapitel 8: Das Verhältnis der deliktischen Haftung zu anderen Regelungen des BGB

Bevor in einer Klausur deliktische Ansprüche des Geschädigten geprüft werden, muss vorab festgestellt werden, ob andere Schadensersatznormen einschlägig sind. Ist dies der Fall, muss deren Verhältnis zu den deliktischen Normen bedacht werden. Dabei ist an eine Spezialität, Konkurrenz oder an eine Verdrängung des Deliktsrechts zu denken.

A. Verhältnis zu vertraglichen Schadensersatzansprüchen

Verwirklicht eine Handlung sowohl vertragliche als auch deliktische Schadensersatzansprüche, sind vertragliche Ansprüche in der Prüfung **vorzuziehen** (*Medicus* BR Rz. 639). Denn obwohl im Verhältnis der vertraglichen zu den deliktischen Ansprüchen eine **echte Anspruchskonkurrenz** besteht und demzufolge die Ansprüche **nebeneinander** bestehen (*Palandt/Sprau* Einf. vor § 823 BGB Rz. 4), können vertragliche Regelungen die deliktische Ansprüche beeinflussen. Die Anspruchskonkurrenz hat zwar zur Folge, dass der Geschädigte seine Ansprüche sowohl auf Vertrag als auch auf Deliktsrecht stützen kann, der Schädiger den Schaden aber nur einmal zu ersetzen braucht (*Kupisch/Krüger* S. 4). Aufgrund der **Spezialität** der vertraglichen Schadensersatznormen gegenüber den deliktischen Ansprüchen werden diese durch das Deliktsrecht nicht berührt. Umgekehrt kann das einschlägige Vertragsrecht jedoch die deliktische Haftung als generelle Regelung beeinflussen. Dies ist insbesondere dann der Fall, wenn es um **Haftungsmilderungen** oder einer **Verjährungsfristverkürzung** des Vertragsrechts geht, welche unter Umständen auch **im Deliktsrecht berücksichtigt** werden müssen (*Medicus* BR Rz. 639).

Beachte 1.:

Besteht demnach bei einem vertraglichen Anspruch aufgrund einer Parteienvereinbarung oder kraft Gesetz eine **Haftungsmilderung** (z.B. nach §§ 300 Abs.1, 521, 599, 690 BGB jeweils i.V.m. § 276 Abs. 1 Satz 1 BGB), muss diese mildere Haftung auch im Deliktsrecht **berücksichtigt** werden, da ansonsten eine **Aushöhlung** der vertraglichen Haftungsmilderung stattfinden würde (*Palandt/Sprau* Einf. vor § 823 BGB Rz. 5; *Brox/Walker* SR BT § 44 Rz. 39). Das bedeutet, die Haftungsmilderung strahlt in das Deliktsrecht hinein und findet im Rahmen des Verschuldens Berücksichtigung.

Beispiel:

Verletzt A das Eigentum des B, während sich dieser im Annahmeverzug befindet, haftet A auch im Rahmen des § 823 Abs. 1 BGB nur für grobe Fahrlässigkeit und Vorsatz nach § 300 Abs. 1 BGB. Hat A das Eigentum fahrlässig i.S.v. § 276 Abs. 2 BGB verletzt, scheidet ein Anspruch aus § 823 Abs. 1 BGB mangels Verschulden aus.

Beachte 2.:

Für Ansprüche aus unerlaubter Handlung regelt sich die **Verjährungsfrist** nach den §§ 195, 199 BGB und beträgt demnach **drei** Jahre. Ein Anspruch aus Vertrag hingegen, wie z.B. der Mängelanspruch aus dem Kaufrecht, richtet sich nach einer **zweijährigen** Verjährungsfrist i.S.d. § 438 Abs. 1, Nr. 2 BGB. Daher muss in solchen Fällen stets geprüft werden, ob durch den vorliegenden schuldrechtlichen Vertrag ein Einfluss auf die deliktische Haftung ausgeübt wird. Eine Umgehung der vertraglichen Regelung durch eine längere Verjährungsfrist des Deliktsrechts wäre ansonsten unterlaufen, die **deliktische Verjährungsfrist** muss somit an die vertragliche Frist **angepasst** werden (BGHZ **55**, 392; **47**, 53; **54**, 264, 267).

Beispiel:

Wird durch ein und dieselbe Handlung sowohl Ansprüche aus den §§ 433, 434, 437 Nr. 3, 280 Abs. 1 BGB als auch aus § 823 Abs. 1 BGB ausgelöst, so kann dem deliktischen Anspruch ebenfalls schon nach zwei Jahren die Einrede der Verjährung entgegengehalten werden.

Merke:

Vorrangige vertragliche Regelungen dürfen durch einen Anspruch aus unerlaubter Handlung wegen desselben Sachverhalts **nicht ausgehöhlt** werden (BGHZ **96**, 221).

Beachte 3.:

Eine weitere bedeutsame Wechselwirkung zwischen den vertraglichen und deliktischen Ansprüchen kann es im Rahmen der verschiedenen Haftungen für **Hilfspersonen** geben (*Palandt/Sprau* Einf. vor § 823 BGB Rz. 5). Die deliktische Haftung für Verrichtungsgehilfen regelt sich nach **§ 831 BGB**, wonach der Geschäftsherr für **eigenes vermutetes Verschulden** haftet, ohne Rücksicht auf das Verschulden der Hilfsperson. Allerdings ist dem Geschäftsherrn die Möglichkeit eingeräumt, sein fehlendes Verschulden durch den Nachweis einer sorgfältigen Auswahl des Verrichtungsgehilfen zu beweisen (*Palandt/Sprau* § 831 BGB Rz. 3). Diese eingeräumte Möglichkeit nennt man **Exkulpation**. Demgegenüber richtet sich die **vertragliche Gehilfenhaftung** nach **§ 278 BGB**. Danach haftet der Geschäftsherr für fremdes Verschulden ohne Rücksicht auf sein eigenes Verschulden (*Palandt/Sprau* § 831 BGB Rz. 3). § 278 sieht die Möglichkeit der **Exkulpation nicht** vor. Die **vertragliche Haftung** ist also hinsichtlich der Beweislast des Verschuldens für den Geschädigten **günstiger** (*Brox/Walker* SR AT § 20 Rz. 39). Dem Geschädigten steht bei Vorliegen beider Ansprüche ein **Wahlrecht** zu, ob er aus Vertrag oder unerlaubten Handlung gegen den Schädiger vorgeht (BGH NJW **1987**, 2008, 2020).

Beispiel:

Werden durch ein und dieselbe Handlung sowohl Ansprüche aus den §§ 280 Abs. 1, 278 BGB als auch aus § 823 Abs. 1 BGB ausgelöst, so muss im Rahmen des deliktischen Anspruchs unter dem Prüfungspunkt vermutetes Verschulden § 278 BGB berücksichtigt werden. Eine Exkulpation scheidet aus.

B. Verhältnis zum Eigentümer-Besitzer-Verhältnis (EBV)

Wie in Kapitel 1 erläutert genießen die Regeln des EBV absoluten Vorrang vor den §§ 823 ff. BGB für Ansprüche des Eigentümers (§§ 987 ff. BGB) gegen den unrechtmäßigen Besitzer, da ansonsten die Haftungsprivilegierung des § 993 Abs. 1 2. Halbsatz BGB unterlaufen werden würde (*Bamberger/Roth/Spindler* § 823 BGB Rz. 45).

Ein EBV ist gegeben, wenn im Zeitpunkt der Verletzungshandlung die Voraussetzungen des § 985 BGB vorliegen. Dies ist darin begründet, dass die §§ 987 ff. BGB den unverklagten und redlichen Besitzer **privilegieren** wollen (*Medicus* SR BT Rz. 785). Generell ist dies der Besitzer, der sich in den Grenzen seines vermeintlichen Besitzrechts gehalten hat. Der § 993 Abs. 1 Halbsatz 2 BGB regelt das Verhältnis der EBV-Vorschriften zu anderen Normen. Demgemäß ist nach h.M. ein Schadensersatzanspruch aus anderen Normen, bei Vorliegen eines EBV, ausgeschlossen; dies wird als **Sperrwirkung des EBV** bezeichnet (BGH NJW **1980**, 2353, 2354; NJW **1990**, 242, 244). Auch kann der gutgläubige Erwerb vom Nichtberechtigten keinen Anspruch aus § 823 Abs. 1 BGB auf Eigentumsverletzung gegen den Erwerber begründen, da dieser in seinem Vertrauen auf die Eigentümerstellung des Nichtberechtigten geschützt werden soll (BGH WM **1967**, 564, 566). Von der Sperrwirkung allerdings nicht erfasst ist der § 826 BGB, da hier der Besitzer in keiner Weise schützenswert ist (*Palandt/Bassenge* Vorb. vor § 987 BGB Rz. 23).

Merke:

Bei Vorliegen eines EBV kann grundsätzlich nur unter den Voraussetzungen der §§ 989, 990 BGB Schadensersatz einräumt werden.

Zu jeder Regel gibt es eine **Ausnahme,** und für das Deliktsrecht im Verhältnis zum EBV sogar zwei:

- Die Vorschrift des **§ 992 BGB** erklärt die §§ 823 ff. BGB neben dem EBV für anwendbar, vorausgesetzt, der Besitzer hat sich die Sache durch **verbotene Eigenmacht** (Legaldefinition in § 858 BGB) oder durch eine **strafbare Handlung** verschafft (*Erman/Ebbin* § 992 BGB Rz. 1). Die Verweisung in § 992 BGB auf die Vorschriften des Deliktsrechts stellt eine Rechtsgrundverweisung dar (*Staudinger/Gursky* § 992 BGB Rz. 2). Demnach muss zur Eröffnung des Anwendungsbereichs des Deliktsrechts die verbotene Eigenmacht schuldhaft begangen worden sein. Begründet wird diese Voraussetzung mit der gesetzlichen Charakteristik der §§ 992, 993 Abs. 1 Halbsatz 2 BGB, die nicht ausgehebelt werden darf (*Bamberger/Roth/Spindler* § 823 BGB Rz. 45).

Beispiel:

A hat als Hehler ein Gemälde von Rembrandt erworben, das dem A gestohlen worden ist. Das Gemälde wird zerstört. A hat sich das Bild durch eine Straftat verschafft und war somit unrechtmäßiger Besitzer. Durch die Besitzverschaffung hat A den Tatbestand des § 823 Abs. 1 BGB verwirklicht, der trotz des Bestehens einer Vindikationslage wegen der Verweisung in § 992 BGB Anwendung findet.

- Die zweite Ausnahme von der Sperrwirkung des EBV stellt der so genannte **Fremdbesitzerexzess** dar. Ein Fremdbesitzerexzess ist dann gegeben, wenn derjenige, der für einen anderen eine Sache besitzt (z.B Miete), sein **Besitzrecht** dadurch **überschreitet,** dass er eine unerlaubte Handlung verübt (*Medicus* SR BT Rz. 788). Liegt ein **Fremdbesitzerexzess** vor, wendet die h.M. neben den §§ 987 ff. BGB die §§ 823 ff. BGB an (*Palandt/Bassenge* Vorb. vor § 987 BGB Rz. 3-5 m.w.N.). Grund für die Anwendung der §§ 823 ff. BGB beim Fremdbesitzerexzess ist der sich aus § 991 Abs. 2 BGB ergebende allgemeine Grundsatz, nach dem der redliche, unrechtmäßige Fremdbesitzer, der sein vermeintliches Besitzrecht überschreitet, **nicht besser** stehen soll als ein **rechtmäßiger Fremdbesitzer**, welcher zum Schadensersatz nach §§ 823 ff. BGB verpflichtet wäre (BGHZ **24**, 188, 196; **46**, 140, 146).

Beispiel:

A beschädigt schuldhaft eine fremde Sache. Diese Sache hatte er im Besitz aufgrund eines nichtigen Mietvertrages. Vertragliche Schadensersatzansprüche bzgl. der beschädigten Sache sind aufgrund des nichtigen Mietvertrages nicht entstanden. Falls A gutgläubiger Besitzer war und damit die Nichtigkeit des zum Besitz berechtigenden Vertrages nicht kannte, scheiden ebenso Ansprüche aus den §§ 989, 990 BGB aus. Nach § 993 Abs. 1 Halbsatz 2 BGB ist ein Anspruch aus §§ 823 ff. BGB gesperrt. Folglich würde A gegenüber dem Eigentümer der Mietsache keine Schadensersatzpflicht treffen. Der Fremdbesitzerexzess als Ausnahme zu § 993 BGB könnte jedoch dann einen Anspruch aus § 823 BGB zulassen. Dies widerspricht auch nicht dem Rechtsempfinden, denn der vermeintliche Mieter kann nicht damit rechnen fremde Sachen zu beschädigen, ohne zur Rechenschaft gezogen werden zu können.

Klausur-Tipp:

In der Klausur überlegt man sich **erstens**, ob der **Anwendungsbereich** der §§ 823 ff. BGB eröffnet ist. Dies ist immer dann der Fall, wenn im Zeitpunkt des schädigenden Ereignisses **kein EBV** vorlag. Falls ein EBV vorliegt, stellen die §§ 989 ff. BGB eine **Privilegierung** des redlichen, unverklagten, aber unrechtmäßigen Besitzer dar. Folglich könnten die §§ 823 ff. BGB durch § 993 Abs. 1 Halbsatz 2 BGB **ausgeschlossen** sein. Allerdings sollte dann **zweitens** an diesem Punkt überdacht werden, ob eine der oben genannten Ausnahmen im Verhältnis **Eigentümer-unrechtmäßiger Besitzer** greift und somit dennoch eine Haftung nach §§ 823 ff. BGB in Betracht kommt. Ferner muss sich **drittens** stets vor Augen gehalten werden, dass die §§ 989 ff. BGB **nur** das Verhältnis zwischen dem **Eigentümer** und dem **unrechtmäßigen Besitzer** regeln. D.h. im Umkehrschluss, dass **nur** der rechtmäßige Besitzer – mit Ausnahme der zwei oben genannten Fälle – aus §§ 823 ff. BGB haftet. Grund dafür ist, dass hier kein EBV besteht und damit auch die Sperrwirkung hinsichtlich des Deliktsrechts im Verhältnis **Eigentümer-rechtmäßiger Besitzer** nicht besteht. Im Mehrpersonenverhältnissen muss also genau differenziert werden, zwischen welchen Personen ein EBV vorliegt und zwischen welchen nicht.

C. Verhältnis zur Geschäftsführung ohne Auftrag (GoA)

Im Verhältnis zur Geschäftsführung ohne Auftrag zum Deliktsrecht bestehen einige **Konkurrenzverhältnisse**, die anhand der verschiedenen Konstellationen der GoA erläutert werden.

I. Die berechtigte GoA

Bei der **berechtigten GoA** nach §§ 677, 683 BGB ist zunächst festzuhalten, dass eine Handlung aufgrund berechtigter GoA **nicht rechtswidrig** sein kann. Dies gilt jedoch nur, soweit der Geschäftsführer gerade **durch die Geschäftsübernahme** ein in § 823 Abs. 1 BGB genanntes Recht oder Rechtsgut verletzt hat.

Beispiel:

A und B sind jeweils Mieter in einem Haus. B verreist. In dieser Zeit kommt es zu einem Wasserrohrbruch in seiner Wohnung. Der unterhalb des B wohnende A bemerkt den Rohrbruch, da durch seine Decke bereits Wasser tropft. A dringt in die Wohnung des B ein, um den Haupthahn abzudrehen. Bei der gewaltsamen Öffnung der Wohnungstür beschädigt er diese. Das Handeln des A stellt hierbei eine berechtigte GoA gegenüber B dar. Vorliegend hat A die Sache des B zwar beschädigt. Diese Schädigung war jedoch nicht rechtswidrig, da der A aufgrund des drohenden Wasserschadens in beiden Wohnungen in seinem Handeln durch die berechtigte GoA gerechtfertigt war. Somit haftet der A dem B für die beschädigte Tür nicht aus unerlaubter Handlung, da diese aufgrund des Vorliegens eines Rechtfertigungsgrundes nicht rechtswidrig war. Folglich kommt ein Schadensersatzanspruch des Geschäftsherrn gegenüber dem Geschäftsführer aus den §§ 823 ff. BGB nicht in Betracht.

Allerdings gibt es auch hier eine **Ausnahme**:

Verletzt der Geschäftsführer schuldhaft durch die Geschäftsausübung eine Pflicht aus § 667 BGB oder § 681 BGB und resultiert hieraus ein adäquat kausaler Schaden beim Geschäftsherrn, so haftet der Geschäftsführer nach den allgemeinen Regeln des BGB auf Schadensersatz (§§ 280 ff., 823 ff. BGB). Diese Ausnahmekonstellation bezeichnet man als so genanntes **Ausführungsverschulden** des Geschäftsführers.

Beispiel:

Wieder ist B im Urlaub. A sieht, dass der Rasen des B bereits hoch gewachsen ist. Nach geraumer Zeit kann der ordnungsliebende Nachbar A den wuchernden Rasen des ebenfalls ordnungsliebenden B nicht mehr ertragen. A beschließt, den Rasen für B zu mähen. Dabei zerstört A das wertvolle Rosenbeet des B. Hier hat der A das Eigentum des B im Rahmen der Geschäftsausübung verletzt. Zwar handelte der A im Rahmen einer berechtigten GoA, jedoch muss er für den entstandenen Schaden aufgrund des Ausführungsverschuldens haften.

II. Die unberechtigte GoA

Im Gegensatz zur berechtigten GoA fehlt der **unberechtigten GoA** nach § 678 BGB, wie der Name bereits zu erkennen gibt, der Berechtigungsgrund. Wenn die Übernahme des Geschäfts durch den Geschäftsführer nicht dem wirklichen oder mutmaßlichen Willen des Geschäftsherrn entspricht, der § 679 BGB nicht eingreift und ebenso eine Genehmigung nicht vorliegt, fehlt dieser Berechtigungsgrund für den Geschäftsführer. Die Rechtsfolgen sind Schadensersatzansprüche aus § 678 BGB, aber auch Schadensersatzansprüche wegen **unerlaubter Handlung** nach den §§ 823 ff. BGB. Grund dieser Haftung ist das so genannte **Übernahmeverschulden**.

Beispiel:

Falls A in gleicher Situation einen Feng Shui Garten auf dem von B gehegten englischen Rasen gestaltet, entspricht dies erkennbar nicht dem Willen des Geschäftsherrn B. Jedoch ging A davon aus, dass B sich über die alternative Umgestaltung freuen würde. Der ordnungsliebende B ist entsetzt als er den Garten vorfindet. Eine berechtigte GoA scheidet demnach aus. Eine Genehmigung liegt nicht vor. Folglich haftet der A aufgrund seines Übernahmeverschuldens auch aus den §§ 823 ff. BGB auf Schadensersatz.

III. Die irrtümliche Eigengeschäftsführung

Die Normen der §§ 677 ff. BGB sind im Falle der **irrtümlichen Eigengeschäftsführung** i.S.d. § 687 Abs.1 BGB nicht anwendbar. Somit bestehen keine Konkurrenzprobleme zur deliktischen Haftung.

Beispiel:

Der neu eingezogene A denkt irrtümlich, dass das Rasengrundstück des B noch zu seiner eigenen Wohnung gehören würde und gestaltet den englischen Rasen des B zu einem entspannenden Feng Shui Garten um. Ansprüche aus GoA scheiden aus. A hätte sich über die Eigentumsverhältnisse des Gartens eindeutig Klarheit verschaffen müssen, bevor er umfassende Umgestaltungen vornimmt. A handelte somit fahrlässig, B kann gegen ihn Schadensersatzansprüche aus § 823 Abs. 1 BGB geltend machen.

IV. Die angemaßte Eigengeschäftsführung

Die **angemaßte Eigengeschäftsführung** gemäß § 687 Abs. 2 BGB gibt dem Geschäftsherrn die Möglichkeit, entweder aus §§ 687 Abs. 2, 678 BGB oder aus §§ 823 ff. BGB Schadensersatz zu verlangen.

Beispiel:

A weiß zwar, dass das Rasengrundstück dem B gehört. Er setzt sich jedoch über die Eigentumsverhältnisse hinweg und gestaltet den Garten des B bewusst um. A muss B nach § 823 Abs. 1 BGB Schadensersatz leisten.

Stichwortverzeichnis

M

N

O

P

Q

R